日経スペシャル

カンブリア宮殿

RYU'S TALKING LIVE

村上龍×経済人

村上 龍＝著　テレビ東京報道局＝編

日本経済新聞出版社

日経スペシャル

カンブリア宮殿
村上龍×経済人

まえがき

「カンブリア宮殿」という番組を通じて、多くの優れた経営者たちと知り合うことができた。良い経営者にはいくつかの共通した資質があるが、もっとも基本的なものは「明るい」ということではないだろうか。性格は暗いけどすばらしい経営者というのは、封建時代ならともかく、少なくとも現在の日本社会にはいないような気がする。だが、よく使われる割には明るいという言葉の定義は簡単ではない。明るい人、というのは正確にどんな人のことなのだろうか。

あいつは明るい、と人を評するとき、わたしたちはいろいろなことを基準にしているが、要は「いっしょにいてイヤじゃない」ということに尽きるのではないかと思う。はきはきと話す、性格がおおらか、笑顔がいい、よく食べる、ものごとをポジティブに捉えるなどなど、明るい人にはいろいろな特徴があるが、共通しているのは「これといった用事がなくてもぜひまた会いたい」「機会があればまた会ってみたい」と思わせる何か、つまり人間的魅力を持っているということだろう。

全日空の大橋会長は再建に取り組んだ社長時代、組合に対して「明るく笑顔でコストカット（減給）する雰囲気を社内に作ろう」と言ったそうだ。当然組合は怒ったらしいが、社長以下全役員の退職金をゼロにして給与も下げた上でそう提案したので、陰湿な雰囲気に陥ることなくコストカットと再建が可能になったのだという。笑顔でコストカット、という提案の背景には、「将来的に会社をより良くする」という「希望」がなければならない。経営者は、短期の犠牲によって生まれる中長期の希望を示さなければならないのだ。

明るい人は、希望を失っていない人だ。また、明るい人は希望を他人に示すことができる。だが、近代化の達成によって、みんないっしょに豊かになるという国家的・集団的・大前提的な希望が消失した現在、そのことは決して簡単ではない。希望の根拠を示すことなく単にポジティブにふるまう人は単なるバカであることが多い。だが、多くの経営者は、根拠などなくてもいいからとにかく明るくふるまう必要がある危機が必ずあるのだと言った。きっとそういう人にしか、運命の女神は微笑まないのかも知れない。

この本を読んでいただくとわかるが、近代化達成のあと、またバブル崩壊のあと、明らかに経営者の質は変化している。「威張っている経営者」など一人もいない。現代の優れた経営者は、常に危機意識を持ち、謙虚で、現場に足を運ぶこととコミュニケーションを何よりも大切にしていて、そして明るい。

二〇〇七年五月

村上　龍

日経スペシャル　カンブリア宮殿　村上龍×経済人　目次

まえがき

I　進化を止めないメジャー企業

張富士夫　トヨタ自動車会長……9

福井威夫　本田技研工業社長……25

大橋洋治　全日本空輸会長……41

後藤卓也　花王取締役会会長……57

II　能力・人格・経営

古田英明　縄文アソシエイツ代表取締役……75

堀威夫　ホリプロ取締役ファウンダー……91

Ⅲ 技術を支える頭脳と精神

岡野雅行 岡野工業代表社員……109

松浦元男 樹研工業社長……125

Ⅳ 陽気で真摯な挑戦者たち

笠原健治 ミクシィ社長 & 近藤淳也 はてな社長……143

伊藤信吾 男前豆腐店社長……159

宋文洲 ソフトブレーン創業者……175

野口美佳 ピーチ・ジョン社長……191

寺田和正 サマンサタバサジャパンリミテッド社長……207

渡邉美樹 ワタミ社長……223

Ⅴ 異端から正統へ

吉田潤喜 ヨシダグループ会長……241

髙田明 ジャパネットたかた代表取締役……257

平松庚三　ライブドアホールディングス社長……273
澤田秀雄　エイチ・アイ・エス会長……289

VI　自己と組織の変革

北尾吉孝　SBIホールディングスCEO……307
原田泳幸　日本マクドナルドホールディングスCEO……323
稲盛和夫　京セラ名誉会長……339

あとがき

本文中に登場する人物の年齢や肩書き、数値データなどは
原則として番組放送当時のものですが、一部で二〇〇七年三月現在の値を表記しています。

編集協力―鍋田郁郎
カバー写真―高橋和海
ブックデザイン―鈴木成一デザイン室
組版―加藤文明社

I
進化を止めない
メジャー企業

トヨタ自動車会長

張富士夫

戦略は大切、
だが実行できなければ絵に描いた餅。
現場がどれだけ力を持っているかが、
経営の一番の基本

PROFILE

トヨタ式の伝道師

一九六〇年、日本の自動車生産台数はアメリカの約十六分の一。トヨタは販売台数で日産の後塵を拝する三河の田舎企業だった。この年、東大法学部を卒業した二十三歳の張富士夫はトヨタの門を叩く。

時代は東京五輪を目前に控え、高速道路の建設ラッシュ。自動車時代の到来に、トヨタも新たな生産拠点が必要だった。この時建設されたのが高岡工場。「カローラ」はここで生まれ、そして現在もトヨタの屋台骨を支える工場の一つである。二十七歳の張は管財課に配属されており、当時大根畑が広がっていたというこの工場の用地買収に携わった。ようやく契約にこぎつけたものの、いざ整地に入ろうという段階で問題が発生。車両生産開始に向けて時間がないのに、一部の地主が「まだ大根の収穫が終わっていない」というのだ。そして地主は条件を突きつけた。「この大根を全部買い取ってくれるならいい」。とはいえ、あたり一面の大根……張は考えた。「社員食堂の業者に引き取ってもらって、昼食のサービスメニューにしてもらおう」。トラック十台分にもなる大根で、関係者との調整は大変だったが、社員は喜び、地主も納得。この地主たちとは以来、四十年にわたって親交があるという。

実績を積んだ張は六六年、生産管理部へ。そこで薫陶を受けたのが「現場の神様」、のちに副社長となる大野耐一だった。ある時、張は「どうしても目標の数ができない」と言う工員に、「俺がやる」とやってみせた。それを聞いた大野は、「改善をやらないで、素人の自分でもこれだけできるというお前の心根は、労働強化を強いるものだ」と張を叱った。なぜできないか理由を見つけ、それを改善するというのが大野の基本思想だった。大野がつくり上げたトヨタの生産方式は、現在も脈々と生きている。たとえば組み立てラインで問題が発生すると担当者がロープを引く。するとアンドンと呼ばれるランプが点灯し、責任者が駆けつける。その場で一緒に解決し、問題を先送りしない。

その後、トヨタ式の伝道師として全国を飛び回った張は、八六年一月、アメリカへ。自動車貿易摩擦で日米関係が緊迫する中、ケンタッキー工場が操業開始。自動車先進国アメリカでは、日本のトヨタ式とはどんなものかお手並み拝見、という気持ちで眺めていた人もあったようだ。

ある日、八十台ほど不具合車両が発生し、張はラインを止めた。自ら原因を探ると、接着剤の使用ミスであることがわかり、対処を済ませた。当日そこにいなかった担当の資材課長は、それを聞いて青ざめた。アメリカではラインを止めるのは重大事で、クビになりかねない。それでも意を決し、原因と改善策を張に説明した。報告を聞き終えた張は、「それでいい、ご苦労さん」。クビを覚悟していた課長は、思いがけない言葉に感極まって涙を浮かべた。アメリカ式とは異なるトヨタのやり方を知ったのだ。

ちょう・ふじお　一九三七年生まれ。東京大学法学部卒、六〇年トヨタ自動車入社。トヨタモーターマニュファクチャリングＵＳＡ社長等を経て、九九年に社長就任。二〇〇六年、同社会長に就任し現在に至る。また日本経団連副会長、日本自動車工業会会長、教育再生会議委員等を務める。

INTERVIEW

すべての源泉は現場にある

村上　現場がお好きなんですね。

張　はい。性格的にも合っていたのかもしれないけど、何しろ長かったですから。大野耐一さんの下で教えていただいたのが十五年ぐらいになりますか。大野さんが相談役になって別の会社に行かれても、またそこへ行った。叱られ慣れているので「ちょうどいいから、お前、行ってこい」と。アメリカに行ってからは自分でやっていましたが、現場は長かったですね。

村上　経営者というのは、社長室という立派なお部屋があって、そこでビジョンや戦略を考えて、それを下に伝えていくのが役割だ、という人もいます。

張　戦略を考えるのは非常に大切なことだと思います。でも、いくらいい戦略を出しても、それを実行する部隊が訓練されていないと絵に描いた餅で、実行できない。そういう意味では、現場だけではないのかもしれませんが、製造の現場、生産技術の機械をつくるような現場、あるいは設計の現場など、いわゆる現場がどれだけ力を持っているかが重要です。それが経営の一番の基本になります。また、そこが自由自在に動ければ、みんなで考えて次の戦略をつくれるようになると思います。

村上　そもそもトヨタに入られた動機は何だったのでしょう。

張　関西で剣道の全日本の学生選手権か何かがあって、その帰りに、先輩からトヨタ自動車に試合をしに来いと言われて、行ったんです。当時、大学三年生でした。試合は勝ったんですよ。その後、お酒を飲ませてもらった時に、人事部長に「入れ」と言われたんです。僕らの先輩というのはまだぺーぺーですよね。ですから、人事部長が言ったことにはちゃんと返事をしないといけない、というので「ちゃんと考えろよ」とチェックが入るようになった。

小池　その当時、こういう職業に就きたい、という希望はあったんですか。

張　どっかに入ろうと思ってました（笑）。

村上　当時、東大を出たエリートというのは、一般的にはどういうところに行ったのでしょう。

張　私はあまり優秀な人と付き合っていなかったからよくわからないんだけど、官庁とか、新日鐵とか、三菱系とか、銀行とかでしょうか。ただ僕は学問とは無縁でしたから。忙しかったんですよ。朝から晩まで剣道の練習があるし、合宿や遠征はしょっちゅうあるし。勉強はしませんでした。

小池　**勉強、お嫌いだったんですか。**

張　**嫌いではなかったですよ。でもあまり好きじゃなかった（笑）。**

村上　それだけ剣道に打ち込んだことは、その後、トヨタに入ってからも役立ちました？

張　いろいろな意味でよかったと思います。やっぱり男の子って、成長の過程で自信をつけるといいじゃないですか。「三日見ざれば刮目してこれを見るべし」というような話もありますが、高校のころから毎日のように警察の道場に通って、三段ぐらいになったんです。当時はＧＨＱが学生の剣道を禁止していたんですね。だからやる人が少なかったこともあって、すぐ世田谷区の代表になって試合に出たり、いろいろな大会で優勝できたりした。一生懸命やると、それなりにちゃんと身につくものだということを覚えた。それが非常によかったと思います。

常にチャレンジ

村上　成功体験が逆につまずきの要因になる、過去に固執して変化に対応できなくなる、ということは多々あると思うんです。トヨタがそれを克服し、常に勝ってきた理由はどこにあるのでしょう。

張　これが難しくて、いろいろな人に聞くと、答えはみんな違うかもしれません。うちの奥田（碩前会長）は、常に変わらないといけない、止まってはいけないと言っています。私も似ているのですが、常にチャレンジする必要がある。**難しい状況が襲ってくる時は、みんな一生懸命やるからいいと思うんですが、ではもうこれでいいと、チャレンジがなくなった時、どうなるのか。僕はあまり経験してないのですが、その時が怖いなと思います。**

　自分一人ならいいですが、言ってみれば大勢の人々と一緒に坂を上がってるような感じなんです。上がってる時はみんな心を一つにして集中できる気がするんですが、これが平らになったり下り坂になったりして、みんながゆっくり休み出すと、ばらばらになってしまう。そういう怖さがあります。今のところは、次から次へチャレンジがある状態です。

村上　今だとグローバリゼーションですか。

張　環境問題もありますね。グローバル化に関しては、まず円高になったり貿易摩擦が起きたりする。次には現地に出ていけということになって、現地に出る。これは今でも続いていて、この二十年ほどで、世界中に五十ぐらいの工場ができました。そうすると、日本にいる人が手分けして外国に行くことになる。そこでは大いに苦労もしますけど、人間は伸びますよね。それが続いているから、油断をしたり、のんびりしておかしくなるということが今はないんです。

村上　油断できる状態がなかったということですね。

張　危機が起きた時に、それを真正面から受け止めるということを、我々の先輩たちはずっとやってきました。

小池　安心した状態が続いてはいけないということですか。

村上　安心した状態がないと疲れてしようがないので、それはいいと思うのですが、トヨタの場合は常にそういう問題を大事にしたということですね。

張　会社全体としてはそうですね。ただし個人としては、たとえば私が部長や「ヒラ取」だったころは、チャレンジもしないといけないですが、村上さんがおっしゃるように一服も必要です。でも会社全体を見る立場として言うと、そういう緊張感はやはり大事だと思います。

村上　たとえば同じ状況はソニーにもあったと思うのですが、あれほどの企業でさえ成功体験が危機を招くことがある。しつこいようですが、それを踏まえた上でトヨタの強さはどこにあるのでしょうか。

張　ソニーさんのことはわからないので何とも言えないのですが、私どもの会社は田舎にありますよね。よく社長の渡辺が「愚直、愚直」と言うのですが、外に気をとられずに、これは大事だということを一生懸命やるところがあるんです。ある意味でそれがいいのかもしれない。

会社は社会のためにある

村上　愛知の話が出ましたが、名古屋に行って、「トヨタがいいから景気がいいでしょう」と、タクシーの運転手さんや飲み屋のホステスさんに聞くと、「トヨタはいくら儲かってもお金、使わないんですよ」と言われます。

張　すみません（笑）。

村上　でも、もし僕がトヨタの株主だったら、いい会社だと思うんじゃないでしょうか。「トヨタは気前がよくて、どこへ行くにもタクシーを使ってくれる」と言われたら、「おかしいじゃないか」となると思うんですよ。

張　それなりにお金、使ってるんですけどね。

村上　たとえば愛知万博だとか、環境活動のようなところには使っているわけですね。

張　実はトヨタ財団などでは大変なお金を使っていて、たとえば東南アジアで風化しつつある文化の研究を助成したりもしているのですが、全然言わない。陰徳なんです。奥田も僕も、もう少しPRしてもいいんじゃないかと言うのですが、「これに使いました、あれに使いました」と、自分から言わない。

これも社風なんでしょう。これまでは、それはそれで大事なことだと思っていましたが、ただ現在のグローバリゼーションで、アメリカ流のやり方が広がってくると、「自分がこうした」ということを積極的に言わないといけないようになってきましたね。

村上　それが評価につながる。

張　少しはね。特に株主さんには「こういう考え方でこういうことをやっています」と、きちんと伝えないといけない時代になりましたから、少しそのあたりは変えていこうと思います。でもタクシーとバーのホステスさんはちょっと（笑）。使ってると思うけどな。

村上　株主や顧客、従業員と、さまざまなステークホルダーがいる中で、その質問が妥当かどうかよくわからないのですが、「会社は誰のものか」という話が流行ったりしました。「会社は何のためにあるのか」「誰のためにあるのか」という質問に、張さんはどう答えますか。

張　「公器」というのは松下幸之助さんの言葉ですが、そういう「公」の部分、社会のためというのが非常に大事だと思います。アメリカですと、コーポレート・シチズンという言い方をしますでしょう。現地でやっていますと確かに、社会の中の企業市民であるということで、社会的な責任であるとか、地元に対する役割を期待されているような気がします。そのあたりから考え方をスタートさせるのがいいのかな、と思うんです。ストレートに「この人のもの」と言うよりは。

公器ということでは、きちんと税金を払わなければいけないとか、社会貢献をしないといけないとか、今だと環境問題について研究や実践をしていかなければいけない、ということが当然あります。ですが、それで損をしてもいいという話ではなく、まずはいい品物を安くつくっていくことによって、お客さまに買っていただく、そしてそこから上がった利益を株主さんにお返しする、ということにつながっていく。だから「会社は株主のものである」というストレートな言い方も、私はあまりしてきませんでした。

村上　おっしゃるような会社の一種のビジョンを、全世界で二十六万人、日本だけで七万人と言われる社員に浸透させるのは大変だと思うのですが。

張　社会貢献とかCSRとか言いますが、それは今に始まったことではなく、事業がスタートした時からありました。新参者がまったく見知らぬ土地に行って、大きな工場をつくるわけですから、それは絶対に必要なところなんです。地元に受け入れられなかったら、絶対に工場なんて運営できません。その過程で、寄付もするし、人を出してお役に立てるようなこともする。考えられる限りいろいろなことをやります。これは最初からやっていますので、私が今さら社員にこういうことをやれと言わなくても、大丈夫だと思います。

村上　自然にそういうことを学べるようになっている。

張　そうですね。変な話をして申し訳ありませんが、万葉集に柿本人麻呂の長歌が入っていて、私もひところ好きでよく読んだんです。でもたいてい前半の部分は、その土地を褒める言葉とかで、あまり本題とは関係がない。後半になって初めて言いたいことが出てきます。こんなことを言ったら怒られちゃうかもしれないけど、なんでこんな冗長な、と思ったのですが、自分が外国に行ってみると同じことをやってるんです。その土地がいかにすばらしいか、自然が美しい、人々が親切だ、というところから入っていく。考えてみると、この道路だって僕は一銭も税金を払ったわけじゃない。地元の人々が払った税金でこんないい道路ができていると思うと、やはり通る時には「ありがとうございます」と。せめてこれからは、我々ができることを少しでもさせていただきます、という気になるじゃないですか。

お金も設備もないから、ムダをなくすしかなかった

村上　トヨタの改善や現地現物主義についてお聞きしたいと思います。悪い点を確認して、原因を特定する。それをすぐに修正する。その後、本当に改善できたかどうかを確かめる。この循環ができたら、次にそれを、その現場だけではなく会社全体に普遍化させていく……。こういう考え方や進め方は、有名な生産管理部の大野さんという方が、個人でマニュアル化していったものなのでしょうか。

張　終戦の時、会社ができてまだ八年だったんです。そんな時点で日本が負けたわけですから、技術も設備もお金もないんです。けれどもビッグスリーやヨーロッパの進んだ自動車メーカーはどんどん車を生産して、日本にも輸出している。ぼやぼやしていると潰れちゃうから、三年でビッグスリーに追いつけというのが、トヨタ自動車をつくった豊田喜一郎さんの指令だったそうです。だからみんな、やり方をどう直していくかを考えた。これは大野さんだけじゃないんです。お金が使えず設備もないのだから、やり方を考えないと仕方がない。それでムダをなくして、ムダをなくして、というのがだんだん「改善」の思想になっていったわけです。

我々の会社の親会社である豊田自動織機は豊田佐吉さんがつくられたので

すが、豊田佐吉さんは手織りの機織り機から始まって、最後は自動織機で、一本の縦糸が切れても自動的に止まるようなすごい機械を、改良に改良を重ねてつくってきました。そういう思想はちゃんと今に残っているんですね。お金も技術もないけど、やり方を変えて、やってみたらすぐ見て、また悪いところを直す。「改善」はそういうところでできていったんだと思います。もちろん日本はものづくりの国、江戸時代からすばらしいものができていたわけだから、そういった伝統はどこにでもあったと思いますけどね。

村上　僕らにはトヨタというと、最初から大企業で勝ち続けてきたイメージがあるのですが、当時は本当にみんなで考えないと太刀打ちできなかったということですね。

張　はい、昭和二五年には潰れかけていますしね。銀行団に助けていただいたり、あのころの先輩たちは本当に苦労したんです。よく怒られたのは、我々の時代にはもうお金がありましたから、すぐに贅沢な機械を買うということでした。「すぐお前たちは金を使う。もっと気を使え」とね。ゴルフでは「木（ウッド）を使うより金（アイアン）を使え」と言うそうですけど、逆です（笑）。もっと知恵を使えということですね。そういう改善のサイクルの中で、村上さんがおっしゃったように、やったら必ず現地で見ろ、というのがある。よく「お前のようなのが改善して、一回でうまくいくわけがない」と言われました。だからやったらすぐに見なきゃいけない。

村上　本当に直っているかどうか、見てきなさい、ということですね。言われてみると当たり前のことですが、それをきちんとある種の教えにしていくのは難しいですよね。

張　だけど、おっかないから。やってみて、結果が出たか出ないかのうちに、もう見に来ますから。

僕は、大野さんの下にいた鈴村喜久男さんという直接の師匠から、四日間連続で叱られたことがあります。「これをやれ」と言われて、どうしようかと一生懸命考えているうちに、もうチェックに来るわけです。「やったか」「いや、まだです」と言うと「バカヤロー」。しようがないから、適当でもいいからやろうと思ってやると、翌日すぐに来て「やったか」です。やったと言うと「見たか」。「見てない」と言うと「バカヤロー」。それで今度は一生懸命見て、ちょこちょこ直したら結構うまく動くようになり、これで大丈夫だろうと思ったら、また来たんです。「見たか」「ええ」「どうだ」「とてもうまくいってます」「横へ広げたか」「え?」と。

毎日「バカヤロー」と言われ続けて、こっちも頭に来て、夜、部下と三人ぐらいでその人の家に行ったことがあります。「どこまでやったらほめてくれるんですか」と聞くと、「ほめてもらいたいか」と。憎らしいんですよ。「ほめてもらいたいなら、いくらでもほめてやるぞ。だいたいポチやミケを仕込む時はほめてやるんだ」と言うんです。こっちも犬猫なみに扱われたんじゃたまらないから「いらない、いらない」と言ってね。でも叱られながら、自分で直していって、本当によくなったら使えるものは他へ広げるとか、よく仕込んでもらった。ありがたいと思います。

村上　「ほめてもらいたいか」はすごいですね。

張　もう腹が立ってね。

村上　「トヨタ式」は今や有名になっていますが、トヨタ式はすべての企業に有効なんでしょうか。

張　そう言われるとちょっと自信がないのですが、いろいろな業種があって、それぞれ違いがありますから、そこはよほど工夫しないといけないでしょうね。工夫しても、うまくいくものといかないものがあると思います。だから何でもやれるとは思いませんが、ただ基本的な考え方、つまりムダをなくしていく、ムダをなくすことによって、持っている能力を人でも設備でも他の仕事に振り替えられるわけですから、効率も上がるし、原価も下がっていくということは言えると思います。

大野さんたち先輩からは、在庫を持つと、「食べ物だと思ってみろ。とっくに腐っているぞ」とよく言われました。腐らないものだから、いい気になってたくさん溜め込むんだと叱られた。

村上　「トヨタが勝ち続けているのだから、トヨタ式を導入すればいい」というのは、逆にトヨタ式とは正反対で、それぞれの会社の特色を自分で考えないといけないということですね。

張　おっしゃる通りで、ムダというものの出方は全部、違うと思うのです。人の動作で言うと一挙手一投足のすべてを見た時に、ものをつくる上で付加価値を与える動きが仕事で、それ以外はすべてムダだと、若いころに仕込まれました。そうすると同じ自動車の生産でも、プレスで出てくるムダ、機械加工で出てくるムダ、組み立てで出てくるムダ、塗装で出てくるムダ、みんな違う。僕は豊田紡織で糸をつくる工程をやったことがあるのですが、そこのムダはまた自動車とは違います。そこは全部、自分で考えないといけない。

村上　付加価値を生まないものは全部ムダ。

張　会社ではね。自宅へ帰るとムダばっかりしてますけどね（笑）。

RYU'S EYE

無条件の安心感を与えられる人

第一回目のゲストがトヨタ会長の張富士夫氏に決まったあと、スタッフミーティングを重ねて番組の方向性を確認した。トヨタといえば、日本にとどまらず世界の自動車産業を代表する企業であり、カンバン方式、カイゼンなどはすでに日本語の枠を越えて「国際語」になっている。ＶＴＲの作り方などトヨタに関してはいくつものアプローチがあったが、わたしたちは勝ち続けるトヨタの強さの内実を探り、それを一般的な情報に翻訳して伝えることにした。

「このやり方だと、トヨタのいいところだけをクローズアップすることになりますが、それでもいいですね？」とスタッフに念を押されたが、いいですとわたしは答えた。トヨタにも問題はあるのだろうが、この世の中には完璧な個人も企業も国家もあり得ない。トヨタの優れたところにフォーカスし、しかもそれを伝えるときに「秘訣」や「秘密」といった単純化をできるだけ避け、そしてトヨタにしかできないことと、他の個人や企業にも参考になる普遍的なことに分けて紹介できればいいのではないかと思った。

収録前に控え室に張氏を訪ねたときは緊張した。「できるだけポジティブな番組にしようと思ってます」そう言うと、張氏は、「わかりました」と、あの独特の、いたずらっ子のような笑顔を見せた。人をリラックスさせる笑顔だと思った。わたしはすっかり緊張感が取れ、収録はとても楽しいものになったが、もっとも印象に残ったのは、難局の連続が強いトヨタを作り上げたというようなニュアンスの張氏の言葉だ。「秘訣」や「秘密」などという口当たりのいい言葉とは無縁の、危機感をともなう厳密な品質向上・効率化の努力がメーカーを強くするという、考えてみたら当然のことを、愚直に、黙々と、トヨタは続けてきた。

「カンブリア宮殿」が縁となって、その後張さんとは個人的にお付き合いをさせてもらっている。もともと縁があったのか、わたしたちには共通の行きつけの店があった。高級料亭や三つ星のフレンチレストランではなく四谷にあるおでん屋さんだ。料理はとてもおいしいが店構えは庶民的で、張さんはそのカウンターで刺身やおでんや名物の卵焼きを食べるのが好きらしい。

張さんが語る昔のトヨタのエピソードは本当に面白い。また張さんといっしょにいると、まるで長年の友人と酒を酌み交わしているような不思議な親近感を持ってしまう。人に無条件の安心感を与えることができる稀有な人物で、まさにそれこそが二十一世紀の企業経営者の必須条件の一つなのだろうといつも思う。

本田技研工業社長

福井威夫

本音で楽しまないと、
本当の仕事はできない。
それは最終的に会社のため、
世の中のためにもなる

PROFILE

ホンダの可能性を開拓し続ける六代目

創業五十八年。今や売上高九兆九千億円、世界に名だたるメーカーとなったホンダ。その社長は、創業者の本田宗一郎から全員が技術畑出身。六代目社長、福井威夫ももちろん技術者だ。

一九六二年、それまでオートバイメーカーに過ぎなかったホンダは、初めて四輪車を発表。後発ながら自動車メーカーの仲間入りを果たした。そのスポーティで洗練されたスタイルに世間の注目が集まった。時代はマイカーブーム。街には自動車があふれ、保有台数は一千万台を突破した。しかし、車の排ガスによる大気汚染が問題となり始めた。自動車先進国アメリカでは、厳しい排ガス規制が設けられた。メーカーはこれをクリアしなければ車を売ることができなくなった。本田宗一郎は「こんなチャンスはめったにない。これで世界のトップに立てる」と、新しい低公害エンジンの開発にとりかかった。開発に携わったのは総勢四百人の技術者たち。三代目社長久米、四代目川本、五代目吉野ら、のちにホンダの屋台骨を支える面々が集まった。その中に、当時二十代だった福井もいた。

それから二年。ホンダは低公害エンジンの開発に成功、ＣＶＣＣエンジンと名付け世界に発表した。どのメーカーも成し遂げられなかった快挙だった。ＣＶＣＣエンジンを搭載したシビックは日本だけでなく、アメリカでも発売された。ホンダ車の顔として千七百万台を超え、今なお売れ続けている。

その後の福井は、サラリーマン人生の大半をレースと向き合った。責任者として世界を転戦したのだ。本田宗一郎から厳しい洗礼を受けていた。ホンダ用語に「カンボコ」という言葉がある。「カン」は感動。レースに勝つことで感動し、ボコボコに怒られることで「なにくそ」とがんばるのだという。

一九八五年世界グランプリ、スペイン大会でのこと。レース直前に福井のもとに本田宗一郎がやってきた。「勝つには、このままじゃダメだ」。だが福井は自分の技術を信じ、レースに挑んだ。その結果、チームは見事に優勝し、念願のシリーズ優勝も果たした。そんな福井のもとに、本田宗一郎から手紙が送られてきた。「がんばって下さい、期待しております」。福井は今もこの手紙を宝物として持っている。

ホンダを支えているのは一九六〇年に創設された技術研究所だ。現在、国内四万人の社員のうち、三割がここのスタッフ。売上の五％が研究費として投資されている。社長になる前の福井も、研究所のトップだった。ここから次々と革新的な車が生み出された。小型車シティ、和製スーパーカーNSX、ミニバン市場を開拓したオデッセイ。そして研究所が生み出した次なる車は、次世代の燃料電池車、FCXコンセプト。ホンダは燃料電池の小型化に成功し、スタイリッシュなデザインを実現した。

ASIMO、稲の研究、ホンダジェット……ホンダの夢、技術者たちの夢は、限りなく広がる。

ふくい・たけお　一九四四年生まれ。六九年本田技研工業入社。エンジン開発、二輪レースに携わり、八七年ホンダ・レーシング社長に就任。米国生産工場社長、本田技術研究所社長等を経て、二〇〇三年より代表取締役社長。F1マシン、二輪GPマシンで自ら走行し「世界一速い社長」と呼ばれる。

ホンダがホンダである理由は、将来への可能性

村上　本田宗一郎という方はいろいろな伝説や言葉を残していますが、印象に残っているのは「モノは頭じゃなくて、手でつくれ」というもので、小説もそういうところがあるんです。福井さんは本田宗一郎と実際に接した、ほぼ最後の世代じゃないかと思うんですが、本田宗一郎が残したものを、実際に本田宗一郎を知らない人たちに伝えていくのは、簡単ではないような気がするのですが。

福井　難しいですね。私自身も本田宗一郎と直接コミュニケーションがあったかというと、そうではないんです。私よりも一回り上の世代、川本元社長、あるいは吉野前社長の年代くらいまでだと思います。それから後は、本田宗一郎が現役を引退して、最高顧問の時に怒られたわけですから、相当高齢になってからです。ただ気持ちはよくわかる。今おっしゃった〝手でつくれ〟というのは三現主義というのにつながっていくのですが、**たとえば〝学歴無用論〟というのは、学力がなくていいということではなくて、学力や実力は必要なんです。学歴はいらないと言っているのです。**似たようなコンセプトだと思いますね。

村上　福井さんが社長になってからよくおっしゃっている〝源流強化〟というのは、本田宗一郎のスピ

リットをもう一度取り戻すという面もあるんですか。

福井　一面ではそういう意味もあります。本田宗一郎から教わったことの一つは、物事を真実まで極めた真理じゃないと、世界には通用しないということです。日本の常識はアメリカの常識ではない。これでは世界の常識になりません。技術の世界でもそういうことがあって、ものすごく世界一というのにこだわったのです。そういう観点でいくと、あまりにも現代の世界的企業は、短期思考といいますか、四半期決算、株価、利益に焦点が行き過ぎている気がして、それはそれで重要ですが、ホンダがホンダである一つの理由は、やはり将来に対してどれだけ成長する可能性を持っているかだと思うんです。

　五年後十年後に何をやるかわからない、そういう可能性を持った会社にしたい。そのためのくさびを打っておこうということで、いろいろな領域で、源流強化という言葉で手を打ったのです。今は苦しいけど、乗り越えるために手を打っていく。最終的には人材育成です。ホンダがどれだけ優秀な人材を育成できるか、これが源流強化の究極だと思います。

村上　四半期ごとの決算で利益を出さないと株主から文句がくるような時代に、五年後、十年後を見据えないといけないというのは、難しいことだと思います。ホンダの代々の社長はエンジニア出身の方ばかりで、僕らには、技術者は経営に疎いんじゃないかという常識があるのですが、そういったことはどうやって克服されているんですか。

福井　確かに社長は技術屋ですが、創業者にも立派なパートナーがいて、代々社長をサポートする。企業経営に必要なプロフェッショナルが、副社長という形でサポートしてきました。基本的にこの会社は社長・副社長のコンビネーションで引っ張っていくものだと私は思っています。

村上　本田宗一郎と藤澤武夫さんの関係というのは、今でも生きている?

福井　絶妙でしたね。そういうコンセプトを我々は大切にしたいなと思っています。

小池　社長室もなく、個室もつくらず、役員の方四十五人が同じフロアにいるスタイルというのも創業の時からなんですか。

福井　ええ、特にそこにはこだわったんです。〝ワイガヤ〟とか大部屋というのは、ある程度集団経営体制というのが必要だということで、本社の役員室から始めたんです。

村上　研究所にお邪魔した時、主席研究員の方から説明を受けたんですが、普通、主席研究員が説明していると、脇の人は黙っていますよね。平気で口をはさむんです。自由な雰囲気がありますね。

福井　常にそういう雰囲気にしています。これは風土ですね。肩書きがものを言うのではない。これも私が本田宗一郎から教わったことの一つですが、当時私は一エンジニアで、本田宗一郎は神様ですよね。でもレースの議論をしていても、同じ目線なんです。

村上　言ってもいいよ、という社風があるわけですね。

福井　言わないといけない。

村上　本田宗一郎の言葉に、「技術者は技術の前で平等である」というのがあるぐらいですからね。そういった社風、企業文化は、ホンダが半世紀以上培ってきたものだと思います。参考にしたいと思う方も多いと思うのですが、それを一朝一夕で真似するのは無理じゃないですか。

福井　まあ無理だと思います。大部屋を見て、他社の方が大部屋にしてもダメなんですね。目指しているものが何かということをしっかり考えて、自分の状況に置き換えて、自分なりの方法でしていかないとダメだと思います。

村上　ただ大部屋にすればいいという問題じゃないですもんね。

福井　それは我々自身も同じです。創業者の考えた思想というのも大切なのですが、それをそのまま伝継したのでは、この会社は潰れると思うんです。創業期のホンダと今のホンダではもう、まるで違う。世の中の環境も違う。考え方はものすごく重要だけど、そういうものに合わせていかないといけないと我々は思っています。いろいろと伝継すべきことはありますが、その中で一番重要なことは何か、相当突き詰めて、二つとか三つとか四つにしていき、それ以外の部分では捨てていくものもあるんです。「もうこういう時代じゃないね、捨てていこう」という考え方も当然あります。

〝カンボコ〟はボコボコボコで、カンが少し

村上　今でも覚えているのですが、八八年のF1グランプリで、ポールリカールかどこかのサーキットに、本田宗一郎が来たんですよ。その瞬間、ピットの雰囲気が変わったんです。本田宗一郎がセナと楽しそうに話をしている光景が頭に焼きついて離れません。そういう歴史を考えても、ホンダがF1をやるのは、他社とは違う意味合いがあるような気がするのですが。

福井　いろいろな意味がありまして、当然他社と同じように、ブランドとかファンのためというのもあります。私たちが特にこだわっているのは人材育成です。F1の現場にホンダの従業員、特に研究所の従業員はどっぷり入ります。三年とか四年いて、現業に戻すという形にしています。レースの結果だけを考えればプラスにならないかもしれないけど、まさに源流強化、人材育成なんです。それにこだわるのがホンダのやり方だと思います。

小池　専門の方ではなく、新入社員の方も現場に出すんですか。

福井　即、現場。三年くらいボコボコにやられて、それから商品の開発をやってもらう。

村上　ちょっと言いすぎかもしれませんが、フェラーリに似ていると思うんですよ。

福井　昔は似ていましたよ。レースをやってる会社が、ときどき量販車をつくるというところからスタートしたわけですから。ある時期からそれを乗り越えて、量産車メーカーになった。

村上　もちろんそうですが、端から見ていると、根本的にレースが好きなんだなと思っちゃうんです。

福井　それは間違いないですね。根っからレースが好きという人間が多いのは確かです。

村上　先日、燃料電池車に乗せてもらったのですが、本当に興奮しました。車に乗る興奮はスピードだと言われますが、スピードだけだったらジェットコースターに乗ればいいわけで、アクセルを踏んだ時の加速とか、いろいろなものがあります。燃料電池車の場合、爆発で走るわけじゃないから、カクカクしないんですよね。すーっと行くんです。翼をつけたらこのまま飛ぶんじゃないかな、と思いながら運転していました。

福井　まさにそういう感じです。ガソリンエンジンはガソリンを爆発させているので、その振動をいかに抑えるかが技術なのですが、燃料電池はそれがないからすごく滑らかです。

村上 研究員の方に「二〇二〇年ごろには、みんなが持てるようになりますよ」と言われて、生まれて初めてじゃないかな、長生きしたいと思ったのは。

福井 現在、アメリカのカリフォルニアに、個人で燃料電池車を使われているお客さまが一人います。

村上 研究者の方の「今の車の基本はベンツがつくった。今後百年続くであろう燃料電池車の基本は我々がつくるんだ、っていう意気込みでやってるんだ」という言葉がすごく印象に残っています。

福井 我々は志と呼んでいますが、高い目標持ってやろうというのも一つの志ですね。

村上 ホンダには有名な〝カンボコ〟という言葉がありますが、九九％がボコなんじゃないですか。

福井 ボコボコボコと、カンが少し（笑）。だから余計感動が大きいわけです。しょっちゅう成功するような体験をしてると、感動しないですよね。徹底的に逆境の生活をして、ちょっと成功する。そこに大きな感動があると思うんですよね。

本音で楽しまないと、本当の仕事はできない

村上 ホンダの場合、研究開発費は売上の五％とお聞きしました。十兆円の売上だから、だいたい五千億円くらい。それをまず確保するのがすごいと思うんです。

福井 一つ特徴的なのが、それを使う研究所というのが別個の会社になっていることです。つまり、別の会社が運営していますから、本田技研が研究所に対して、あまり細かいことは言えない。全体の予算

を研究所が自由に使える体制というのを基本にしています。

村上　営業とか他のところから、「使いすぎじゃないか」とか、そういう声は出ないんですか。

福井　しょっちゅう出ます。出ないと嘘になるんです。「こんなにお金を使って、こんな車しか開発できないのか」と言われて、そういう中で研究所は「なにくそ」とがんばるわけです。

村上　「俺たちが骨身を削って車を売っているのに、なんでロボットなんかつくってるんだ」という人、いるでしょうね。

福井　そういう人もいますし、F1で言うと、ハンガリーで勝ちましたが、それまで負け続けた。負けるレースに金を使うのはやめてくれ、と営業の現場は言うわけです。それも「なにくそ」とがんばる。

村上　やめてくれと言われて、現場の方はどう答えるんですか。

福井　私も経験がありますが、ショックですよ。「頼むから勝ってくれ」というのはまだいいんです。「頼むからやめてくれ」と言われるのですから。もう結果を出すしかないんです。

村上　静岡の町工場だった時代に、「世界を制覇する」「マン島のレースに出る」と、本田宗一郎が決意したという伝説は有名ですが、そういった一種の強力な欲求というのが、今でも生きているということなんでしょうか。

福井　歴史を調べてみると、「マン島、出るぞ」と言った時がどういう状況かというと、研究所の技術レベルが五〇だとすると、マン島で勝つには一〇〇以上のレベルが必要で、とても見当違いなことを言っているのです。おまけに会社の状況は、かなり経営が厳しかった。とてもお金を研究開発に使える状況じゃなかったんです。そこであえて言った。

言われてしまった研究所の人間からすると、量産車の仕事が品質問題から何からいっぱいあるわけです。そこに新たに、ものすごい技術チャレンジをやれと言われたことになる。これは大変だと思ったことでしょうが、結局それがモチベーションになって、やる気が盛り上がって、みんなで一致して外敵と戦おうという雰囲気が出てくる。それで乗り越えたんだと思うんですよ。

村上　マスキー法が成立して排ガス規制が出てきた時も、「これはチャンスだ」という発想をしたわけですよね。乗り越えられるという自信があったんでしょうか。

福井　自動車業界では最後発で、レベルは月とスッポンだったんです。ところがマスキー法をクリアできるかというと、全世界の自動車メーカーが「できない」と言う。その点に関しては同一だったのです。だからこそチャンスだ、という発想だったんじゃないでしょうか。

小池　ホンダが考える未来の車というのは、どういったものですか。

福井　今、車にある欠点が全部ない車。そしてホンダがつくる以上、走りにこだわった車でないといけない。乗って楽しい、そういうものを失ってはいけない。燃料電池車も、環境車だけれども、ホンダがつくる車は走りにこだわります。加速性能や操縦性、居住性などを大切にする。そういったものを残しながら、やはり安全で、ぶつからなかったり、けがをしなかったり、渋滞にあわなかったり、思ったところに思ったように行ける車が理想じゃないですか。

村上　福井さんがホンダに入ってきた人たちに向けて話したことを紹介した

いと思います。「入社してホンダウェイを学ぶのもいい。しかし君たちが何か持ってくる。何かしなければ、明日のホンダはない。ホンダを変えることに自分たちの価値があるんだ。ホンダのために働くと考えること自体、すでにホンダウェイじゃない。人が何のために働くのかというと、会社のためじゃない、自分のために働くのだ。それは、いつの時代も世界中、どこでも共通だ」。すごい言葉だと思うんですよ。

福井　これは私の本音であり、創業者の本音なんですよ。本音で楽しまないと、本当の仕事はできない。それは会社のためにもなりますよ、最終的に。それから世の中のためにもなる。

村上　会社のためではなくて自分のために働けというのは、一見自由で、楽しそうだけど、入ったら大変なんだろうなと思います。

ホンダが大切にする〝三つの喜び〟

村上　車以外の、ASIMOにしてもジェット機にしても、ホンダの技術者は常識にとらわれないところがありますよね。

福井　常識、通説、学説とかは勉強しますけれど、自分の手で確認するということが重要なんだというのは創業者の教えです。

村上　ジェット機は使い道があるからまだわかるのですが、ASIMOについては、そもそもなぜ、当時の人たちはロボットをつくろうと思ったのでしょう。

福井　いろいろな将来のテーマの一つとして、人間ができないことをやったり、人間をサポートするようなロボットが必要だということになり、ではどういうロボットがいいか。そこでだいたい足が車輪になってしまうところを、一番難しかったのが二足歩行だったので、そこに徹底的にこだわったんです。

村上　「うちはワッパをつくっていてそんなの簡単だから、難しいほうをやれ」とか言われたらしいですね。大変だったようですよ。関東中の動物園を全部回って、動物の歩き方を研究したり、登山家や義足の方に話を聞いたり。印象に残っているのは、いろいろ迷っている開発者の方のところに当時の川本社長が来て、「そんなに悩んでないで、つくっちゃえ」と言ったという話です。

福井　それはそうなんです。あまり考えすぎても物事は進まない。ある程度つくってみて、確認して、そこからまたアイディアが出てくるんですね。

村上　ジェット機にしてもASIMOにしても、二十年かかっているんですね。企業だから利益を出すというのは当然あるにしても、ホンダの場合、興味とか、チャレンジする喜びみたいなものを優先しているような気がするのですが。

福井　それは否定しませんが、たぶんその時期、二十年くらい前に、将来のホンダの方向性みたいなものを考えて、基礎研究所をつくったんです。その基礎研究所が、現業の二輪車や四輪車といった商品技術ではなくて、もっと先々のことをテーマにし始めたんです。ですからバイオもジェット機もASIMOも、基本的な考え方から二十年かかって形になってきたということですね。

小池　お米もつくられているんですね。

福井　発端は食料研究だったのですが、バイオテクノロジーをマスターした今、考えているのは、そういった技術を使ってエネルギー問題、地球環境問題といった領域で何らかの役に立てないかということです。一つの成果としては、稲のワラからアルコールをつくる技術に、何とか見通しがつきました。これを燃料に使う。稲は食料に使い、不要なワラなどの部分のセルロースからアルコールをつくる。これまで世界でできなかったことが可能になる道筋が、やっと見えてきました。これを燃料にすると、これは一つのリサイクルですから、地球環境問題解決の一つの方法なんですね。

村上 僕が個人的な仕事をしているからそう思うのかもしれないけど、ホンダを見ていると、人間というのは興味があったり、好きだったり、そのことをやっていれば飽きなかったりするものに対して、能力が発揮されるような気がするんですよ。

福井 まさにそういうことですね。**我々が大切にしている創業者の教えの一つに、〝三つの喜び（買う喜び、売る喜び、創る喜び）〟という考え方があるんです。満足とかではなくて、喜び。三つの喜びの中で一番重要なのは、お客さまの喜びです。買っていただいて、満足していただいて、その先に喜びがあると思っているんです。これが中心なんですけど、最後はメーカー側がつくって喜ぶんだと。本田宗一郎そのものなんです。**

村上 有名な話があって、鈴鹿の八耐でボロ負けした時に、みんなで本田宗一郎のところに謝りに行ったら、「俺に謝ってどうすんだ、お客さんに謝れ」と。いや、すごい人ですね。福井さんはどんな時に充実感、達成感を感じますか。

福井 最近で言うと、やはりハンガリーですね。レースというのは結果がすべてで、二位以下は全部ダメ。勝った時の気持ちは最高ですよ。

RYU'S EYE

ホンダの本質

ホンダという企業には驚かされることが多い。ホンダのようなグローバル企業の本社に社長室がないなんて、想像できるだろうか。「ワイガヤ精神」というのがあって、社長を含む数十人の役員たちは大部屋で一堂に会し、わいわいガヤガヤと仕事をしているというのだ。わたしはそんな企業があるなんて知らなかったし、想像もできなかった。創業者である本田宗一郎の考え方を継承しているらしい。

小規模のベンチャー企業が成功し、やがて組織が大きくなるにつれて企業運営のスピードが落ち、システムが官僚的になってしまう。そういった半ば必然的な硬直化をどのようにして阻むか、成長企業に共通の問題だ。町工場なら顔をつき合わせて徹底的に話し合えばいいわけだが、成長に応じて社員が増えると企業ビジョンを共有するのが簡単ではなくなる。

「入社してホンダウェイを学ぶのもいいだろう。しかし君たちが何かを加えなければ明日のホンダはない。ホンダという会社のために働くなんて考えること自体、すでにホンダウェイではない。会社のためにではなく自分のために働くのですからね。このことは、いつの時代も、世界中どこでも共通だと思います」（参考図書『本田宗一郎と知られざるその弟子たち』片山修著　講談社＋α新書）

福井氏の言葉だ。ホンダの本質を示す言葉なので番組中でも紹介したが、「ホンダという会社のために働くなんて考えること自体、すでにホンダウェイではない」という考え方は、まるでニーチェのようで、新鮮で感動的だった。企業や組織の本質は「長いものには巻かれろ」とか「寄らば大樹の陰」みたいなものだろうという既成概念があったからだ。

本田宗一郎という稀有な技術者・経営者のスピリットを将来的に受け継いで行くには、その教えを守り伝承していくだけではだめで、一人一人の社員が個人として積極的に「関与」していく、ということだろう。素顔の福井氏には、やんちゃ坊主のような一面と、老練な経営者の一面の、両方があった。「モノは頭ではなく、手で作れ」という本田宗一郎の有名な言葉がある。これはあらゆる創造に共通しているとわたしは思う。

たとえば小説は脳で考えて書くわけだが、手でペンを握って原稿用紙に字を埋めたり、指を動かしてキーボードを叩いて文章を連ねてみて、それではじめて湧き上がってくる言葉や文体やアイデアがある。脳は手と連動してはじめて創造的な働きをしてくれるのだ。ホンダウェイは極めて普遍的なものなのである

全日本空輸会長

大橋洋治

人件費は
コストとして見る部分もあるが、
同時に人は宝。
むやみに人を切っていくのは間違い

PROFILE

ピンチをチャンスに変える大橋イズム

大橋洋治は今も暇を見つけては現場に顔を出す。できるだけ多くの社員に声をかけて、現場の空気を摑む。安全の要、コントロールセンターで、真っ先に向かうのは神棚。航空産業の根幹は何よりも安全だ。それを痛感する事態を、何度も経験してきた。入社二年目の一九六六年、羽田沖の墜落事故。乗員・乗客百三十三人が亡くなった。遺体を運んだ大橋は、飛行機事故の悲惨さを目の当たりにした。

人事部に在籍していた時には、田中角栄の逮捕にまで至ったロッキード事件が起きた。全日空は会長、社長など役員六人が逮捕される。半年もの間、経営者不在という前代未聞の事態が会社を襲った。だがその後、全日空は立て直しを図り、着実に実績を上げていった。一九八六年、悲願の国際線進出。八九年、経常利益は約三百三十億円に達し、首位のJALを脅かす存在となった。

しかし九〇年代にバブルが崩壊し、全日空は無配に転落した。そんな中、社長に就任した大橋をさらなる危機が襲う。アメリカ同時多発テロの影響で、旅行客は激減。そして二カ月後、国内トップのJALと三位のJASが統合した。全日空にとって創立以来最大の危機。存続を危ぶむ声も出た。

窮地に立たされた大橋は、思い切った行動に出た。復配だ。当時全日空は、毎年約千六百億円の資金を借り入れていた。このまま無配が続くなら資金提供は続けられないと、銀行に言い渡された。だがそのためには、一年で二百八十二億円もの赤字を、黒字にする必要があった。誰もが無理だと思った。

社員と直接話すことが大事だ、と考えた大橋は全国を回った。徹底的に話し合い、改革に乗り出した。三百億円という大規模なコスト削減計画を発表。タブーと言われてきた社員の給料を、全社員一律五%カットした。人員削減、ボーナスカットなど、合わせて人件費で二百億円。そしてシカゴ、ムンバイなど不採算路線からの撤退、関連事業の縮小で百億円を削減する。その一方、顧客獲得のためのサービスを次々と展開。航空会社で初となる電子マネーを導入し、先を見据える戦略もとった。こうして二〇〇三年、黒字転換。ピンチをチャンスに変え、大橋は全日空の危機を救った。

失敗を恐れず、常に先を見据える大橋イズムは今の経営にもつながっている。東海大学と提携し、パイロット養成コースを開設。さらに複数の企業と共同でパイロットの派遣会社を設立。団塊の世代が引退する二〇〇七年問題に備える。また、早くから原油高騰を予測していた全日空は経費削減の工夫も行なっていた。エンジンの洗浄回数を増やすことで熱効率をアップ。備品の軽量化では食器にまでこだわり、年間で十二億円を削減。そして、開発中の次世代中型機「ボーイング787」を、世界で初めて導入することに決めた。全日空は燃費だけで年間四十五億円のコストを削減する計画だ。

おおはし・ようじ　一九四〇年生まれ。慶應義塾大学法学部卒、一九六四年全日本空輸入社。取締役成田空港支店長、同ニューヨーク支店長等を経て、二〇〇一年代表取締役社長に就任。〇五年より会長、現在に至る。また日本経団連理事、経済同友会副代表幹事等を務める。

INTERVIEW

人件費をコストで見るか、人材で見るか

小池　危機の中で社長に就任された大橋さんは復配を決意されたそうですが、復配しなければならなかった理由をお聞かせいただきたいのですが。

大橋　エアラインというのは典型的な装置産業で、全日空の場合、航空機を新しく入れ替えていくために、年間一千億円くらいのお金が必要となります。これは営業利益だけではまかないきれず、銀行から借りるしかないんです。ですが、銀行は無配の会社にはお金を貸してくれません。営業利益、経常利益、当期利益、それぞれをプラスにして復配を果たさないと、会社が潰れてしまうのです。そこで、本当にしんどかったのですが、みなさんにお願いして、三百億円のコストを三年間で削減しようということにしました。これはみなさんの協力で、二年間で達成できました。そこで三年目はさらに百億円を削減する、と。ではコストカットしたその先はどうなんだ、ということで、二〇〇二年には企業理念と、アジアでナンバーワンになろうというグループの将来のビジョンを打ち出しました。

ただし、その時のコストカットでも、私どもはお客さまの命をお預かりしている会社ですから、安全に関するコストは削らなかったと言い切ってもいいと思っております。やはり人件費の部分では一律五

％カットや手当のカットなど、そういう部分はいろいろとありました。ですが、安全を守っていく上で重要な部分、たとえば運航乗務員や整備の方など、いわゆる技術の領域は大切にしてきたつもりです。

村上　当時は九・一一、イラク戦争、SARS、燃料の高騰といった危機の中にあったそうですが、JASとJALの統合では、ライバルとして巨大な航空会社ができたわけですよね。これは進化論で言われるのですが、大きかったり強かったり賢かったりするよりも、危機感を持って変化に適応できた種が進化していくという話があります。全日空はまさにそんな感じがしました。

大橋　確か二〇〇二年の正月明けの仕事始めの時に、今のダーウィンの言葉をとって、**「強いものや賢いものが、必ずしも種を存続させて生き残るわけではないんだ」「生き残るのはスピード感を持って、変化に対応していくものだけだ」**という話をしました。ご存知の通りエアラインには、昔から規制に守られていた甘い体質がありました。意識改革から始めないといけないということで、ダイレクトトークというのを始めたんです。

村上　人件費の圧縮に関して難しいなと思うのは、最近、技術立国だった日本のメーカーに、リコールとか不祥事が多いですよね。それは日本人がダメになっているということではなくて、企業が儲かっているのに給料を上げなかったりすることで、従業員のモチベーションが下がっていることと関係があるような気がするんです。内部告発が多いのも、会社に対する忠誠心が薄れてきているせいなのかな、と。航空会社は安全第一とおっしゃっていましたが、そういう中で賃金に手をつけるというのは難しかったと思うし、バランスも大事だったんじゃないですか。

大橋　人件費をカットしたのは事実です。ですが、一方では人材というものを見ていて、「あなたはやめてちょうだい」「あなたはいりません」というやり方ではダメなんです。人件費をコストで見るか、人材で見るか。安全をお任せいただいている会社としては、コストとして見る部分もありますが、同時に人材は宝ですから、安全を守っている人はこれからも採用していかなければなりませんし、むやみに人を切っていくのは間違いです。

村上　最近はコストだという見方が多いような気がしますよね。

大橋　確かにその通りです。ですが、コストとして人件費を見るという部分にあまりにも比重をかけてしまうと、とりわけ安全の部分に何か問題があるかもしれませんね。

村上　賃金カットの時には、役員の方を最初にカットされたそうですね。

大橋　これは今でも恨まれているのですが、社長時代の終わりのころ、もちろん役職員の報酬カットはした上で、私が白洲次郎さんの「役得より役損だ」という言葉が非常に気に入りまして、退職金を廃止しました。普通、退職金を廃止する時は、報酬を少し上げてからするらしいのですが、私はカットしてから廃止にしたものですから、ちょっと問題だと言われているのです。ですが、まぁ会社がよくなればいいじゃないか、と。前から組合の方にも怒られているのですが、「コストカットも、『明るく笑顔でしよう！』という雰囲気を会社全体でつくったらどうか」と言ったら怒られました。

村上　でも、役員が報酬をカットして退職金をやめたら、ちょっとうるさそうな社員の方々も納得されたんじゃないですか。

大橋　やはり自ら姿勢を示さないとね。こういうピンチの時はトップが退路を断って、「もう後ろはないんだ」「ダメだったら責任をとって俺はやめる」という姿勢がないと、下はついてきませんよね。

部下とビジョンを共有するには、誠心誠意

小池　人伝てに聞くのと、自ら来ていただいて話し合いの場を設けるのとでは、感じ方が全然違うと思うんです。

大橋　それで二〇〇二年一月から、ダイレクトトークというのを始めました。経営理念を実現するために、経営指針六か条というのをつくったのですが、その一番は「安全を守り続けます」、二番目に「お客様の声に徹底してこだわろう」というのを掲げました。私はこれをダイレクトトークに持ち出しまして、みなさんと話したんですが、では「どうやってこだわるのか」という話になります。整備はどうやってこだわるのか、キャビンアテンダントはどうやってこだわるのか。キャビンアテンダントの場合はわかりやすいですよね。ではパイロットはどうやってこだわるか。「パイロットは安全に飛んでいればいいじゃないか」という意見もありました。

「社長はどう考えているのか」と聞かれ、たとえばパイロットの方々には機内アナウンスのことを言いました。飛行機は気流によって揺れるので、そういう時にお客さまに心配をかけないように、「これはこの先五分続きますが、その後は安全です」とアナウンスする。今はだいたい、こういった機内アナウンスはされています。

それからキャビンアテンダントで言うと、たとえば世界のエアラインの中で、一番トイレのキレイな会社にしたらどうか、と。トイレは一定の場所にあり、広くすることはできません。ですから常に清潔にしておく。これは現在も徹底してやっていただいております。

整備の方には、花王の常盤文克さんがものづくりについて書かれている例を出しました。それには「モノがモノ言うモノづくり」ということが書かれていて、モノはモノを言わないけれど、それぐらい徹底した整備をしてくれれば、飛行機だってモノを言うんじゃないか、という話などをしました。結局二年半くらいの間に百回ほどやり、合計六千人と話しましたが、まだまだ足りないと思います。

今は社長の山元が引き継いで、私よりももっと精力的にやってくれています。ダイレクトトークというのは双方向で話すのですが、社長が話すと若い人は黙っちゃうんですよね。でも、特に安全については、我々は現場の実態を知りたい。今はダイレクトリスニングということで、口はできるだけ小さくして、耳をできるだけ大きくするということをやっています。

村上 実は、うちの隣に住んでいる人が全日空のパイロットで、こっそり大橋さんの評判を聞こうと思ったんです。こっそり聞く場合、悪いことを言うことが多いし、特に経営者というのは損で、ダメな場合は「無能」と言われ、成功した場合は厳しい改革もするから「鬼」と言われたりする。でも、そのお隣さんは、「とにかく大橋さんは本当にいい人だ」と言ってました。

大橋 その人、教えてほしいな（笑）。

村上 やはりコミュニケーションは大事なんですね。彼は「うちの会社はアジアナンバーワンになるんだよ」とも言っていて、パイロットの一人ひとりまで、ビジョンを共有していることがわかりました。ビジョンを伝えたり、危機意識を何千人もの社員が共有するためには、徹底したコミュニケーションしかないのでしょうか。

大橋　そういうことですね。一番大事なのは、情報の共有化です。会社が都合の悪いことを隠したりすると、社員は信用しません。それから透明性。会社はこういう辛い状況にある、君たちもこういう辛いことがある。そういうことをお互いに知り合って、知り合うだけではダメで、それをどうコミュニケートしていくか、ということです。

村上　「部下とビジョンを共有するコツは？」と聞く人がいますが、簡単なものじゃないですよね。

大橋　コツというより、誠心誠意でしょうね。お互いに痛さを知り合うということを心がけなきゃいけないと思います。コツはそんなにないんです。「コツコツ」です（笑）。

ちょっと待て、と皆が感じなければならない

小池　社長に就任されて危機を迎えられた時に、「これで面白くなってきた」とおっしゃったそうですが、不安になったり、ネガティブな気持ちになったことはないんですか。

大橋　ないと言ったら嘘になります。でも三叨三行という言葉がありますよね。三つの叨《なか》れ、つまり「やってはいけないこと」と、三つの「やりなさい」。三叨は、「怒らず、恐れず、悲しまず」です。三行は「誠意、正直、愉快」。昔、これを何かの本で読んで、これはいいなと思いまして、落ち込んだ時はこれを持ち出しています。

村上　正しいのと同時に伝えやすい。最後に「愉快」というのがいいですよね。全日空は大橋さんが立

て直されましたが、ライバルは苦労しています。他の業界だと、大手が二社しかないならたいてい、儲かるんじゃないかと思うんですが、そういうことはないんですね。

大橋　我々はいろいろと努力して利益を上げていますが、大変です。先ほども申し上げたように、我々は装置産業ですから機材を更新していかなければならない。航空機の場合、固定費の占める割合が七〇%近いんです。それにアメリカとかシンガポールといった国と比べると、公租効果、いわゆる税金などの部分が大きいから、日本の場合は大変苦労します。ただ海外でもUAやスイス航空、今はデルタとノースウェストがチャプターイレブン（米連邦破産法第十一章）に入っています。あまりにも固定費が重すぎるということでしょう。

村上　大橋さんが全日空を改革する時に、どこが問題なのかということはすぐにわかったのですか。

大橋　先ほどもお話しした通り、航空会社は規制に守られていて、それが残っているんです。たとえば昔あった規定の類がそのまま残っている。私は社用車を使わせてもらっていますが、社長時代に「五年経って二十万キロになったから、新しい車に換えたい」と言われたんです。でも運転手さんは「いや今、絶好調なんですよ、この車」と言います。結局、それは大昔につくった規定だったんです。今の車は性能もいいし、二十万キロどころか、三十万、四十万キロだって走れる。運賃などは届出制になったから、「規制緩和しました」と言っていますが、実際に自分の身の内を見てみると、そういう例はいっぱいあるんです。まだあるんじゃないかと思います。こういったものは、日ごろ私だけが見るものではないので、みんなが感じなければならない。

現代人はいわゆる第六感、「これはおかしいな」と思ったり、ザワザワッとするような感覚が、退化

しているんじゃないかと思うんです。「おい、ちょっと待てよ」と感じられないといけないんだろうと思います。私はそれが秀でていたというわけではありませんが、やはりそういう中で大切なのは、隠されているものがたくさんあるわけですから、それを徹底的に調べ上げることでしょう。

若い人は何でもチャレンジを

小池　「失敗してこなかった若者は、今まで何やっていたんだろうと思う」とおっしゃっていますが、していい失敗というのはどういうものでしょう。

大橋　特に若い人。私は失敗したらクビになりますし、経営者は失敗しちゃいけません。ただ、若い方々はチャレンジすべきです。たとえば、コンプライアンスに違反する。これは失敗ではなく犯罪です。これはやってはいけません。やってもいいのは、一生懸命仕事をして、やってもいい範囲の中で、自分の能力を超えたことをした失敗です。本人はできると思ってやったわけですから、これは仕方がない。若い人はチャレンジしなさい、と言っています。チャレンジをすれば必ず道は開けると思います。

最近の若者は失敗をしない人が増えているような気がします。そういう人たちは、実際は何もやってないんじゃないか、と思うんです。ただし我々は安全の面で失敗してはいけません。これは我々の宿命です。しかし、ちゃんと決められたことをやっていれば、安全は守られるわけです。

村上　失敗していない人はあまり信用できないという大橋さんの言葉は、僕はよくわかります。何かにトライしたりチャレンジしたりして失敗するというのは、若い人に与えられた特権ですからね。失敗していないということは、自分のその時の能力やノウハウよりも少し高いところにチャレンジしていない、というニュアンスもあります。昔はよかったというわけではないのですが、僕が小さかったころは高度成長期の真ん中で、いい意味でも悪い意味でもいい加減で、生意気に何でもやってみてコテンパンにやられるというのが、日常茶飯事、当たり前だったんですよね。

大橋　そうですよね。私も若いころは何でもものを言うほうでした。上司にも「これは、こうやったほうがいいんじゃないですか」というようなことをよく言っていました。最近の人はまず、「そういうことを言ったらまずいのかな」と考えてしまうんですよね。それで言わなくなる。いい成績をとればいいんだという、現代の教育なども影響しているんじゃないかなと思います。

小池　大橋さんは中国と縁が深いとうかがっています。

大橋　はい。生まれが旧満州なんです。六歳の後半、昭和二一年の暮れに帰ってまいりました。私が全日空に入ったのも中国に関係がありまして、学生時代の卒論のテーマが日中貿易論というもので、そのころは誰も取らなかった課題で、本屋に行って資料を探してもなかなかなかったんです。すると、私の父から「全日空の社長で岡崎嘉平太という人がいて、彼は中国に詳しいから、訪ねていって聞いてみたらどうか」と言われ、当時は非常にボロい建物にあった全日空へ、十回ほど訪ねていったと思います。

日中貿易の資料はあまりなかったのですが、そうこうするうちに、会社を見ていると非常に活気があって、社長室も開けっ放しだし、若い人も稟議を持ってどんどん入ってくる。「ここはいい会社だな」と思うようになりました。私は飛行機の「ひ」の字も知らなかったのですが、就職もどこにしようか決めかねていたところだったので、岡崎社長に「採用試験はありますか」と聞いたら、「あるけど、来年は藤田航空と合併するから人数はとらないかもしれない。とっても少ないよ」と言われました。その後「この会社を受けさせてください」と言ったら、「受けるのは君の勝手だけれど、僕が紹介者になってやろう」と言ってくれたんです。もし岡崎さんに会わなかったら全日空にも入ってなかったでしょう。そういう見えない縁がありました。

会社に入ってからは中国とはあまり縁がなかったのですが、宣伝部長のころ、桂米朝さんの落語を大連の日系人に聞かせようというイベントをやることになり、私もついていったのが初めてでした。それから中国というものが、もう一度よみがえってきたんです。その後、私はニューヨークに行ったり、中国と関係ないところで仕事をしていたのですが、なぜかついて回るんですよ、中国が。それで興味を持って、経営の中でもやはり「中国じゃないかな」と思いまして、今は中国を重視しています。

村上　僕も中国は好きでよく行くのですが、半年くらい行かないと景色が変わっていますよね。

大橋　その通りですね。今年は日中国交が回復して三十五周年ですし、私どもが中国に進出して二十周年です。世界華商大会というのも始まりますし、来年は北京オリンピックで、二〇一〇年には上海万博がある。このあたりまではなんとなく見えるのですが、その先はわかりませんね。

村上　これから中国がどの程度発展し、民主化するかはわからないのですが、いずれにしても、日本としてはアジアとの関係を、ビジネスの面でも、政治的にも、個人的にも、きちんと戦略的に考えておかないといけないという気がします。

大橋　まさしく一企業としてではなく、日本という国がアジアの中で存在価値を示すものにならなきゃいけないと思いますね。たまたま安倍首相がアジア・ゲートウェイ構想というのを出しています。中身ははっきりわかりませんが、これをどこかで具現化しなきゃいけないと思うんです。日本はアジアの一員だと自分たちは思っていますが、アジアの人たちから見て日本はアジアなのか。客観的に見ないとわからないですよね。この間まで近隣といがみ合っていた部分もあったわけですから。

日本の存在価値をアジアの中で示す、そういう意味で私が言っているANAは、「All Nippon Airways」ではなくて、「Asian Nippon Airways」、アジアの中で代表される日本の航空会社だ、と。

村上　最後の質問です。成功とは何かということを定義するのは非常に難しいと思うのですが、最低限これは外せないんじゃないか、という成功の条件を一つ挙げていただきたいのですが。

大橋　一つ挙げるとすれば、やはり志というか、魂をちゃんと持つことです。私の会社で言えば、大義は「安全」なんです。これを外してしまうと私の存在価値はない。世の中にいる価値はない。ですからそれが魂です。

村上　それを持って生きる、ということですね。

大橋　そうです。周りにはいろいろな問題があって、心は右に左に揺れますよね。その中で最後のところに魂がガチッとあれば、それが成功かどうかは別として、立派な人生を送れると思います。

RYU'S EYE

いたずら心ある経営者

大橋洋治氏は非常ないたずら好きだと聞いていた。実際に大橋氏は収録の登場時に、プレゼントですと一冊の単行本を持ってこられた。表紙には成功した経営者の自伝風のタイトルが記してあり大橋洋治という著者名も入って、手渡された小池栄子さんは「まだ中身を印刷していないだけの本当の本」だと勘違いして、ありがとうございますと言ってページをめくり、内容を読むふりまでしてしまった。わたしはその「いたずら本」のことを事前に知っていたのでだまされなかったが、大橋氏がいたずら好きというのは本当で、しかも筋金入りだと思った。

いたずら好きということで思い出すのは、アウシュビッツなどナチスのユダヤ人収容所で生きのびることができたのは、どちらかと言えば、「体力的な強者」よりも「ユーモアセンスがあった人」が多かったということだ。気の利いたいたずらは簡単ではない。いたずらは度を越したり、ジョークにしてはならないセンシティブな題材だったりすると、まったくシャレにならなくなり信頼関係を壊してしまう。精神を解放してコミュニケーションを円滑にするいたずらは、結局いたずらを仕掛ける相手への理解がないとできないのだ。ただし、いたずら心というのは、きまじめなものではいけない。だから気の利いたいたずらは案外むずかしい。

大橋氏はとにかく現場に足を運ぶ経営者だ。実際に現場に足を運び社員と徹底的にコミュニケーションを図るというのは経営の鉄則だが、これも簡単ではない。大橋氏のお話を伺っていて、経営というのはうまくやるコツみたいなものがあるわけではなく、ごく当たり前のことを地道にていねいに徹底的にやらなければならないのだと思った。経営ビジョンを基に長期と中期と短期の目標を決めて、それを徹底的なコミュニケーション努力で正確に社員に伝え、全社で共有し、改善できたところとできないところを把握し、危機感をキープして、長期の目標との距離を常に測りながら、実現計画の微調整も同時に行っていく、みたいなことだが、これほど「言うは易く行うは難しい」ことはないだろう。

科学的で忍耐強いコミュニケーションの継続と社運を決める決断という息詰まる仕事の重圧と緊張を和らげるために、おそらく氏のいたずら心はあるのではないだろうか。わたしはビジネスマンの経験がない。幼いときから協調性がなかったし、誰かの命令や指示を受けるのが苦手で嫌いだった。だが大橋氏と話したあとに、ああいう人がトップにいてビジョンを共有し共通の目標を持つことができたなら、こんな自分でも組織の中で働けるのではないかと、ふとそういうことを思ってしまった。

花王取締役会会長

後藤卓也

当たり前のことを当たり前に、
基本的なことを守ってやっていく。
基本がしっかりしているかどうかで
勝ち負けが決まる

PROFILE

終わりなき花王の改良

地方のスーパーを視察する後藤卓也。真っ先に向かったのは野菜売り場だった。野菜の近くには、花王の「エコナ」マヨネーズタイプとドレッシングソース。客の「ついで買い」を誘う陳列テクニック。並べ方一つで商品の売れ行きはまるで違ってくるという。後藤の店頭チェックはとにかく細かい。

発売から二十年の間、お客さま使用率ナンバーワンに君臨する衣料用洗剤「アタック」。アタックの歴史は、花王の精神、「改良」の歴史だ。

明治二三年、せっけんから始まった花王。顔が洗えるせっけん。だから「かおう」と名前が決まったという。そして花王は日本で初めて、衣料用の合成洗剤を開発。洗濯機の普及とともにどんどん売れた。「ガンコな汚れ」と戦うため、花王はひたすら洗剤の改良を続けた。次々と生まれ変わる商品は、主婦から圧倒的な支持を得た。そしてたどり着いたのが少ない量で洗える洗剤。洗濯一回にコップ一杯。しかし洗剤の進化は、ここで止まってしまった。

一九八〇年代。消費者にアンケートをとっても、現状の洗剤に不満の声が上がってこない。もう改良の余地はないのか。だが、自由に意見を書いてもらうと、「重くて大きすぎる」という悩みが出た。「改良」が始まった。こうしてスプーン一杯、それまでの四分の一の量で洗濯ができるコンパクト洗剤、アタックが誕生した。ちゃんと量を計ってもらえるようにと、商品にはスプーンをつけた。

その後も改良は続く。アタック発売から十年が経ったころ。一般家庭を調査してみると、洗剤を少しずつ振り入れる人や、水の出口の下に入れる人が多かった。洗剤が溶けにくいと思っている。改良の方向が決まった。目指したのは、溶けるのが見てわかる洗剤。そして完成したのがマイクロ粒子。粒の中心にある空気が弾け、パッと溶けるのが目に見えた。

アタックは発売以来、二十回以上の改良を重ねてきた。改良によって、ヒット商品をロングセラー商品に変えてきた花王。不況、デフレでメーカーが苦戦する中、八一年から二十四期連続増益という快挙を成し遂げた。花王の洗剤チームは、さらなる付加価値を求めて意見を戦わせている。彼らは時代のある変化を感じ取っていた。「いまどき主婦」。二十〜三十代の彼女たちの生活をすみずみまで調べると、これまでの洗濯の常識とはまったく異なる特徴が浮かび上がってきた。仕事もあるし、趣味も楽しみたい。とにかく忙しく、できれば洗濯に手間ひまをかけたくない。そんな「いまどき主婦」のため、二〇〇六年に発売されたのが「アタック　オールイン」。漂白も柔軟も一度にできる洗剤だ。洗剤チームの改良に終わりはない。

ごとう・たくや　一九四〇年生まれ。千葉大学工学部卒、一九六四年花王石鹼（現花王）入社。七九年、泰国花王実業へ出向、同社工場長。その後、栃木工場長、化学品事業本部長、スペイン・花王コーポレーションS．A．取締役会長等を経て、九七年に代表取締役社長就任。二〇〇四年より取締役会会長、現在に至る。

INTERVIEW

イノベーションは地道な仕事から

村上　僕は結構、洗濯が好きなんです。箱根に執筆用の別荘があるのですが、ずっと一人で小説に向かい合っていると、ちょっとした息抜きになるのが、ご飯をつくることと洗濯なんです。そこで過ごしている間は基本的に充実した時間なので、アタックという文字を見ると、その象徴のような気がしてくるんですよ。

後藤　ありがとうございます。

村上　そのアタックも二十年で二十回以上改良を重ねたそうですが、中には失敗もあるんですか。

後藤　実はアタックが出る前に、中型洗剤で大失敗をしているんです。アタックではそれまでの四分の一の大きさにして、一回の使用量も減らしたのですが、その前に二分の一の大きさのものを出しました。石油ショックの時で、小さいからトラックにたくさん積めますよ、省エネルギーになりますよと謳ったのですが、失敗しました。小さくはなったけれども、洗浄力はそんなに上がっていなかったんです。「もうこれ以上、消費者は何も望んでいないだろう」「いや、そんなことはない」という取り組みをして、「驚く白さになりますよ」という性能が加わったことで、その後、爆発的にヒットした商品になるのです。やはり形だけではダメで、性能と形が相まったところでヒットした、ということでしょう。

大江　改良をする上で、時代の流れを先読みしなければならないこともあると思うのですが、なかなか十年後のことなんてわからないですよね。

後藤　わかりません。だからそのつどそのつど、よりよく改良していくしかないんです。それを十年続けて振り返ると、思いもよらないイノベーションができていたりする。イノベーション、イノベーションとかけ声を出して簡単にできるなら、誰も苦労しません。地道な改良やコストダウンをやっていくことで、新しい知恵が出てきたり、イノベーティブな仕事になっていったりするのではないでしょうか。いつもホームランを狙うような感覚では、ヒットは生まれないのではないかと私は思うのです。

村上　これまでお目にかかった経営者のみなさんのお話をうかがっていて、成功した方にはいくつか共通点があるように思いました。一つは現場によく行くこと。もう一つは社員とのダイレクトなコミュニケーションを心がけていることです。これは鉄則ですか。

後藤　鉄則だと思います。やはり社員が元気になり、やる気になってくれないと、経営陣だけで会社がよくなるわけがありません。研究の力、生産の力、販売の力、宣伝の力、その他もろもろの人たちが気持ちよく働ける人事政策の力、あるいは非常に目立たないけれども法的な問題や品質管理、安全性について研究している人たちの力。そういったいろいろな力が総合的に発揮された時に、ヒットは生まれると思うんです。何かが欠けていると、その商品はヒットしません。

村上　経営者は企業のビジョンや長期の目標をある程度、トップダウンの形で社員の方に示す必要があると言われています。それと同時に、社員が現場で考えていることを吸い上げていくという作業もある。花王の場合、そのバランスはどうなっているのでしょう。

後藤　我々は、まず何のために仕事をしているのか、何のために花王は存在しているのかということを花王ウェイというものにまとめています。その小冊子を渡すだけでなく、出向いていって、「日々の仕事をすることで、人々の清潔で美しく健やかな生活を担保してさしあげるんだ」ということを、諦めずに言い続けています。その一方で、現場から出てくる知恵を活かすコミュニケーションの場をつくろうとしています。そこが分断されると、たとえば研究部門は研究部門で、頭で考えたことを押しつけることになりかねないし、生産部門は生産部門で、「そんな効率の悪いことはできるか」という話になってしまいます。そういった、コミュニケーションの潤滑油的な役割も果たしていかなければならない。

たとえばクイックルワイパーという商品は、紙おむつをつくっている部隊と、お風呂場や床、食器用の洗剤をつくっている部隊がうまく知恵を出し合ってできました。紙おむつをつくっている人が掃除用品に関心がなければできなかったし、掃除用品をつくっている人は普通、紙おむつまで発想がいきません。そういう意味では両者のコミュニケーションがうまくいった例だと思います。

大江　別々の開発部門がコミュニケーションをとるのは難しいんじゃないですか。

後藤　これは我々の特徴でもあるのですが、特に技術の交流は非常に活発なんです。月に一度、代表的な研究テーマについて発表会がありまして、経営トップが全員勢ぞろいして説明を聞くのです。それで「この研究はもっと強力に進めよう」とか、あまりこういう例はないようにしたいのですが「これはちょっと、もう諦めたほうがいいんじゃないか」とか話し合ってコントロールをしています。いろいろな部署の者が集まって、自由に発表会に出られるような制度をつくっています。

技術の裏付けがなければ、お客さまは買ってくれない

大江　私は会社から帰って、夜寝る前に洗濯をするのですが、人々の生活も変わってきていますよね。

後藤　昔のように専業主婦がほとんどという時代ではなくなり、お仕事を持っている女性の方が増えましたから、そういう生活パターンは多くなってきています。そうすると当然、室内に干すという場合も出てきます。それに対して洗剤はどうあるべきなのか。たとえば、湿気が残るとどういう問題が起こるのか。そういうところまで読んでいかないと、商品開発はできないんです。

大江　いまどきの主婦イコール効率主義、ちょっと手抜きということではないですよね。

後藤　そういう生活パターンに合わせて、我々がどういうことをしてさしあげられるか、というのを考えないといけません。夜、洗濯してはいけないという時代ではないのですから。

村上　生活や嗜好の変化といったこともモニタリングされているのですか。

後藤　家庭調査に出向いたり、いろいろとアンケートをとったりしています。洗濯一つとっても、とにかく忙しいから押し込んでやるという方もいれば、非常にこまめに洗い分けるという方もいます。いろいろなパターンを解析しながら、時代に合ったものを出していきたいと思います。

大江　変化が激しいと、開発に時間をかけられないんじゃないですか。

後藤　ただ、やはり底の部分に技術がないと、お客さまは納得しません。どんなに美辞麗句を並べたコマーシャルをやっても、使ってみてダメだったら二度と買ってはいただけない。ほとんどが千円以下の商品ですから、ダメだと思われたらすぐにブランドをスイッチされます。「使ってよかった」「次もこれにしたい」という商品には、技術の裏付けがないといけません。その技術を積み上げていくには、それなりの時間が必要です。

村上　生活に密着している分、ニーズが多様で変化が激しいですよね。

後藤　だから怖いんです。

百点で満足すれば、進化は止まる

村上　常々、イノベーションよりインプルーブだとおっしゃっていますが、インプルーブを続けることも大変な努力が必要だと思うんです。

後藤　世の中の多くの方が、消費者が買いたくなるものをつくらないメーカーが悪い、とおっしゃいます。おっしゃる通りです。イノベーティブなものをつくらない。これもおっしゃる通りです。でも先ほども申し上げたように、私は地道な努力を積み重ねていった時に初めて、思ってもみなかったような商品が出てくるのだろうと思っています。アタックが出た当時、こんなに小さくて洗い上がりが白くなる洗剤は誰も想定しなかった。だからそれができた時、二年ぐらい他社も追随できなかったんです。

村上　それは業態や商品にもよるのでしょうね。新興企業などの場合、どうしてもホームランを狙わないといけないというようなこともあるし。

後藤　そうだと思います。自動車にしても、たとえばハイブリッドというのは急に出てきたわけではなくて、エンジンの効率や省エネ、環境問題にずっと取り組んできたからこそ、生まれたんだと思います。もちろん、みんながあっと驚くようなものが突然出てきて大ヒットし、企業が急成長するケースもあろうかと思います。我々も改良だけやっていればいいとは言ってない。ただ、改良をおろそかにするような風潮からは、特にうちのような会社ではイノベーションも出てこないだろうと思っています。

村上　アタックにしてもメリットにしても、最初からこれで完璧だというものではなかったのですね。

後藤　百点満点ということはあり得ません。百点で満足したらそこで進化が止まってしまう。その商品を提供し続ける限り、満足してはいけないと思います。

村上　生活に密着している商品だけに、いろいろなフェイズで変化が起こるのだと思いますが、そういった変化はどうやって感じ取るのですか。

後藤　私はよくキョロキョロする好奇心と言うのですが、街でキョロキョロしながら、何か変わったことはないか、何かやるべきことはないかと問題意識を持っていると、常に何かが出てくるというわけではありませんが、いつかパッと閃くこともあると思うんです。

村上　そういえば後藤さんは、社長時代も電車で通われていたんですよね。電車がお好きだったということなんでしょうか。

後藤　朝、出勤する時の緊張感のようなものは好きでした。あと、電車に乗ると、雨の日、風の日、暑い日、寒い日、季節の変化、いろいろなものを感じられる。いつも乗っている人がいないと、「あの人は転勤したのかな」と思ったり、中吊り広告を見て、「こんなことが話題になっているんだ」と思ったりもします。そうやって興味を持って見ていると、私はそれほどセンスがないのであまり閃くほうではないのですが、「こんなことがあるかもしれないな」ということが、年に一度ぐらいはあるんです。

大江　お風呂掃除をご自分でなさるともうかがいました。

後藤　土曜、日曜に家にいる時は、部屋とお風呂の掃除は私の仕事です。

村上　それはやはりモニタリングの一環として、ですか。

後藤　今はこういう仕事をしていますからそういう意味もありますが、最初からそうだったわけではありません。新婚当初から何となくそういう分担になって、ずっとやってきただけですから。

村上　これは新商品としていける、というようなことは、どうやって見極められるのでしょう。

後藤　これだけものが豊かな時代になりましたから、我々に関する商品で「どんなものが欲しいですか」とお客さまに聞いても、「これだ」という答えはまず返ってこないんです。ですから我々にとっては、お客さまが意識していないような、まさに潜在ニーズをどう摑み取るかが大切になってきます。そのためには、それこそ好奇心を持って世の中の動きや人々の生活を見ていくしかないんじゃないか、と思います。そのうちにセンスのある人は何か閃いたりもする。それを続けていくことで、あっと驚いて、喜んでいただけるようなものが生まれるというのは一つの夢ですが、なかなか難しいですね。

村上　お話をうかがっていて少しわかってきたのですが、いきなりホームランが生まれるなんて、あり得ないということなんですね。

後藤　たぶんないと思います。

村上　天才的なアイディアマンがヒット商品を生み出すということでもない。

後藤　ヒーローが一人でヒット商品を出してくれるのもいいのですが、みんなが力を合わせてということのほうが、やはり花王にはふさわしいのかなと思います。

社員食堂で誰も社長に列を譲らない

村上　二十四期連続増益と聞いた時、花王だから当然だろうというイメージを持つ人も多かったと思います。そういう意味ではトヨタに似ていると思うのですが、トヨタの張さんは、そんなことはなくて、「常に危機意識を持ってあたっていたからだ」とおっしゃっていました。花王の場合はどうなのでしょうか。

後藤　その点で一つお話できるのは、たとえば一九八六年というバブルの真っ最中、株式投資や不動産投資をしない経営者はバカだ、と言われた時代に、花王の経営者は「こんな時代が長く続くわけがない」と言っていました。「我々はもっと地道に仕事をしなければならない。コストダウンの努力をしよう」と。コストダウンとは、ただ不良率を下げるとか人間を減らすことではなく、仕事そのものを見直して、ある仕事とある仕事をくっつけるともっと効率がよくなる、というようなことを始めたわけです。

　私どもは事業の用に供さない不動産は一切持っていないし、一部上場企業にしては珍しく、会社で持っているゴルフ会員権はゼロです。そういうことをきちっとやってきた。それは我々にも脈々と引き継がれていて、常に現状に満足することなく、このままではいけないという気持ちを持ち続けてきたし、社員の資質に対して諦めていないから、同じことを繰り返し言い続けています。

村上　それは言ってみれば伝統ですか。

後藤　そうだと思います。「花王石鹼」を発売して今年で百十七年を迎えますが、創業以来、引き継がれてきた風土を大切にしたいと思っていますし、現在の社員がそれを意識するかしないかは別にして、地道なことを続けていく努力は大切だと思うのです。

村上　花王の風土というと、元社長の丸田芳郎さんは、絶対的平等主義という非常に哲学的なことをおっしゃっていました。根っこをたどると、根源的なところにそういう考え方があるのでしょうか。

後藤　人間の絶対平等感というのは創業以来、あったと思います。我々には役員食堂のようなものは一切ありません。社員と一緒にお盆を持って並んで、テーブルに座って「あなたはどこの部署ですか」「どんな仕事をしてるんですか」という対話をしながら食べて、お盆を下げにいきます。べつに私が始めたのではなく、ずっとそうでしたから、違和感がない。だから社長が来たからといって、誰も列の順番を譲るなんてことはありません。

村上　それを毎日社員の方は見ているから、改めて平等主義などと口で言わなくても伝わるんですね。

後藤　そうなんです。

村上　面白くないぐらい立派ですね（笑）。

後藤　立派というのではなく、当たり前のことを当たり前に、基本的なことを守ってやっていこうというだけです。基本がしっかりしているかどうかで勝ち負けが決まる、ということは言い続けています。

目の前の峠を、とにかく登ってみる

村上　でもそれが一番難しいんですよね。お聞きしたところによると、後藤さんは若い人が「自分探し」とか「夢」とよく言うことに対して、違和感をお持ちだそうですね。

後藤　マスコミで言われていることを鵜呑みにしているわけではないのですが、自分のやりたいことを実現するため、夢を叶えるために会社に入ってきて、夢が実現しそうもないからと、すぐにやめてしまう人がいるという話を聞きます。私は、それはおかしいと思うんです。会社にも、たとえば花王という会社ならこういうことで世の中のお役に立ちたい、という夢があります。「あなたたちは会社の夢に自分の夢を合わせていくことが必要なんじゃないですか」ということです。

村上さんのように小説を書くという特異な能力がある人、あるいは荒川静香さんのようにオリンピックで金メダルをとれるような才能がある人は、それをどんどん伸ばしていけばいいと思うんです。でも、私も含めて多くは平々凡々たる人間です。「どこにあるかわからないような自分探しをするよりも、会社の夢に自分の夢を合わせる努力をしてみてください」と言いたいんです。よく「目の前の峠に登ろう」という話をするんです。目の前に峠がある時、麓に寝っ転がって、「あんなところに登ってもいいことないよ」と言うのではなくて、「とにかく登ってみなさいよ」と、社員に言うんです。

村上　遠くの高い山を夢見るのではなくて、まず目の前の峠だ、ということですね。

後藤　「今の仕事を一生懸命やってみなさいよ」ということですね。そうしたら、展望も違ってくるかもしれない。学校を出たばかりで、自分の考えていた夢と違うからパッとやめるというのは、私はいかがなものかと考えますし、それを助長するような一部マスコミの風潮も、ちょっと問題だと思います。

村上　後藤さんも花王に入られた時は不満もあったんですか。

後藤　不満もありましたし、不平もありました。

村上　エリート中のエリートというイメージがあるのですが、そういうわけでもなかったのですか。

後藤　私はどちらかというと傍流ばかり歩いてきましたし、そんなことはありません。入社して三年目に、自動車部品をつくる関連会社に出向したんです。「二週間、行ってくれ」と言われたのが、六年いることになりました。それが原点だったかもしれません。

村上　そうやっているうちに、仕事が楽しくなってきたということですか。

後藤　楽しいというより、がむしゃらにやっただけです。とにかく現状に対して一生懸命やったことの積み重ねですね。

村上　最後に、人生で成功したと言える人の条件を、一つ挙げてみていただけますか。

後藤　成功をどう捉えるかということになりますが、私の場合、その場面、場面で一生懸命やり続け、一つの仕事が終わった時に、充実していたなと思えることのような気がします。それを積み重ねていくことができれば、その人生は幸せだと言えるんじゃないでしょうか。お金とか地位ということではないですね。自分が一生懸命やってきたことを誇りに思えるのが、一番大事ではないかと思います。

「良い経営者」ということ

「カンブリア宮殿」では収録日の前に事前ミーティングを行う。その際にわたしが疑問に思ったのは、今回のテーマである花王の「革新 innovation」ではなく、改良 improvement」という戦略は、どんな業態でも、どんな会社でも、どんな商品でも、普遍的に当てはまるのか、ということだった。商品で言えば、花王の「アタック」や「メリットシャンプー」などは長期間にわたって「改良」されて、その結果市場を制しているわけだが、それは「花王」の「アタック」や「メリット」だから可能になっているのではないかというのがわたしの率直な疑問だった。

たとえば旅行業界にはＪＴＢという巨人がいて、それに対抗するためにＨＩＳは格安航空券など「革新的な」商品を開拓しなければならなかった。そもそも新興企業は「改良」する既存の商品などないことも多い。最初から革新を狙い続けなければ生き残れない企業も多いはずだ。基本的に「カンブリア宮殿」では成功した企業・経営者の戦略と方法論を紹介する。その際、その企業・経営者にしかできないことと、他企業にも参考になる普遍的なことをできるだけ厳密に区別して伝えようとわたしは思っている。

前日ミーティングでは結論が出なかったので、わたしは収録の際に直接後藤氏にその疑問をぶつけてみた。後藤氏の回答は、「他の企業にも当てはまるかどうかはわかりませんが、花王では徹底した改良を図ります」というようなニュアンスだった。考えてみれば当たり前のことで、ある特定の企業・商品で成功した開発・マーケティング・販売・宣伝・営業などの戦略が他でも普遍的に通用するという保証はどこにもない。

だが、もちろん成功する企業・経営者には共通点もある。もうすぐ一年を迎える「カンブリア宮殿」だが、それがしだいに明らかになりつつある。成功する経営者の条件として、「現場を見る」「社員とのていねいなコミュニケーション」などが挙げられる。後藤氏は、社長時代も電車で通勤していたそうだ。電車が好きだから、ではない。花王の商品は生活に密着したものが多い。だから電車で周囲を観察することで大事な発見を得ることが往々にしてあるのだということだった。確かに運転手付のハイヤー通勤では得られない。後藤氏とお会いしてから、「良い経営者」というイメージがわたしの中でさらに固まった。曖昧な表現だが、良い経営者と接していると心が暖かくなるのだ。そういった経営者は、決して株価だけを考えたりしていない。

II
能力・人格・経営

縄文アソシエイツ代表取締役

古田英明

欧米のリーダーはピラミッドの頂点。
日本で考えなくてはいけないリーダーは、
逆三角形の底辺で支える人

PROFILE

日本一のヘッドハンター

企業が欲しがる人材を見つけて、引き抜いてくる。それがヘッドハンターの仕事だ。古田英明の縄文アソシエイツは、日本で初めての、企業の社長や取締役を専門にヘッドハントする会社だ。

ヘッドハンティングの現場。候補者はヘッドハンター全員で評価する。仕事の能力、リーダーシップ、人柄の良し悪し。実際にスカウトするのは、百人のうち、わずか五人ほどだという。古田の話をもとに、ヘッドハンティングの一例を再現してみる。

ある日突然、ヘッドハンターから電話がかかってくる。面食らったその人は、とりあえず「転職する気はありません」と言うはずだ。ヘッドハンターは「それはわかっています。あなたは専門分野で大変優秀な方だとお聞きしました。一度お会いして、その分野のことをご教示願いたいと思いまして……」と、答える。数日後、約束の喫茶店で会うと、ヘッドハンターに聞かれるまま、その分野について熱心に話す。その場でも「その力を別の場所で生かしてみる気はありませんか」と言われるが、「今の会社で満足しています」。しかしヘッドハンターはその後も会いにやって来る。

数カ月後、ヘッドハンターのオフィスで、ある会社の社長を紹介される。ヘッドハンターからは「社長は、自社の問題点をあなたに見てもらいたいとおっしゃっているんです」と言われる。この時、相手はその人の力量や人柄、リーダーとしての資質を確認しているのだ。的確に問題点を指摘すると、クライアントからは「ぜひあの方をお願いします」と、求められる。

ヘッドハンターの説得は数カ月、時には数年に及ぶこともある。

古田英明は三十年前、大学を出て神戸製鋼に入社。中東やアジアで、建設機械の営業マンとして活躍した。十年後、野村證券に転職。そこでも頭角を現した古田に、声をかけてきたのがヘッドハンターだった。しかし古田は、彼らが勧める会社より、ヘッドハンティングの仕事そのものに興味を持った。

そして一九九三年、世界的なヘッドハンティング会社に、二度目の転職。外資企業の幹部を次々と引き抜いて、トップの成績を残した。しかし欧米式のやり方に、次第に疑問を抱くようになった。

「仕事を測る物差しは、金だけじゃないはずだ」。そう思った古田は、今からちょうど十年前、縄文アソシエイツを立ち上げた。

ふるた・ひであき　一九五三年生まれ。東京大学経済学部卒、神戸製鋼、野村證券で企画販売、営業等の業務に携わる。九三年、ヘッドハンティング会社ラッセル・レイノルズアソシエイツに入社。九六年、日本初のエグゼクティブ・サーチ会社「縄文アソシエイツ」を設立。

INTERVIEW

社名に「縄文」をつけたのが十年で一番の仕事

村上　まず目につくのは縄文アソシエイツの「縄文」。インパクトのある名前ですね。弥生時代より縄文時代のほうがおおらかだったという説がありますよね。

古田　あるいは、一人ひとりの人間の能力がもっと豊かに使われていたというか。それで、人間としての能力がもう少し発揮できるような社会の仕組みや、働く仕組みを我々がつくれないかなと、真面目に考えた結果、縄文アソシエイツという名前にたどり着いたんです。でも、創業時のメンバーからは「頼むからそんな名前はやめてくれ」と言われました。やはり異様というか、一般的ではないですもんね。でも、この十年の中での一番大きな仕事は、この「縄文アソシエイツ」という社名をつけたことかな、と思っています。そのくらいいい名前だと、勝手に思っているのですが。

小池　ヘッドハンティングというくらいですから、トップの方を引き抜いたりするお仕事ですか。

古田　トップだけではなく、今後トップになられる方、リーダー候補者を含めてです。

村上　「この人」という人を見つけた時、割と簡単に「いいですよ」と応じるものなのですか。

古田　もちろんその方の状況によりますが、我々がお声がけする方は、基本的に今の仕事に夢中になっ

ている方です。夢中だからこそ、オーラが発せられている。そこが我々の目にとまってお会いいただくわけですから、「はい、わかりました。転職します」というケースはないですよね。

村上　交渉は長くかかりますか。

古田　数カ月から数年の方もいらっしゃいます。三年くらいお待ちしたこともあります。

村上　それで採算はとれるものですか。

古田　なかなか厳しいですね。本音はお声がけしたら「すぐに」というのが我々零細事業主としてはありがたいのですが、まあ、そのために仕事をしているわけでもないので。

村上　ちなみに、一人ヘッドハントに成功した場合、いくらぐらい入ってくるんですか。

古田　日本一の仕事をしようと思っているので、日本一高いのですが、一件あたり九百万円というのが基本です。それと、その方の年収の何割かがプラスアルファされます。年収によって違いますが、だいたい年収の四五%くらいです。

村上　ただ、手間ひまをお聞きすると、安いのか高いのかわかりませんね。

古田　もちろんヘッドハントさせていただいた方の二年、三年、五年後のパフォーマンスによります。その方が何億、何十億という単位でその会社を変えることがあれば、そんなに高くはないと思います。

村上　マッチングが成功した時は嬉しいでしょうね。

古田　そうですね。最近嬉しかったのは、十年くらい前に新潟のある会社に工場長としてスカウトした方が、越乃寒梅を持っておみえくださったことですね。べつに越乃寒梅が嬉しかったわけではないのですが、そういうことがあると嬉しいですね。その方の人生だけでなく、その会社や、会社を通じたお客さまという意味では、社会に対しても少しはお役に立てたかな、という気がします。

氷山の見えない部分を見極める

村上　仕事のスタートとしては、まず「こういう人材が欲しい」というオファーが来るんですか。

古田　基本的に企業側からご依頼をいただいてからスタートします。ただ、企業側が欲しいと考えている人材について、我々が話をうかがっているうちに、「こういう人のほうがいいのではないですか?」と議論させていただくケースは結構あります。我々の仕事で誤解されやすいのは、欲しい人材のスペックが決まっていて、そのスペックにぴったりの人を探しに行く仕事だと考えられる場合です。でも、スペックありきではないのです。経営幹部のような場合はよくすり合わせて、現実にその会社に合う人を探します。スペックではなく、むしろ見えない部分を重視するんです。

村上　探しに行く時に一番重要なのは、情報ネットワークみたいなものですか。

古田　情報ネットワークというと、現代風すぎるんですよね。パソコンの画面にデータや名前が次々にあがってくるというようなものではないんです。縄文的に言うと、そういう方の名前はなんとなく染み出てくる、というか。ビジネスマンとして一生懸命一つのことを十年、二十年続けられると、なんとな

くその方のことが染み出てくるものなんですよね。

小池　「この人だ」と決めた最終的な一人の方とお会いするんですか。それとも何人もの方に会われるんですか。

古田　もちろん、いろいろな人にお会いする中で絞り込んでいきます。お会いして、「やはりなかなかの人だな」と思っても、初対面で「こういうチャンスにチャレンジしませんか」とは言いません。たとえば「今日は大変いい財務の勉強をさせていただきました、ありがとうございます」と終わりにします。これは我々が人様を評価させていただくポイントの一つなのですが、仕事のできる方というのは、相手がよく知らない分野のことでも、相手のレベルを想定しながらその人にもわかるように説明することができるんです。腑に落ちる説明をされると、本当にできる方だな、と思います。

村上　古田さんの中では、その時に「この人だ」ということもありますよね。

古田　そう思うこともありますし、一度持ち帰ることも少なくないですね。そんな時は一週間、二週間、三週間、潜在意識の中に沈殿させておく。すると、ある朝、歯を磨いている時に「行ってみよう」と思う。そんなこともありますね。

小池　その見極めが大変そうですね。

古田　たとえば氷山で考えた場合、海面の上に出ている見える部分が職歴だとか、何年に生まれてどういう大学を出てどういう仕事をしているかというような、いわゆる経歴です。でも実際は氷山の八割、九割は海面の下にあって、そこがその方の本質だと思うのです。その見えない部分と、我々の見えない部分が合った時、という感じですかね。そんなふうに言うと仕事じゃないみたいですが。

村上　でも、そこを見ないと、その人が会社を移って二年後、三年後がわからない。

古田　スカウトする側の見えない部分と、スカウトされる側の見えない部分と、縄文アソシエイツの見えない部分が、バチッと合って腑に落ちないと、結果はよくないですよね。

小池　プロ野球のスカウトと近いものがありますか。

古田　そうでしょうね。球のスピードがどうとか言いますが、本当のスカウトマンが見ているのは、そういう部分もあるでしょうけれど、その方の持っている潜在能力ですよね。

村上　よく「ピッチャーはお尻の大きいやつ」と言いますが、「そいつのお袋を見ろ」と言うらしいですよ。

古田　そういう意味では我々も、子どものころのお話は必ず聞きます。「三つ子の魂百まで」じゃないですが、小学校の高学年から中学校くらいまでの写真を見せてもらい、どんな子どもだったかをうかがうと、「ああ」と思います。もちろんその後の職歴をまったく無視しているわけではないですが。

村上　子どものころの写真を見ていて、「これはダメだな」と思うことはあるんですか。

古田　そういうわけではなく、私自身の潜在無意識を確信するために、という感じですね。

村上　少しずつわかってきました。先ほどから表現されている「にじみ出るもの」とか、「氷山の下の部分」とかは、その人が生きてきた四十数年の、紙に書いてある経歴だけではないものを見抜けなければ、ヘッドハントに成功しないということですよね。

古田　見抜くなんて格好いいものではないです。感じ取れるかどうかですね。

小池　「人は見た目が九割」なんて言い方もありますが、重視されますか。

古田　そうですね。「男は四十過ぎたら顔に責任を持て」とリンカーンが言いましたが、そういうものじゃないですかね。美男子とか美女ということではなく。

村上　どんな背広を着ているか、ということではないんでしょうね。

古田　でも、雰囲気に似合わないものを着てらっしゃる方って、やはりどこかおかしいですよね。ふと思い出したのですが、岡野工業の社長さんが「中学校を出たくらいがちょうどいいんだ」とおっしゃっていたけれど、我々の仕事も実はそうでしょうね。というか、すべての仕事がそうなんでしょうけれど。世に言う一流大学を出て、ハーバードビジネススクールを出て、というような人も我々の対象になってしまうので、言い方は難しいのですが、中学生くらいまでのことというのは、仕事の面では大きいような気がします。我々ヘッドハンターの能力もそういうところにあるような気がします。

村上　両親に愛されているとか、スポーツに打ち込んだとか、そういうものがその人の資質にすり込まれていて、もちろんそれは見抜けないけれどピッと感じることがある、ということでしょうか。

古田　ぐれていてもいいんですよ。どこかで「これじゃいけない」と思われたとか、そういうことでもいいと思います。そして、生きることに真剣である、ということだけは大切だと思いますね。

転職の時は〝立つ鳥跡を濁さず〟

小池　人材を引き抜く側は、引き抜かれた企業から恨みを買ってしまうことはないですか。

古田　基本は円満退社を大原則にさせていただいています。「実はこういう決断をしました」と上司に伝えた時に、「そうか、君もやっと転職してくれる気になったか」と言われるような方にお声がけしているわけではありません。「それは困ったな」となるのが当たり前ですが、立つ鳥跡を濁さず、としていただくようにしています。恩義がある会社を振り捨ててやめていくようなことは、絶対にしてはいけません。「君がそういう決断をしたなら仕方ないな。残念だけどがんばれよ」と言っていただけるまで、最大限の努力はしなければダメです。

村上　「三十歳未満は転職厳禁」ということをおっしゃっています。

古田　最近私が憂えているのが、若い方々の転職です。ちょっと我慢できなくなるとすぐに職場を変えてしまいますよね。たまにそういう若い方にお会いすると、「ヘッドハントされちゃった」と言うのですが、若い方が「ヘッドハントされちゃった」ということ自体に間違いがあります。もちろん若くても務まる世界というのはあるとは思いますが、五人、十人、百人、千人の上に立つということはそれなりの人間的な修練をしないとできないことだと思いますので、あまりイージーに「ヘッドハントされちゃった」と言われると、「それってフットハントされたんじゃないですか?」「アームハントされたんじゃないですか?」と言いたくなります。

五十過ぎた今、どういう時に自分の根が生え始めたかなと振り返ってみると、やはり苦しくて、嫌で嫌でたまらなかった何年間かが根の生え始めたころで、特に二十代後半はそういう時期だと思うのです。そこで根が生えないうちに別の鉢に移ってみても、どうかなというのが私の思いです。

村上　転職はブームみたいになっていますよね。なぜ生きていくかを決めるころに、ころころと転職していると、自分はこれでやっていこうとなかなか決めにくいですよね。

古田　苦しい目に遭っている時に、限界まで苦しくならないと、本当にそれが自分に合っていないことなのか、何が違うのかが見極められないと思うんです。よく若い方が「好きなことをやりたい」と言います。確かにそういう気持ちは大切ですが、職業人としては目の前の仕事をどうしたら好きになれるかということが先だと思うんです。目の前のことも好きになれない、愛せない、あるいはギリギリの努力もしないで「じゃあこっちに」と安易に転職を繰り返していては、いつになってもたどり着けないんじゃないでしょうか。

村上　自分がやっていることのいい部分を見る、好きになる努力をするというのは必要だと思います。『13歳のハローワーク』は主に十代向けに書いたのですが、二十代の人が読んで言い訳に使われているところがあって、「自分は好きなことを探すために転職するんだ」と言うんです。でも、転職そのものがキャリアアップになるわけではないですよね。

古田　私も英語はあまりできないのですが、キャリアアップという英語はないんです。キャリアディベロップメントと言うのが本当です。キャリアはアップアップしてもしようがない。人生は深めていくものですから。

日本的リーダーの理想は、逆三角形の底辺を支える人

村上　日本社会はリーダー論が好きですが、リーダーに求められるものが、バブル以降の社会や経済の変化で変わってきたのではないかというのがある

一方、リーダーというものが地球に誕生してから変わらない、普遍的なものもあると思うんです。

古田　リーダー、あるいはリーダーになろうとしている人がどうあるかによって、ついていくフォロワーたちの人生が幸福か否かに分かれてしまう。ですから、リーダーの役割は非常に大きい。**アフリカの地溝帯で四本足から二本足で立ち上がった時から、そんなに変わらないはずです。自分がひもじい思いをしても、残りの九人の人間が食べられるようにする、自分の命を落としてでも、残りの九十九人が生きられるようにするのが、リーダーの役割です。**

ただ、その後の人類の発展の中で、日本列島の中での組織のつくり方や構成原理からすると、欧米とは違うリーダー像はあると思います。三角形の頂点に立つのが欧米のリーダー像ですよね。そして、その人が持っている能力が何項目も挙げられ、「これがリーダーの条件」というふうに語られますが、日本社会が求めるリーダー像とは、逆三角形を描いた時、底で全体を支えることができるリーダー、ということだと思います。リーダー論が好きだと村上さんがおっしゃっていましたが、語られているのはピラミッドの頂点に立つリーダー像とはどうあるべきか、ということであり、本質的な語られ方はこの五、六十年、されていないような気がします。

最近も議論になっていますが、「プロテスタンティズムの倫理と資本主義の精神」のうち、日本の社会は「資本主義の精神」だけを取り入れたため、お金で何でも解決できるという考え方が、より濃厚な社会になってしまった。もともとプロテスタンティズムは我々には馴染みにくいものです。では、それに代わるものとして何があるか、と考えた時に、ここ二千年くらいの歴史を振り返ってみると、武士道というものが交替しうる。ですから、日本の社会では「武士道と資本主義」なんです。百年前、まさに渋沢栄一さんが言われたように、「論語と算盤」でなければならない部分なんです。その武士道というものにリーダー像という焦点を当て直さないといけないと思います。

それは、実は潜在的にみんな欲しているんですよね。一昨年でしょうか、映画の『ラスト・サムライ』が、なぜあれだけ受けたか。あるいはクリント・イーストウッドの『父親たちの星条旗』『硫黄島からの手紙』にしても、我々の世代を含めて正しい歴史教育を受けていないので知らないと思いますが、アメリカのあるインテリの人は、アメリカ海兵隊が百数十年の歴史の中で一番厳しい戦いをしたのが硫黄島だということを、全員知っています。

村上　トンネルを掘りまくって、頑強に抵抗したんですよね、日本軍は。

古田　これだけ不甲斐ない日本ですが、それでも「こいつらを怒らせたらちょっとまずいかな」と思わせる根源のところに、あの硫黄島がある。あの戦いでは我々の先輩が二万人くらい命を落としていますが、その壮絶な戦いのおかげで、今日の日本がアメリカからバカにされずにいる、ということを我々は知らないんですよね。硫黄島の総司令官であった栗林さんは、まさに逆三角形のボトムを支えるようなリーダーだった。リーダーたるべき社長や、役員クラスの方をスカウトしていると、逆三角形のボトムを支えるようなリーダーが少なくなってきたという実感があります。

村上　渋沢栄一さんが論語をよく読んだとか、多くの企業経営者が二宮金次郎を好きだということを、お金儲けのカウンターとして倫理性を持ち出しているのかなと思ったのですが、逆三角形のお話でわかりました。結果として九十九人を支えることができるような人でなければ、企業をまとめたりすることはできないということですね。

古田　あるいは、企業として十年、二十年、五十年、百年という単位で生き残れないんでしょうね。持つべきリーダー像という物差しを、我々ヘッドハンターが間違えてしまうと、世間に対して間違った仕事をしてしまう。ですから縄文アソシエイツとしては、正しい物差しを持ち続けたいですね。

小池　リーダーって大変ですね。

古田　フォロワーとしては、できればリーダーを降りたいな、早く他の人にバトンタッチしたいな、と思うような人にリーダーになってほしいですよね。

村上　充実感、達成感を感じるのはどんな時ですか。

古田　先ほどの越乃寒梅もそうですが、「この方、がんばってらっしゃるな」と感じられる時です。あるいは、声をかけても「今の会社でがんばりますから」とおっしゃる方も多くいらっしゃいます。残念に思う反面、嬉しいですね。それである日、日経新聞で、その方々が役員に就任していたり、社長になっていたりするのを目にすると、自分の目に狂いはなかったなと思います。これは結構嬉しいです。

村上　悩みはありますか。

古田　社員一同から「絶対にそれだけは言うな」と言われてきたのですが、今月もみんなにお給料を払えるかな、ということはいつも悩ましいですね。ヘッドハンターとしてはおかげさまでそこそこできる自信があるのですが、人様のリーダー論には厳しく言いながらも、私は経営者としては三流、もしくは三流以下ですので。

RYU'S EYE

理想的トップの逆説

何となく感じていたことが、ある人の言葉や本の文章によって、くっきりと心に像を結ぶと、わたしたちは「目から鱗が落ちる」という状態を経験する。縄文アソシエイツという一風変わった社名を持つヘッドハント会社社長である古田英明氏をゲストに迎えて、わたしが味わったのはまさにそのようなものだった。古田氏は、頂点を下にした正三角形を描き、その底部を支える人こそ経営者としてふさわしいと言った。

普通描かれる経営者像は逆だ。広い底辺でどっしりと安定している正三角形の頂点に位置するのが、これまで広く知られた経営者像だった。経営者は文字通りトップに君臨する。だが古田氏が考える経営者像は違う。経営者という存在は、不安定な逆三角形の最下部で会社と社員を支えなければならないのだ。だから経営トップというのは、実は大変な仕事で、報酬など割に合わないことも多く、経済合理性だけではモチベーションを持つことさえむずかしい、ということになる。

だから、そのような大変さを知っている人こそ経営者にふさわしい。だが当然のことだが、そんな大変な仕事を持ちかけられて「はい、わかりました、できるかどうかわかりませんが社長を務めさせてもらいましょう」と簡単に引き受ける人はいない。だから古田氏の「交渉」は何年にもおよぶことがあるのだ。経営の大変さを知っていて、それを理由に固辞する人ほどトップにふさわしいという逆説があることになる。そういった経営トップのヘッドハントの逆説は他にもいろいろと応用できそうだ。

ここからは古田氏ではなく、わたし個人の意見だが、政治家も同じではないかと思う。いや、自治体や国家の重要事項に関わるわけだし、ともに財政は火の車なので、政治家の仕事は経営者以上に困難を極めるはずだ。にも関わらず、政治家や首長になりたいという人があとを断たないのはどういうわけだろうか。政治家にさまざまな余録や利得があったのは過去の話だ。インフラ整備の巨額の公共事業費が認められていた高度成長期、利権を手中にする政治家は多かった。だが時代状況は変わっている。

資源・資金が充分ではない政治家の再配分はゼロ・サムとなり、利権どころか、必ず誰かの恨みを買う。そんな困難さを知る人は、割に合わない仕事だと政治から遠ざかろうとするだろう。大勢の人々から乞われる形で、うんざりしつつ、最後はあきらめて、憂うつだと呟きながら政治家となることを引き受ける、理想の政治家の誕生とはそんな感じだろうが、現状はどういうわけかまったく違っている。

ホリプロ取締役ファウンダー

堀　威夫

若気の至りとは、エネルギーだと思う。
ネガティブに使われるが、
ものすごくポジティブな言葉だと思う

PROFILE

戦後芸能界の牽引者

堀威夫の半生は日本の芸能史そのものである。一九三二年、横浜生まれ。高校時代、ギターに夢中になり、明治大学進学後もバンド活動一直線。卒業後はプロのミュージシャンとして活躍した。「堀威夫とスイング・ウエスト」は音楽雑誌の人気投票で一位、堀自身もギタリストとしてトップの人気者だった。しかし六〇年、長男の誕生を機にステージを降り、ホリプロの前身、堀プロダクションを設立。

堀が送り出した最初のスターは、スイング・ウエストのボーカルだった守屋浩。続いて「高校三年生」で舟木一夫の売り出しに成功。しかし堀はある日、大きな衝撃を受ける。海の向こうにとてつもない怪物が現れた。吹き荒れるビートルズ旋風を見た堀は、次の時代を予見する。「日本にもエレキバンドブームがやってくる」。堀は空前のグループサウンズブームを巻き起こす。スパイダースを筆頭に、ヴィレッジ・シンガーズ、パープルシャドウズ、オックスなどを続々とプロデュース。ヒットを連発した。

しかし堀は、すでに次の仕掛けをどうするか考えていた。そんな時、大阪・キタのゴーゴー喫茶のステージで堀が出会ったのは、エルビスのナンバーを歌う大柄な少女だった。背の高い女は絶対に売れないと言われていた時代。だが馬力のある歌声に、堀は背筋がぞくぞくした。「リズムアンドブルースの女王」というキャッチフレーズでデビューした和田アキ子。堀のプロデュースによって、歌だけでなくタレントや司会者としても成功。今も第一線に立ち続けている。

ホリプロがさらなる飛躍を遂げたのは、オーディション番組との連動。この番組で堀は歌唱力抜群の森昌子をスカウト。舟木一夫の夢再び、学園もの路線で当ててみせた。そして、今や伝説となったスターを手に入れる。山口百恵。同じ「スター誕生」出身の森、桜田淳子と〝中三トリオ〟で売り出した。

だが三人の中で、山口百恵だけがデビュー曲でつまずく。そこでホリプロは路線転換を決断。あえて仕掛けたきわどい路線で歌は大ヒット。不思議な雰囲気を持つ百恵の個性を引き出した。また、百恵に演技の才能を見出したホリプロは女優としても売り出す。〝赤いシリーズ〟一作目で演じたのは殺人犯の娘。彼女のもう一つの才能が花開いた。さらにニューミュージック界の大御所とのコラボレーションで、ヒット連発。七〇年代後半、山口百恵は単なるアイドルを超え、「時代と寝た女」とまで言われた。山口百恵は芸能活動七年で、結婚とともに潔く引退。この有終の美を演出したのも堀だった。

ホリプロは八九年、芸能プロとして初めて、株式を店頭公開した。その後マネジメント業務をスポーツや文化の世界に拡大。二〇〇二年には東証一部に上場した。堀威夫は芸能をビジネスに変えた。

ほり・たけお　一九三二年生まれ。明治大学商学部卒業後、「堀威夫とスイング・ウエスト」結成、六〇年に引退。有限会社堀プロダクション（現ホリプロ）設立、代表取締役社長に就任。舟木一夫、和田アキ子、山口百恵らを育てる。八四年に会長就任。二〇〇二年、取締役ファウンダーに就任し現在に至る。

INTERVIEW

ブームの潮が引く前に、次の鉱脈を探す

小池　堀さんはギタリストとして人気があったのに、なぜステージを降りて、自ら裏方の仕事に行こうと思ったんですか。

堀　今の時代がくるというのがわかっていたら、やめられなかったと思います。私は二六年から三五年までプロのギター弾きをやっていたのですが、当時はバンドマンという呼び方をしていた。バンドマンというのは世の中でちょっと怪しげな職業、まともな家庭の中にはそういう人はいないようなところがありました。

村上　不良みたいなニュアンスですか。

堀　雰囲気で言うと、もうちょっと危なげな感覚です。好きで始めちゃって、やっていると結構、面白いんですよ。ある程度お金にもなる。ただ、先輩の中には年をとって肉体的にボロボロになっていく人も見ていますし、親に対しても、学費を出してもらって学校に行かせてもらいながら申し訳ないなという思いがあって、いつやめようかと思っていました。そんな時にたまたま長男が生まれ、このチャンスを逃すとズルズルいってしまうと思って、思い切ってやめました。

村上　たとえば、守屋浩さんのあとに舟木一夫さんがいて、ビートルズが出てきたあとにグループサウンズがあって、グループサウンズがまだ終わるか終わらないかのうちに、和田アキ子さんという稀有なタレントと出会われている。言い方は悪いのですが、「次はこれかな」というのは、どういう感覚で思われるんですか。

堀　我々の商売は非常に因果でして、たとえばグループサウンズの場合、一人のタレントではなくてブーム全体を当てたようなところがあって、当時我が社は五〇％ぐらいのシェアを持ったんです。**ところが潮が満ちてくれば、必ず引いてくる時があるわけです。ですからブームの頂点がきた時に次の準備をする、言ってみたら先遣隊のようなものが、プロダクションのリーダーの役割だと思うんです。**当てたことで終わっちゃうのではなく、そこは後輩たちにバトンタッチしてメンテナンスをやってもらい、次の鉱脈がどこにあるのかと一生懸命考えなきゃいけない。

村上　高度成長の真っ盛りの、つくれば売れるという時代に、そういう戦略を持つというのは簡単ではなかったのではないでしょうか。

堀　それにはクセ的なことがありまして。GSブームを当てる前、スパイダースがどうやっても売れない時があったんです。それではアメリカに連れていってレコード出そう、と。八人のメンバーを連れて、ウエストコーストにプロモーションツアーに行った。見事に失敗するんですけれども、それでも懲りないんですよね。で、八人では経費がかかってしょうがないというので、次はピンで、女で、できれば柔道か空手ができればいいなと思って帰ってくるわけです。

小池　柔道？　なんでそう思われたんですか。

堀　アメリカ人の男性にとって、日本の女を女房にして、フランス料理を食べてという、三種の神器みたいなものがあったんです。だから女がいい。アメリカ人にとって、柔道とか空手というのもミステリアスな魅力があった。それで和田アキ子に出会ったら、柔道場の娘で、ドンぴしゃりなんですよ。背が少々でかいなんて目に入らない。すぐ彼女に言って、大真面目に英語の学校に行かせたり。若気の至りなんですね。**だけどこの年になってみると、若気の至りというのは、エネルギーだと思うんですよ。日本では通常ネガティブに使われますけど、僕はものすごくポジティブな言葉だと思います。**今やれと言われてもできない。

小池　でも和田さんは二十八年間、ずっと活躍されているじゃないですか。

村上　なかなかそういう人はいないですよね。もちろん、和田さんご本人の才能や努力はあると思うのですが、マネジメントの戦略というのもおありだったと思うのです。

堀　グループサウンズのブームがなぜ引きそうだと感じたかというと、当時僕は言っていたのですが、十のグループサウンズに同じ質問を与えると、たぶん同じ答えが返ってくるだろう、と。それは全部戦略が同じだからです。だから飽きられるに違いないし、つくりすぎちゃって、きれいごとすぎるのです。

石原裕ちゃんが出てきたころ、撮影所でビールを飲むとか、アウトローまでは行かないんですけど、当時の芸能界、社会常識からちょっと踏み外したようなところがあって、それが魅力だった。だから和田アキ子は私生活は石原裕ちゃんで行こう、と。歌はそれまでがグループサウンズですから、リズムアンドブルースがくるに違いない、と思い込むわけです。これも思いあがりであり、若気の至りなんですけれどもね。

山口百恵の引退は「災い転じて福となす」

小池　山口百恵さんは芸能界にピリオドを打つまで七年ちょっとですが、絶頂期にやめるという話があった時に、すんなり受け入れられたんですか。

堀　**そういう状況になったら、自分の生んだ子だって止められないのだから、まして他人の子を止められるわけがないと、最終的には自分で自分に引導を渡したわけです。**非常に大きなウエイトを占めていた商品がなくなってしまうのはマイナスなのですが、情緒的に止められないだろうということも、一方でわかるわけです。今度は災いをどう転じて福となすかということを考えました。

悩み考えた結果は非常に単純で、有終の美というテーマでいこう、と。結果的にはそれが、彼女がいなくなった物理的なマイナスを補って余りある、目に見えないプラスをいただけたのかなと思います。

村上　堀さんは「若気の至り」とおっしゃいましたが、最近「若気の至り」の逆で、たとえば働きもしないし、学校も行かないし、トレーニングもしない若い人が八十万人もいるという話があります。そういう話を聞いてどう思われますか。

堀　それはまず、日本の国が豊かになった副作用じゃないでしょうか。何もしなくても死なないという保障があるわけです。我々の若い時は、何もしなければ餓死するわけです。現実に上野の地下道とかで、そういう姿も見ています。その緊張感があったのが、当時と今との差じゃないですか。

村上　僕もそう思います。社会的ひきこもりというのが話題になっていますが、僕が小さいころの家には部屋がないですから、ひきこもれないんです。ただ豊かになったのはいいことだけれども、エネルギーがなくなるというのはあまりいいことではないですよね。

堀　まあ、その人の生き方だからね。それはそれでハッピーだと思っている人もいるのかもしれない。僕は逆に、我々が非常に貧しい時代を生きてきたために、リスク管理が行き過ぎているところがあるような気がします。たとえば休みを一週間とって、どこかに行く。三日ぐらいするとむずむずして、こんなことをしてていいのかなあと思い出す。貧乏性ですよね。これも一種の病気だと思います。欧米諸国の人みたいにひと月もふた月も休みをもらったら、たぶん発狂するでしょうね、我々は。

村上　でも意外ですね。ニートの話をすると、大人は「だらしない」とか「何してるんだ」とか言うことが多いのですが、堀さんは違う。そういう人の気持ちがわかるということではないけど、豊かになった副作用だというのは、まったく正しいと思います。

堀　いいことなんですよね、豊かになるということは。どこかに副作用が生まれるのは、当然あって仕方がない。それを国家の全体の中でどうやって解決していくかというのは、また新しい問題なんでしょう。

運がよかった

村上　マネージャーの人というのは、どの程度の決定権があるんですか。

堀　現場レベルでは一〇〇%に近い決定権を持っています。現場で行動する手前でどういう方向に向けていこうかということに関しては、年に一度の方針会議、あるいは彼の上にいる人間とのウィークリーの会議でやっています。そこで仮に間違った方向に向きかかっていれば、軌道修正するということはあります。

村上　一般に商品を開発したり、売っていく時も、どのくらい現場に決定権と責任があるかというのは、難しい問題だと思います。

堀　和田アキ子、榊原郁恵ぐらいまでは、ほとんど我が社の材料の仕入れや商品化は自分でやっていました。でもどう考えても一人の人間には二十四時間以上はないわけで、これは事業とは言いがたい。これからは僕の役割を複数にしていかなければいけない。たとえば、タレントスカウトキャラバンというのは今年で三十一年目なのですが、七年やって審査の席から引き、若い現場にバトンタッチした。またこれも運がいいんですよね。バトンタッチした年に、堀ちえみというのがブレイクしました。その人たちが自分で選んだものだから、魂を入れて一生懸命やったということもあるけど、運も手伝っていると思います。

村上　運ではない人に限って、運と言うんですよ。グループサウンズの人気が永遠に続くだろうという楽観的な気持ちでいたら、たとえば大阪で和田アキ子さんに会っても、すごいとは思えない。

堀　百恵の引退の時も、十二月にその話を聞いて、翌年の十月十五日に引退することになるのですが、僕は一月にブロードウェイにピーターパンを見に行っているんです。引退の話とは関係なく、もともとその予定でした。劇場の中は暗いし、時差もあるし、眠いんですよ。ほとんど見てない。ただ面白いもので、最後のカーテンコールで、フライングで客席の上に飛んでくるところだけは見てるんです。これだけでもいいと思って、翌年それをやったら成功した。よく記者の人たちに、「これで穴が埋まってよかったですね」と言われるんだけど、運としか言いようがないですよね。

村上　でも、出会うってそういうことなんですよ。山口百恵が引退するから何か探さなきゃ、探さなきゃと思うと……。

堀　そうするとダメでしょうね、逆に。

村上　結果論ですが、もし山口百恵さんがそのタイミングで引退していなかったら、ピーターパンを見ても、最後まで寝ていたかもしれない。にわとりと卵みたいなものだから、運だ、いや運じゃないと言ってもしようがないけど、僕はどこか気持ち的に飢えているとか、危機感を持ってないと気づかないんじゃないかと思うんです。

堀　危機感ということで言うと、僕らは日本が貧しい時に育ってきているわけです。ひもじい思いもしているし、僕は尋常小学校に入って、国民学校に変わって、旧制中学へ入って、新制中学の第一期卒業生ですから、時代の波に翻弄されている。その間に集団疎開も行ったし、軍事教練もやっている。安心できない性格みたいなものが、刷り込まれているんじゃないかなという気がする。うまくいっていても、それはいつか終わる、崩れることがあるんじゃないかという気持ちです。

村上　ただ、そういう時代に生きた人がみんな危機感を持っているかというと、結構そうでもない。僕はやはりバンドというのが、いい感じだったんじゃないかと思うんです。明日をも知れないんだけど、転々と旅していって、熱狂はされるんだけど、その人気はいつまで続くかわからない。そういった経験が大きいのかというふうにも思いました。

堀　それともう一つは、表方から裏方に転身する時に、僕たちが地方巡業したりしていた時代というのは、スポーツ紙はない、テレビはない、だから当然ワイドショーもないわけです。まことに面白おかしく、巡業して歩いていたわけです。今みたいに、聖人君子を求められることもなかった。人の一生分、楽しい思い出もできたと思うから、裏方の我慢の世界というものにも耐えられたのかもしれません。

スカウトは企画ありき

小池　いわゆるダイヤの原石を見出すポイントというのはあるんですか？

堀　よく聞かれるのですが、いつも後講釈みたいなものなんですよ。**基本的に僕は、スカウトというのは初めに企画ありきだと思っているんです。**企画がないと、完全な人というのはいないわけですから、経験を積めば積むほど悪い点も見えちゃう。そうすると怖くて出せなくなる。

村上　山口百恵さんの場合はどうだったんですか。

堀　百恵の場合は、その前に森昌子と石川さゆりを持っていました。石川さゆりはまだデビューしてないのですが、森昌子が『せんせい』で当たった。この一つの商品を何とか複数にしたかった。ホリプロ三人娘をつくりたかったんです。ただメンツが一人足りないわけです。そんな時、山口百恵と出会いました。

小池　それだけの理由ですか。

堀　それだけの理由。もしそういう企画がなかったら、とれなかった。

村上　最初に山口百恵さんに会った時の印象は、どういうものだったんですか。

堀　その子の良し悪しというより、三人娘を実現したいという前提で探していますから、「昌子と同い年だ、ちょうどいい」と。で、会社に持って帰ると、「歌が下手だ」「足が太い」とか、いろいろなことを言うやつがいる。冗談じゃない、足が太いのは健康な証拠だ、なんて言ってね（笑）。

小池　オーラを感じたとか、そういう返事が返ってくるのかと思っていました。

堀　全然違う。巡り合わせしかないんですよ。ただ、その運をどう味方につけるかという時に、「果報は寝て待て」とか「棚からぼた餅」といった言葉があるけど、それではあまりにも他動的すぎるな、と。**いろいろ考えて、十年ぐらい前から、勝利の女神をどうやって味方につけるかを考えればいいんだと、考えるようになりました。**

すると、勝利の女神というのは、たぶんお通夜の晩みたいな顔をしたやつのところでは絶対微笑まないだろう、ではいい顔をつくろうという、非常に単純なコンセプトに変わりました。仕事している以上、嫌なこともあるけど、帰る途中にお酒を飲むのもいいし、カラオケに行くのでもいいから、嫌なイメージというのを消して翌日の仕事に取り組む。だからうちの会社の入ったところに姿見があって、「いい顔つくろう」と小さく書いてあるんです。
小池　気持ちがいいですもんね、そういう方とお仕事するほうが。
堀　仕事をしていれば、誰でも落ち込む時は絶対あるんです。それを自分でメンテナンスして、洗面所に鏡のない家はないから、朝起きて歯を磨いて顔を洗う時、それから会社入る時にもう一回、チェックしてよ、という願いをこめているんですけどね。
あえて「いい顔」という言い方をしているのは、美男美女のことを言っているわけではないし、それから、笑っているという意味でもないんです。**要は、あいつとは用もないけどたまには会って飲みたいなというのと、あいつとは用がない限り会いたくないというのでは、人生の限りがずいぶん違うでしょう？**

スターを目指すなら、自分を持つのが大事

村上　「バンドをやりたい」「タレントになりたい」という若い人はすごく多いと思います。ただ、現実には本当にスターになるのはほんの一握りです。堀さんのような方から、そういう若い方に対して一言あれば、お願いします。
堀　ともかく分母が非常に大きくて、高い競争率を勝ち残ってきた人たちばかりを日常見ているわけですから、そのことが計算にどれだけ入るか、ということですよね。自分のところで今は扱えないと思ったらお断りする。絶対というのはないですから、我が社が断ったらあなたがダメだという意味じゃあ

りません、と。A社がダメでもB社ならうまくいく場合もあります。

これが文科系の面白いところでもあるんですよね。理数系というのは、正解が一つしかない。文科系は正解が無数にあるわけです。屁理屈をつければ全部、正解になっちゃう。だから危ない、という面もある。

たまたまこちらサイドのラインナップに、その人と似たような人がいれば、いい素材かもしれないけどやらない場合もある。そこのところは、チャンスはたくさんあるわけです。だから、まず自分というものをしっかり持ってることが大事なんじゃないですかね。

村上　堀さんが一番、充実感や達成感を感じる時というのはどういう時でしょう？

堀　一つのプロジェクトなり、一仕事なりが終わった後に、その夜最初に一口飲んだ酒がうまい時でしょうね。失敗した時はほろ苦いですから。

村上　たとえばタレントさんが大ヒットしちゃった時の充実感はいかがですか。

堀　歌い手の場合ですと、ヒットしてレコードの売上のデータは数字ではくるのですが、これは臨場感があまりないんです。で、ある日やっとワンマンショーがやれた。まだ開演前に舞台の袖から客席を見て、お客がいっぱいだった時の充実感というのは最高です。一種の麻薬の役割をするわけですよね。ただ、それを何回も繰り返し、年輪を重ねると感激度がだんだん薄れてくる。

だから僕は今、後ろに引き下がっているのですが、守屋浩の最初のワンマンショーを、忘れもしないけど産経ホールでやって、客がいっぱいあふれているのを見た時は、やっぱり涙が出ましたよね。

RYU'S EYE

多くのスターを育てたフェアネス

ホリプロのファウンダー、つまり創業者である堀威夫氏は、他のほとんどの経営者と違って、モノやサービスを売るのではなく、生身の「人間」をプロデュースして「アミューズメント」を提供してきた。芸能プロダクションというと、世間一般的にあまりいいイメージがなく、わたしも最初はどんな人物なのだろうと多少の不安もあった。

だが堀氏は、質の高いサービスを提供して顧客を満足させる、というビジネスの王道を常に歩んできて、しかもコミュニケーションを何よりも重視するオーソドックスな経営者だった。堀氏の最大の魅力は、音楽と人間に対する暖かなまなざしと、信頼と愛情だ。収録の前に、堀氏の著書『いつだって青春わが人生のホリプロ』（小学館文庫）を読んだが、あまりに面白くて資料だということを忘れるほどだった。

堀氏自身のバンド時代から始まって、守屋浩、舟木一夫を発掘し、スパイダースなどのグループサウンド、そして和田アキ子、石川さゆり、山口百恵と続く系譜は、わたしの青春時代とも重なってとても懐かしく、感慨深いものだった。守屋浩の「ぼくは泣いちっち」という大ヒット曲があって、わたしは堀氏の本を読みながら、試しに口ずさんでみたが、驚いたことに一番は全部歌えた。続いて二番、三番の歌詞をネットで調べると、故浜口庫之助が作った歌は、まさに昭和三〇年代の地方の青年の心情を象徴した優れた歌詞とメロディを持っていることがわかった。

特に、「なんで、なんで、なんで、どうして、どうして、どうして」とたたみかけたあとで、「東京がそんなにいいんだろう」と訴えるように歌い上げるところはインパクトがあった。シラブル（音節）とメロディの関係もあるが、守屋浩は「トウキョウ」ではなく「トーキョ」と縮める感じで歌っていて、地方の青年の東京への憧れと反発をうまく表現していたんだな、などと改めて感心したりした。

収録では、堀氏が発掘し育て上げたスターたちの系譜を追う形でビジネスの話をしたあと、最後に現代の若者と戦後のエネルギーの対比みたいな話題になった。戦後わけのわからないエネルギーが充ちていたのは確かだ、と堀氏は認めたが、現代の若者を頭から否定するようなことは決して言わなかった。たとえばニートと呼ばれる若者について、戦後日本は経済的に豊かになったがその副作用のようなものはあるはずだ、とそういうニュアンスだった。

本当にフェアな人だ、とそのときわたしは思った。そして堀氏のビジネス哲学を垣間見たような気がした。それは広義のフェアネス（公平性）ということで、それが多くの才能ある芸能人から氏が慕われ信頼される基盤となっているのだろうと、そう思った。

III
技術を支える頭脳と精神

岡野工業代表社員

岡野雅行

一人前になるまで二十年。
そこまで辛抱できるかどうか

PROFILE

町工場の世界一の職人

二〇〇六年一月、下町の小さな工場に現れた小泉総理（当時）。「すごいもんつくったね」。総理を驚かせたのは、世界一細い注射針。従来の針より格段に細く、ほとんど痛みを感じないという。

人一人通るのがやっとの作業場。従業員は六人。ここから岡野雅行は、世界で誰もつくれなかった製品を次々と世に送った。たとえばマイクの風防。昔の風防は金属板に穴を開けただけで、音の通りが悪かった。網を丸めて今の形にしたのが岡野だ。これで音質が格段によくなった。

携帯電話にも岡野の技術が生きている。八〇年代後半、携帯各社は小型化にしのぎを削った。旭化成が開発したリチウムイオン電池を小型化し、さらに液漏れしない金属ケースが必要だった。他メーカーが初めから「非常に薄いメッキ層を壊さずに成型することは無理」と決め込む中、岡野だけがそれをやった。不可能を可能にしたのは、岡野が得意とする〝深絞り〟という伝統的な加工技術。一枚の金属を連続的にプレスし、次第に底の深い製品へと仕上げていくこの技法で、岡野は世界初のリチウムイオン電池のケースを完成させた。岡野の技術は世界に知れ渡り、米国防総省やNASAもお得意様だ。

痛くない注射針の開発は困難を極めた。通常の注射針は、細く伸ばしたパイプをカットしてつくられるが、針が細すぎてこの工法では薬が出にくくなる。薬の流れをよくするには針の根元を太く、先は細くする必要があった。岡野は発想を変え、一枚の板をプレスで丸めて針にしようとした。一年半の試行錯誤の末、太さ〇・二ミリ、穴の大きさ〇・〇八ミリの、世界一細い注射針が完成。開発に着手して五年後、量産体制が整った。その注射針「ナノパス33」は、二〇〇五年グッドデザイン大賞を受賞した。
岡野は昭和八年、東京墨田区生まれ。父は頑固だが腕のいい金型職人。戦前から界隈にはさまざまな町工場が軒を連ね、また玉の井という花街があった。岡野にはこの町で「三つの目覚め」があった。まず「遊びで技術を覚えた」。少年のころ、夢中になったのがベーゴマ。「強いベーゴマが欲しい」と思った岡野は、父親の留守中に旋盤の前に立ち、ベーゴマを削り始めた。改良ベーゴマは無敵で、これが技術への目覚めとなった。二つ目は「花街で学んだ処世術」。岡野が花街をうろついていると、お姐さんから「タバコを買ってきてくれない？」と声がかかる。タバコを買って届けると、「お釣りはいいわ」。風呂屋でヤクザのお兄さんの背中を流し、帰りにコーヒー牛乳をごちそうになったりもした。こうした大人との付き合いの中で自然と処世術を学んだ。そして「運命の本との出会い」。中学をさっさとやめ、父親のもとで働き出した岡野も三十歳に。近所のご意見番の勧めで、ドイツ語のプレス加工の専門書を買った。以来この本をむさぼるように読み、初めて勉強する楽しさに目覚めた。

おかの・まさゆき　一九三三年生まれ。家業の岡野金型製作所に入社後、プレス加工技術を導入。七二年、父の後を継ぎ二代目社長に就任、社名を岡野工業とする。二〇〇〇年には米タイム誌でその技術が紹介された。「町工場の星」「金型の魔術師」等の異名をとる。

INTERVIEW

何十億個と同じものができなければ、できたうちに入らない

小池　岡野さんがつくった注射針は太さが〇・二ミリですか。

岡野　太さ〇コンマ二ミリ、穴が八〇ミクロン。

小池　肉眼でも穴が見えづらいぐらい細い。

岡野　穴も世界で最小、これと同じような針は世界にないです。これと同じようなつくり方を発想した人もない。

村上　今まではパイプだったんですよね。

岡野　それを板を丸めてつくっちゃうのが私の発想。

村上　継ぎ目はどうするんですか。

岡野　継ぎ目はぴちっと合うようにして、絶対に漏れないです。

小池　話をいただいた時に、無理だって気持ちはなかったんですか。

岡野　全然ないね。もっとこれより難しいことをやっていたから。

小池　過去にお仕事を断ったことはあるんですか。

岡野　俺だって神様じゃないから。私が脳外科で、産婦人科の患者が来てもできないように、違った分野が来てもできない。僕はプレスの金型で深絞りが専門の会社ですから。

村上　絶対できるという思いはそこにあるかもしれないけど、これは難しいな、という気持ちもあるでしょう？

岡野　一個、二個は誰でもできるんです。でも何千万個、何億個と同じものができなかったら、できたという意味に入らないんだよ。スタートから何十億個目まで全部同じ規格じゃなかったら、できたうちに入らない。

村上　それが一番難しいところですか。

岡野　難しい。うちは不良品を入れる箱がないんだよ。不良品が出ない。それがうちのすごいところ。

村上　この注射針でも簡単にできるとは思わなかったでしょう。

岡野　簡単にできるとは思わなかった。なぜかというと、それをつくる金型を加工するマザーマシンがない。そこから考えていかなきゃいけないんだ。

小池　気が遠くなるような作業ですね。

岡野　試作だけだったら、その辺の適当な機械を組み合わせてやればいいんだけど、あなたが車の運転をしていて、自動車のタイヤがパンクしたとするでしょう。そうしたら誰でもパッと外して交換できる。そういう金型をつくらなくちゃ意味がない。特殊な人が取り付けなければ動かない、というのでは意味がないわけ。誰がやっても、そこにパッとはめれば、明日からスタートできるようにしなければいけない。

村上　絶対できるか、もうできないかと決めてしまいがちですが、僕が小説を書く時もそうなんだけど、自分だから何とかつくるだろうけど、でも簡単じゃないぞというスタンスですね。実際、簡単ではないから、この針でも何年もかかっているんですよね。

岡野　約五年かかって、去年の七月に発売が始まりました。

図面通りにやってできたら、職人はいらない

小池　アイディアはどこから生まれたんですか。

岡野　これはもう若いころ、一生懸命いろいろなことをして遊んできた結果ですよ。いろいろな失敗をして、いろいろな経験をしてきた。その結果が、この針に応用できるわけです。

小池　実際にボール紙と鉛筆でやってみたり？

岡野　そんなのは書かない。頭の中に全部あるから。

小池　頭の中で考えたことがすぐ形になるんですか。

岡野　なる。図面なんて書かないもん。図面ないんですよ、私。どんな複雑な自動機でも。

小池　計算とか、しないんですか。

岡野　計算してその通りにできるんだったら、潰れる会社はないよ。図面通りにやって金型が動いた

ら、職人なんていらない。そういうものなんだよ。

村上　岡野さんが注文を受けて、結局できなかったっていうのはあるんですか。

岡野　できなかったっていうのは途中でやめちゃうからできないんだと思う。自動車の試験でも、一時間以内に百問やらなくちゃ落ちちゃうのと同じ。時間を二時間かければ絶対できちゃうものもあるわけだよ。だから「できません」と断ったことはほとんどない。

村上　これは難しいけど、俺ならできるぞという時の判断基準、根拠はどこから来るんですか。ピンと来る？

岡野　ピンと来ますね。

村上　ピンと来るというのは昔からですか。

岡野　何て言ったらいいだろう。みなさん、若い時、修行時代にそういう難しいことをやってこなかったんだよ。楽な仕事ばっかりやってきた。答えが出る仕事しかやってこなかった。

村上　たとえばマニュアルがあるとか、伝統的にこれをやっておけば大丈夫、というものしかやってこなかったということですね。

岡野　私なんてちょっと変わった人間だから、普通のことをやっていたって誰も認めてくれない。人と違ったことやって、初めてすごいなと言われる。そこまで行くまでにはえらく時間がかかったし、あいつはちょっとおかしいんじゃと、みんなに言われましたよ。

村上　一見不可能なことにチャレンジするのはもともとお好きみたいですね。

岡野　あ、好きだね。

村上　同じことの繰り返しはあんまり好きじゃない？
岡野　やらない。
小池　新しいチャレンジをする時に、不安とかはないですか。
岡野　毎日不安ですよ。だから寝られない。布団の中で寝るようになったのは最近だよ。いつも板の間だった。だからどこでも瞬間的に眠れますよ。
村上　極端なこと言うと、寝ている時も、たとえば針の開発のことを考えてないですか。
岡野　考えている。考えたらよく寝られるの。何も考えるものがなかったら全然寝られない。
小池　そんなこと、龍さんもあるんですか。
村上　僕も小説に取り組んでる時は、変な言い方だけど本当に二十四時間、考えている。最近は忘れっぽくなったので、仕事場とかお風呂場とか、全部に手帳を置いていて、トイレでも思いついたらメモをしてる。僕に小説の才能があるということよりも、そればかりを考えているということのほうが大きいと思うんです。集中してそればかり考えていると、何事かはできますよね。

同じものはつくらない、もっといいものをつくりたい

岡野　うちのお得意さんに一番最初に言うのは、他でやっているものはうちに持ってきてくれるな、ということなんです。どこもできないやつ、どこもやってないやつだけ持ってきてくれ、と。それしか受けない。他でやっているなら、そこでやったほうがいいんじゃないのと言うんです。

村上　それはやはり今までやってきた蓄積、自信ですよね。

岡野　一番、長かったのは、金型で成功するまで七年かかった。待ってるやつも待ってるやつだよ。七年待っているんだからすごいんだ。今でも有名な会社だから名前は言わないけど、一台つくったらあと七台同じものつくってくれと言ってきた。図面を書かないでしょう。一台一台、機械は全部違う。一号機は一分間百回転だけど、二台目は百五十、三台目は三百と、どんどんレベルアップした機械をつくっていく。頼むほうは「百回転でいいんです。それ以上必要ない」と言うんだけど、**俺は同じものはつくらないんだ。もっといいものをつくりたくなっちゃう。**

村上　そういう機械って高いでしょう。

岡野　高いですよ。今から三十年前で七百五十万です。小さな自動機一台で。

村上　今だともっと高いでしょうね。

岡野　できないだろうな、今は。当時は電子機器なんかないから、全部メカなんです。

小池　私の勝手な職人さんのイメージは、「男性は仕事でがんばるから、女性は家庭を守れ」みたいな感じなのですが、岡野さんを支えるご家族の方、奥様はどういう役割を果たされているんですか。

岡野　専業主婦であって経理部長であって、八面六臂ですよ。私はいくら売上があって、いくら貯金があるのか全然知らないもん。

小池　お小遣い制ですか。

岡野　小遣いじゃないよ、いるだけ持っていくもん。

小池　大変ですね、支える奥様も。

岡野　だけどうちの女房と結婚して、仕事とお金で苦労かけたことは一回もない。仕事はバンバンくるわ、お金は儲かるわ、何も言うことないでしょう。

村上　大事ですよ。家庭を犠牲にして仕事をする人が格好いいという時代があったけど、家庭というのは幸福にするほうが難しいですもん。

岡野　物質的には恵まれていたけど、精神的にはずいぶん苦労したと思いますよ。うちの女房の親兄弟は、「あの男は見込みがないから、早く別れろ」の一点張りだったんだから。

村上　でも奥さんは、子供みたいにというと失礼ですけど、岡野さんを縛らないで、発想を自由に発揮できるようにやられてきたのだと思いますよ。

岡野　将棋の坂田三吉と一緒だよ。俺が日本一になるまで待っててくれと（笑）。

日本は雑貨をつくる職人を大事にしないとダメ

村上　大企業からの注文で、何となく日本経済の未来とか、潮流がわかるそうですね。

岡野　わかるね。だいたい五年先の仕事をやらせてもらっていますから。

村上　今使うものではなくて、将来的に必要になるものの注文がくるわけですね。

岡野　携帯なんて二十何年前の話です。

村上　今はたとえば、環境に対して配慮しなければいけないという大きな流れがあるでしょう。

岡野　ありますね。ＩＳＯなんて環境しかとってない会社もありますから。そういう仕事は大いにあります。

村上　ただ注文から日本の未来を見る時に、日本経済は当分よくならないともおっしゃっています。

岡野　でこぼこがあるよね。その中で、五年先、十年先のことを考えて研究開発していない会社はダメだよな。日本の会社は、半導体とか、そういうものはすごく先に進んでいますが、メカニカルのほうは相当遅れているんだよ。ハイテク、デジタルのほうは進んでいるけど……。

村上　メカニカルなものですか。機械とか。

岡野　まだ相当遅れていますよ。「ピッ・ポッ・パッ」の世界で仕事をやることばかり考えているから。機械さえ買えば誰だって真似できるんですよ。ソフトを入れて削れば、誰だってできる。

村上　そこで優位性を保てなかったら、日本経済の未来はあまり明るくない。

岡野　そうですね。でも日本はみんなのできないものばかりやるから、大丈夫ですよ。

村上　岡野さんが百人ぐらいいればいいですけど、一人しかいないわけでしょう。

岡野　いやいや、そんなことないですよ。まだまだ、いろいろな人間がいますから。だからいいものができていますよ、まだ。ただ日本は雑貨を大事にしなけりゃダメだよ。

小池　雑貨？

岡野　雑貨。雑貨がものづくりの基本だから。靴でも時計でもメガネでも洋服でも、全部雑貨です。

小池　大事にするというのは、そういうのをつくる職人さんを大事にするということですか。

岡野　そうそう。そういう人がどんどん減っています。だから日本からライターをつくる会社がなくなっちゃうし、ボールペンとか、石鹼箱とかもそうです。あれなんて大変なものなんですよ。

村上　プラスチックの？

岡野　セルロイド。キューピーさんって知ってます？　昔はうちの近所につくるところがいっぱいあった。あんな技術を応用すれば、まだまだいろいろなものができる。

村上　今、キューピーさんやセルロイドの石鹼箱はベトナムとかでつくっているんですか。

岡野　そこでももうやってないよな。ただ、そういう技術は向こうのほうが進んでいます。基本、一番古い技術が日本ではなくなっちゃっている。

村上　なるほどね。その技術が何に生かせるかどうかはわからないでしょう？

岡野　生きるの。それを応用すれば何だってできる。

村上　それをやめてしまうのは、目先のことを考えるからですよね。

岡野　そう。育てないからやる人がいなくなっちゃう。若い人に言いたいのは、中学を出てからが本当の勝負なんだ、ということです。高校を出て技術を覚えようと思っても、時間的に無理なんだ。

村上　中卒がいいんですか。

岡野　**中卒。中卒からいろいろなものを学べば、時間的にも余裕がある。**

村上　お母さんお父さんは、「高校は行きなさい」と言うでしょう。

岡野　高校もいいよ。今の時代だから高校まで行ってもいいんだけど、大学まで行っちゃうと、もう時間的に無理なんだ。

村上　それは余分な知識もついちゃうということじゃないですか。

岡野　そう、やる前に理屈が先にいっちゃう。やる前から「こんなに難しいのはできない」とか何とかケチをつけるわけ。

村上　中卒の人は時間的な資源を持っていますからね。

岡野　個人差はあるけど、一人前になるまでには最低でも二十年かかるよ。これに辛抱できるかどうかが問題だ。

村上　僕の友達にスーパーカーの整備士がいますが、彼も「高校中退が一番いいんです。高校を卒業しちゃうと妙なモンがついちゃってダメ。大学の工学部出たやつはまったくダメだ」と言っていました。

岡野　本当にそうなの。技術を覚えるのも早いしね。それで二十年、三十五、六歳まで辛抱すれば、先はバラ色だよ。

製品は自分が見て、自分で触る

小池　今、工場は六人でやられているじゃないですか。岡野さんを百人つくるためにも、増やさないのですか。

岡野　僕の仕事はものづくりなんだよ。だから人を増やして生産量を上げようとして、自分の目の届かないところでつくってもらっちゃ困るわけ。自分が見て、自分で触らないと気に入らない。

小池　最終的に岡野さんがチェックするだけではダメなんですか。

岡野　そう。**それだと「この品物でいいか悪いか見てください」と言ってくるでしょう。「見てください」って、お前が悪いと思っているから言うんだろう。お前が悪いと思うものは、俺が見たって悪いんだからダメだという話になる。「これでどうです」と言って持ってこいと言うんだ。**

村上　工場にお邪魔させてもらったんですけど、岡野さんの目が届く範囲の広さなんですよ。つくっているところが見えるし、従業員の人の顔も見える。会社を大きくしない理由ですが、大きくすると薄まっちゃうんじゃないですか。

岡野　僕の哲学という生意気なことを言うと、六人の会社の社長でも千人の会社の社長でも、お昼ご飯のどんぶり一杯でおなかいっぱいになっちゃうじゃないか。千人の会社の社長になったらご飯を百杯食べられるんだったら、俺も会社をでかくしたいよ。みんな同じなんだから何もでかくすることはない。

村上　岡野さんにも悩みがあるんですか、税金以外で。

岡野　税金以外？　悩み、あるよ。今までの仲間より、ちょっと胴体一つ分ぐらい前に出ちゃっているから、妬みとやきもちが多くて困るんだな。

村上　目立っちゃったから。

岡野　目立っちゃったから。村上さんのお金をとって俺が儲けているわけじゃないんだよ。そんな恨むことないと、いつも言うんだよ。

村上　世界一の職人にも悩みがあったってことで、今日はありがとうございました。

RYU'S EYE

創造的職人の繊細さ

収録の前日、東京下町にある岡野工業に行った。取材に行ったというよりは、著作を拝見して岡野氏が繊細な人のような気がして、仕事場に一度お邪魔して顔見知りになっておいたほうが収録がスムーズだろうと思ったのだった。金型やプレス機械についてはまったく無知なわたしだが、岡野工業の仕事場は、何と言うか、町工場というよりは現代芸術家のアトリエのようだった。わたしは歓迎され、岡野氏自らの案内で工場内を見せてもらった。だが他の社員たちは、わたしのことなど目に入らない様子で、黙々とハイテクの機械を動かしていて、かっこよかった。

岡野氏は江戸っ子なので口調はべらんめえだが、実は神経がとても細やかで優しい人だ。繊細な神経を持っていない人が世界最小の注射針を開発・製品化などできるわけがない。ただし、神経が細やかなだけではない。仕事に対しても製品に対しても非情なまでに合理的な一面も持っている。岡野工業は社員数が六名なので、一人でも欠勤すると仕事に支障が出る。だから誰かが欠勤した日には、特別に豪華でおいしい昼食を食べに行くのだそうだ。そして欠勤した社員に対し、翌日みんなで昨日の食事がいかにおいしかったかをこれでもかと自慢するらしい。くそ、もう絶対に欠勤なんかしないぞ、と思わせるのだ。
決していじわるではない。誰も傷ついていないし、欠勤者以外はおいしいものが食べられていい思いをするし、欠勤者も仲間はずれにされたわけではなく、ただ単に他の人がおいしいものを食べる機会を自分で作ってしまっただけだ。こういう処遇を考えることができる人はものすごく少ない。一般的な経営者だったら、少し叱った方がいいのだろうかとか、どうやってモチベーションを上げようかとか、そんな風に考えるだろう。

岡野氏は、「他でもできる仕事はうちに持ってこないでくれ」と取引先に明言する。誰もできないことをやるのが好きなのだ。誰もできないことを実現するためには、「考える」しか方法がない。ちょっと前まで岡野氏は新製品のアイデアが必要なとき、板の間に寝て、睡眠中にアイデアが浮かぶと跳び起きて工場に直行して作業をしたらしい。岡野氏を見ていると、脳は働かせないと活性化しないということがわかる。

また岡野氏は、自分のような創造的な職人が育つためには中卒がもっとも適していると断言する。高校や大学に行って一般的なことを学ぶ時間がもったいないと言うのだ。そういった意味では、誰もが高校・大学に行くようになり「一般的な」勉強をして就活に励むのが当たり前になっている現在、日本の創造的なモノ作りはいずれ危機に瀕するのではないかと不安になる。

樹研工業社長

松浦元男

お金持ちになることを考えてはいけません。
有名になることを考えてはいけません。
偉くなろうと思ってはいけません。
これは人生の結果であって、
これを目的にすると、とんでもないことになる

PROFILE

超精密部品で世界をリードする異色経営者

超精密部品で世界のトップを走る町工場、樹研工業の名を世界に広めるきっかけとなった部品は、肉眼では色の粉がへばりついているようにしか見えない。顕微鏡でのぞいてみると、直径〇・一四ミリ、世界最小の歯車だった。だが小さすぎて使い道がなかった。未だにまったく売れてはいない。しかしこの歯車がのちに、大金を生み出すこととなる。極限の技に、世界中の大企業が惚れ込んだ。

工場を支えるのは、学歴も実績もなかった若者たち。彼らを世界一の職人に育て上げたのが、樹研工業社長、松浦元男だ。

失われた十年。日本企業はどん底の不況から脱け出すため、ありとあらゆるリストラ、合理化策を推し進めてきた。ムダを削りに削って、利益を搾り出す。それは誰もが信じた勝利の方程式だった。しかし松浦の樹研工業は、普通の会社とは正反対のやり方で、常に勝ってきた。

たとえば自由放任主義。樹研工業では二カ月に一度、土曜日に全体会議がある。ただし休日のため、参加は社員の自由。強制はしない。会議のテーマはない。発言するもしないも本人の自由。この自由な雰囲気だからこそ、何でも話せる。

また、この会社では若手に交じり、いきいきと働くベテランの職人が目立つ。定年制はない。そして出張はグリーン車で。出張先へは万全の態勢で行け、という配慮だ。さらに支払いはすべて会社のクレジットカード。面倒な出張の精算もしなくていい。この方法により、経理も一人でまかなえる。

松浦は毎日、社員の誰かと昼食をともにする。コミュニケーションをとるために、社員を接待。もちろん支払いは社長持ち。社員こそ会社の最大の財産。樹研工業の原点はそこにある。

その樹研工業が今、取り組んでいるのは、最先端のナノテクを使った製品開発だ。一ナノは百万分の一ミリ。世界一の小ささを追い求めてきた町工場は、ついにナノの世界に突入した。松浦の目は次の成長産業を見据えている。

まつうら・もとお　一九三五年生まれ。ジャズバンドで働きながら愛知大学法経学部を卒業。セロファン会社に五年間勤務の後、六五年「樹研工業」を創業。現在は国内関連会社の代表取締役社長、国外関連会社の取締役を務める。〇二年に開発した世界最小百万分の一グラムの歯車は、世界の注目を浴びた。

百万分の一グラムの歯車で会社が助かった

村上　百万分の一グラムの歯車は、今のところ使い道がないそうですが、歯車が主製品と考えていいのですか。

松浦　小型の部品ということですね。マイクロパーツと言っています。だいたい腕時計に使われる程度の小さなものが主なんです。最近は自動車なんかにも小型の精密な部品を使っていただけますので、まあ何とか飯の種になっています。

小池　世界一小さな歯車は、結果としてどのような効果があったのでしょうか。

松浦　会社が潰れずに済みました。この数年間というのは大変恐ろしい時代でしてね。私たちはほんの三、四年前まで、オーディオビデオの部品でだいたい売上の三分の一になってたんです。これが今はゼロです。突然中国に行っちゃったんですね。またそのころ、腕時計の部品で、だいたい年間で七、八億円あったんです。これも今は七、八百万円なんです。携帯が売れたら、もう時計は売れないんです。

小池　ああ、そうですよね。

松浦　で、そのころはコンパクトカメラの全盛時代だった。で、コンパクトカメラの中にあるフィルムの巻き上げ機構というのは精密なメカニズムなんです。日本のカメラ屋さんのカメラのほとんど全機種、私どもがつくっていたんです。金型の面数にして、だいたい年間六百から六百五十。一型だいたい百万円ぐらいです。これが今、ゼロです。これはデジカメのおかげでなくなっちゃったんです。

小池　デジタルになっちゃいましたもんね。

松浦　で、その空いた穴をどうやって埋めるかっていうのが大変だったんです。けれどもたまたま技術的に最先端のことを発表したら、おかげさまで最近はインターネットという大変便利なツールがありますので、これでワーッと噂話が広がりました。それでいろいろなお引き合いをいただいて、現在は、私どもが直接つくっているもの、それから私どもは製品だけではなくて、それをつくる金型も機械もプラントとして売っていますので、そういうプラントでつくられているもの全部を含めますと、たぶん今世界中の、たとえば自動車のスピードメーターのある部分は、ほとんど我々の技術でまかなわれるということになりました。何とか生き延びられたというところです。

今、私たちはナノのレベルへ移動してるところなんです。ナノといいますと十億分の一メートルです。金属原子五つから十個と言われています。見たことありませんけどね。そこへいくためには、どうしても一ミクロンとか〇・一ミクロン、通り過ぎてからいかなきゃいけない。今はそちらの方で、世界中からいろいろと問い合わせをいただいています。次から次とやらないと、もうすぐに忘れ去られてしまうんですよね。忙しいですよ。

村上　ナノテクノロジーというものが流行っています。恐竜とか、大きなものを見た時もどきどき、わくわくしますが、ある機能を持つものがどんどん小さくなっていく時もわくわくしちゃいますね。

松浦　大きなものをつくるのにはお金がいるんです。私たち中小企業はそんなにお金がありませんから、やはり小さなものを狙ったほうが効率がいいだろうと私は思います。実はマイクロ化に進んだのは一九七三年のオイルショックが一番のきっかけなんです。

村上　そうだったんですか。

松浦　ええ。オイルショックの時に省エネ、省資源ということが言われ始めて、それからです。私たちが小さなものをつくるというのは、単にそのものをつくるだけじゃなくて、それをつくるための設備もつくっていますから、設備自体もどんどん小さくしていったんです。そういう小さな設備は世の中で売っていませんでしたから。

村上　確かにオイルショックまでは、規模が大きなものや、エネルギーをたくさん使うことが善とされていましたね。

松浦　「大きいことはいいことだ」と言われていましたから。

白書を読めば、世の中の動きがわかってくる

村上　四、五年のスパンで、たとえばオーディオや時計の部品の売上が激減してしまう。時代の流れや需要の変化といったものを読み間違えると、たぶん小さい会社にとっては致命的だと思うのですが、そのあたりの勘のようなものはどうやって養われたんですか。

松浦　やはり一生懸命、勉強します。たとえば政府の刊行物がいろいろありますね。ああいう統計資料

をたくさん買って、ずっと見ていると、だいたい世の中の動きというのは徐々にわかってくるんです。変な話ですけれど、たとえばバブルの崩壊だとかは全部わかりました。

村上　いつごろそう思ったのですか。

松浦　私が気がついたのは九一年です。この景気は崩れると確信を持ちました。それから百円を切るような超円高になるという確信を持ったのが九二年なんです。そういうふうに考えないと説明がつかないような事件がいっぱい起きていたんです。

村上　たとえば、この景気の状態はバブルで、いずれはじけるというのは、なぜわかったのですか。

松浦　一つ申し上げますと、九一年の中小企業白書にこんな数字が出ていたんです。大阪の商業中心街の土地が前年同月比で四五％値上がりしている。その時にスーパーマーケットとデパートの売上が一・七％ダウンしているんです。

村上　なるほど。

松浦　小売りの売上が一％以上もダウンしていて、どうして商業地の地価が上がるんですか。これはもう誰かが投機的なお金を突っ込んでいる以外に、経済の原則としてあり得ないんですよ。だからこれは架空だ、必ず崩壊すると私は判断したんです。

村上　言われてみれば。あのころはみんな浮かれていましたからね。

松浦　で、なぜ私は浮かれなかったか。浮かれるお金がなかったから、浮かれなかったんです（笑）。

村上　経営者の方は、織田信長とか、歴史の本を愛読書にあげることが多いですよね。

松浦　私はあまり歴史を振り返ってというのはありませんね。やはり政府の出している白書。これが一番正直な統計資料です。だいたい年間で政府刊行物を、お金にして七、八万円は買っていますから。

小池　今、統計資料を松浦さんが読んでいて、今後日本で起こると予想されることがあれば教えてください。

松浦　何が起きるんでしょうね……。一番の問題点は技術の中身の変化だと思います。たとえば、今までは電気が産業の主力でしたね。これがやはり光だとか、バイオだとか、そういったようなものが産業の中心になるだろうと。具体的には半導体や光技術、あるいは医療含めたバイオ技術などです。ですから私たちもそこを狙って、どういう部品を開発していくかと考えますと、どうしてもナノテクにいかざるを得ないんです。

村上　白書の中には、政府主導で「これからはバイオの時代だ」というようなことも書いてありますが、そんな単純な話じゃないんですよね？

松浦　それもありますが、たとえばアメリカがどこに予算を注ぎ込んでいるかとか、EUがどこに注文しているかというのは、彼らが使っているお金の足跡を統計資料で見ればわかります。あ、こんなところに力入れているのかと。あるいは中国がどんどん大きくなって、もう日本はダメになるんじゃないかとおっしゃる方がいます。ところが日本の国際収支を見ると、おっとどっこい、そうはいかない。まだまだ十分力があるよ、と。こういうことは統計資料に如実に出ています。

そういうものを見ていて何か一つキッカケを見つけると、すっと世の中の向こうが開けて見えて、とても楽しいんです。それを持っていって、会社の若い連中と議論をするんですよ。彼らは彼らで、動物的感覚で反論してくる。これもまた面白いですよ。もう私たちは歳ですから、動物的感覚はどんどん衰えていく。十代、二十代の連中は、それは鋭いですよ。

成果は山分け、年齢序列

村上 作家の例で言うと、若い時はメタファーがぱっと出てくるんです。年をとってくるとそれが消えてきて、今までの経験をもとにしたじっくり考えた文章になっちゃうんですよね。それに似ているかもしれません。

松浦 そうですね。僕なんかはよく地元の同業者の方たちと話をしているのですが、六十を過ぎた経営者というのは、とかく江戸城を経営しちゃうんです。

村上 江戸城？

松浦 幕府です。やたらいろいろな慣習を持ってきて。入ってくる若い青年はみんな現代っ子です。話が合うわけがない。

小池 それで今の若者はダメだと言ってしまう？

松浦 自分がダメなんですよ。

村上 バブルが崩壊して経済が縮小した時に、とにかく合理化だという話になりました。合理化イコールリストラ、そしてリストラというと聞こえがいいけど、実質クビ切りということも行なわれた。そういった労務管理が合理化と呼ばれ、それがその会社の株価を上げたりする時代がずっと続いたわけですが、そういった風潮に関してはどうお感じになっていますか。

松浦　私は、はなっから会社は株主のものだと思っていません。会社の中には社員の特許もあります。私の特許もあります。でも最近は、そういうものに対して成果をちゃんと配分しろと言う。うちはやりません。みんなで山分け。それで終わりです。ですから経理は全部公開しています。

小池　さぼるような人はいないんですか。ズルする人とか。

松浦　それは僕にわからないようにやれよ、と。

村上　成果主義ではないんですよね。

松浦　ええ、もう全部山分け。年齢序列。

村上　年功序列ですか。

松浦　年齢。

村上　年齢序列⁉

松浦　だから後から入ってきてもね、年上の人にはちゃんと礼節を持って。

村上　年功じゃなくて年齢序列。もちろん終身雇用ですよね。

松浦　終身で、もうやめると言ったってダメだ、と。

村上　本当の終身雇用ですよね。終身刑の意味の終身雇用。

松浦　終身刑だよ（笑）。あの新撰組と一緒で、途中で黙ってやめたら切腹命ずるぞ、と（笑）。

人生の目的と結果を間違えてはいけない

小池　今でこそ立派な社長さんですけれども、かつてはフリーター時代があったとお聞きしました。

松浦　ええ、日本のフリーターの第一号なんです。菓子の職人、印刷屋、左官、大工の手伝い、鉄鋼場、キャバレーのボーイ……。

村上　バンドマンもやっていたとか。

松浦　バンドマンも長かったね。トロンボーンを吹いていました。それで年齢を偽ってオーケストラのオーディションを受けたり、ストリップの伴奏をやったり。

小池　そのままバンド活動を続けていこうと思わなかったですか。

松浦　朝鮮戦争で進駐軍がみんな帰っちゃったんですよ。そうすると職場が減るでしょう。才能のないやつからクビになるんですよ。クビになる前にやめちゃおう、ということで転身したんです。

小池　今でも趣味でやられたりしないんですか。

松浦　ま、少しはね。ただもうラッパは吹きません。ホラ吹いてるだけです（笑）。

村上　高度経済成長の時代までは、たいていの人の給料は黙っていてもずっと上がっていきましたよね。一生懸命働けばお給料は上がるし、五年後には車を買おうとか、十年後には郊外に小さな家を買おうと思うことができた。

そのころの考え方やシステムが残っていて、うまく転換できてないことが多いと思うのですが、たとえばそのころはモチベーションという言葉もありませんでした。だから今になっても経営者が社員をやる気にさせる、あるいは親が子どもをやる気にさせる、モチベーションを与えるということが、簡単だと思われている節があるんです。でも僕はそれは難しいことだと思います。それを松浦さんは軽々とやっているような気がします。

松浦　私が一番大事だと思うのは、チャンスをつくってあげるということなんです。チャンスをつくるのにはお金もいります。だから社長たるもの、個人的には節約をして、チャンスが来たらぱっと用意してやれるだけの資金を平素から準備しとかないといけない。で、チャンスが来て、そのチャンスにはまった人間には、その仕事をやることが、世の中のどんなためになるのか、あるいは自分の周囲の人たちの幸せにどれだけ役に立つのかということを、時間をかけて話します。そうすると彼らの心の中に動機付けができるわけです。そして同じ思いを膨らますようなコミュニケーションをする。昼飯を食ったりしながらでいいんです。

小池　お酒の席でもよくそういう話が広がると聞きますけど。

松浦　そんなものはダメです。冷静な時にきちっと話をしなきゃいけない。私はうちの社員にも自分の子どもにも、それから近所の高校生たちにも「人生の目的を間違えちゃいかんよ」と言っています。ときどき間違えるんです。だから私は「お金持ちになることを考えてはいけません」「偉くなろうと思ってはいけません」「有名になることを考えてはいけません」。この三つは実は人生の結果であって、これを目的にするととんでもないことになりますよ、と言うわけです。

小池　そうですよね。

松浦　すると「とんでもないことってどんなことですか」と聞かれます。まず友達がいなくなります。自分の周りから人が去っていきます。**一生懸命やった結果、お金持ちになったらラッキーでしょう。でもお金持ちになることを目的にするとね、やはり人が離れていきます。親子、兄弟でも離れます。お金持ちになることに懸命になると、一番大事な財産を失ってしまうんです。**これをいろいろな時にみんなに伝えていると、十年ぐらい経つと、「そうだね」と言ってくれます。

村上　「馬を水飲み場に連れていくことはできるけど、水を飲ませることはできない」というたとえがあるけど、社員にものすごくやる気があれば、その会社は成功しないわけがないと思うのですが、やる気を起こさせるのが難しい。「やる気を持て!」と命令してもダメだし。

松浦　そりゃダメだよね。正直言って、やる気のない人はうちには一人もいません。だから会社に行って、若い連中と顔を見合わせて、にっこりするだけで、ものすごく楽しいんです。僕は、一泊で出張したりすることもあまりないんです。毎日会社に行きたいんですよ。

小池　毎日みんなに会いたいんですね。

村上　人生において、最も充実感とか達成感を感じるのはどんな時ですか。

松浦　毎日、充実しているんです。どういう時にと言われても、朝起きた時から夜寝るまで、落ち込んだり、考え込んだりということがあまりないんです。ま、根っからハッピーにできているのかもしれませんね。

村上　たとえば、百万分の一グラムの歯車が完成した時、ということではないんですね。

松浦　その時はもう別のことを考えていますから。
村上　とにかくハッピーという人に聞くのも変ですが、悩みはありませんか。
松浦　それもあまり……深刻になったこと、ないですね。だってこの世のことはほとんどこの世で解決できますから。ですから、どなたとお会いしても、相手の方がいい人に見えるんですよ。
小池　騙されたことはないですか。
松浦　ありませんね。
小池　大丈夫ですか。
松浦　ええ。たぶん騙されていると思いますよ、どこかで。だけど、それに気がつかないんだもん。
村上　あ、そうか。ハッピーだから、誰と会ってもその人を好きになっちゃったり、その人のいいところ見ようとしますからね。
松浦　一つ言えることは、自分がとても純粋な気持ちでいると、変な人は近くにきません。私どもは海外に十一社、合弁企業があります。韓国、台湾、中国、シンガポール、タイ、マレーシア。一社も契約書がありません。全部、口約束です。
村上　口約束（笑）。
松浦　それで二十五年間、なんの間違いもないです。十一社全部合わせると、千五百から千六百人は働いていています。うちが一番小さいんです。

RYU'S EYE

ポジティブと合理性の社員採用

収録前に松浦元男氏の著作を読んで、驚いたのは「先着順」という樹研工業の新入社員の採用方法だった。最初は、社員なんて誰がやっても同じだ、というようなニヒリズムかと思ったが、やがてそうではないと気づいた。誰でも同じような可能性と潜在能力があるはずだというポジティブな考え方に基づいているのだ。しかし現状の日本社会ではなかなか理解されづらいだろう。わたしたちの社会には、「すべての人間は平等であるべきだ」という基本的な価値観に加えて、「人間には能力差がある」という大前提があるからだ。

戦後、民主主義が少しずつ浸透して「平等」の概念は社会にかなり刷り込まれているが、平等と能力差の関係についてたとえば八歳の子どもに説明するのは非常にむずかしい。平等が「みんな同じ」あるいは「みんないっしょ」であると誤解されているせいもある。平等とは「人には等しく基本的人権が保障されている」ということで、誰もがみな同じ、ということではない。

また、「すべての子どもは無限の可能性を持っている」という教育における常套句がある。高度成長のころはほとんどすべての国民が一様に豊かになっていったので、その常套句は曖昧なままとりあえず信憑性を維持してきた。だがバブル後に忽然と姿を現した「市場主義の競争社会」は、結果的に能力差を前面に押し出すことになった。勝ち組・負け組という無意味でかつ弊害の大きなキーワードが生まれ、子どもたちは負け組に入るのを怖れ、チャレンジを怖がり、社会の手前で立ちすくんで、いわゆるニートと呼ばれる若者が登場した。

実は、「すべての子どもは無限の可能性を持っている」という一文には、前文が必要なのだ。「その子どもがモチベーションを持つことができた場合に限り」というものだ。才能というのは、あることをいくら考えてもいくら勉強してもいくら実験してもいくら作業しても「飽きない」ことを指す。だから、いくら時間と知恵を費やしても飽きないというモチベーションを持った人は、必ず成功する。松浦元男氏は、そのことを理解しているのだ。

松浦氏がどのような経緯でそのことを理解したのか、わたしにはわからないが、そのような考え方は試行錯誤の後に身につくといったものではない。あるタイプの人間には最初からあるものだ。どんなタイプかというと、それは徹底した合理主義ということに尽きる。あらゆるイデオロギーは人を裏切るときがあるが、科学的な合理主義は決してわたしたちを裏切らない。

IV
陽気で真摯な挑戦者たち

ミクシィ社長
笠原健治

はてな社長
近藤淳也

文系的な発想と理系的な発想と、常に両方を持って、それが最先端でも通用するように能力を磨いていきたい（笠原）
利益はご飯みたいなもので、なかったら死ぬけど、食べきれないほどはいらない（近藤）

PROFILE

IT界の若きリーダーたち

若者なら今や誰もが知るｍｉｘｉ。自分のプロフィールを登録し、日記やメール機能を使って、ネット上で人間関係を深めることができる。ユーザーは指数関数的に増えた。ｍｉｘｉは紹介がなければ参加できない招待制。友達から友達へと横のつながりでユーザーを増やし続け、その数は三百六十万人を超えた。

渋谷にオフィスを構えるミクシィには六十二人の社員がいる。ミクシィ代表、笠原健治、三十歳。ｍｉｘｉの成功により数々のインターネットの賞を受賞している。東大在学中の八年前に起業。ｍｉｘｉのヒントは、インドネシアからの留学生だった現在の取締役ＣＴＯに教えられた、当時留学生の間で流行っていたあるサイト。今は世界中で流行している、ＳＮＳのはしりだった。

はてな代表、近藤淳也、三十歳。京大卒。自転車雑誌のカメラマンになるも、二十五歳の時に人力検索システムを考案。会社を立ち上げた。ユーザーから寄せられた質問に、ユーザーが回答する。このシステムを社内用に取り入れた大企業もある。そのユニークな発想法が注目を集め、多くのメディアにも取り上げられている。

利用者から寄せられた膨大な数の意見を、即座にサービスに反映させる、徹底した顧客至上主義。サイトに反映された改善点は一年だけで二千件以上。さらに社内の会議の様子まで公開し、意見を募る。利用者まで社内の会議に参加させてしまうのだ。人力検索からスタートして、今やブログや携帯サイトまで、サービスメニューは十二種類まで拡大した。

かさはら・けんじ　一九七五年生まれ。九七年、東京大学経済学部在学中に求人情報サイト「Ｆｉｎｄ Ｊｏｂ！」の運営を開始。九九年「イー・マーキュリー」設立、代表取締役就任。二〇〇四年「ｍｉｘｉ（ミクシィ）」運営開始。〇六年、社名を「ミクシィ」に変更。同年、東証マザーズ上場。

こんどう・じゅんや　一九七五年生まれ。九八年、京都大学理学部卒。二〇〇〇年、同大学院中退。カメラマンを経て、〇一年、人力検索サイト「はてな」運用開始。京都に同名の会社を設立、社長就任。〇三年、「はてなダイアリー」運用開始。〇四年、株式会社に改組、東京移転。

INTERVIEW

使って楽しいものをつくる

村上　ｍｉｘｉとはてなに共通しているのは、インターネットの向こう側の人々を、正確に、シンパシーを持って捉えているところだという気がするのですが、どうですか。

近藤　そうですね。自分自身は大学時代にインターネットを始めたんですけど、まずはユーザーとしてはまって、そんな中で「あんなことができたらいいな」と思った気持ちが、今の原動力になっていて、そういったことから、使って楽しいという視点でものをつくっています。

小池　はてなを始める、何かきっかけはあったのでしょうか。

近藤　人力検索の仕組みを思いついたきっかけは、実家に帰った時に父親がパソコンを使っていて、検索ですごく苦労していたんです。「こうやればすぐじゃない」と思ったのですが、なかなかできない。やはり検索にはいろいろとテクニックがいりますよね。キーワードをいくつか入れてみたり、とか。世界中の人がインターネットを使う時に、全員がそのテクニックを覚えるかというと、やはり人に聞いたほうが早いなということもあると思うんです。みんながキーワードを思いつけないと、情報にたどり着けないというのはあまり親切ではないなと思いまして、だから、詳しい人に教えてもらえる入り口があったらいいなと、人に聞けるサイトをつくりました。

村上　アイディアやビジネスモデルは、どこからヒントを得たんですか。

近藤　数年前のインターネットというと、どうしてもツールとしての役割が多かったと思うんです。検索エンジンだったら、「情報を探すためのもの」というように、何か目的を持って使うものだったんです。ですが僕は、コミュニティーのような「特に目的はないけど好きだから毎日行く」というような場所をつくるということが好きなんです。現実的に日常生活ではできないこと、たとえば、「毎日たくさんの人と交流する」ということを、可能にしてくれます。

また、純粋に生活を豊かにするということにもつながると思います。そういう場を、インターネットだからこそつくってみたい、という思いは昔からありました。

笠原　もともとは「Ｆｉｎｄ　Ｊｏｂ！」という、求人情報サイトをやっていました。当時から会社として、ユーザーの方の声をもとにサービスを改善していく、ということに集中していました。Ｆｉｎｄ　Ｊｏｂ！がＢ　ｔｏ　Ｂ（対企業）であるのに対し、ｍｉｘｉの場合はＢ　ｔｏ　Ｃというか、個人の方を対象としたサービスであり、ユーザーの方とともに創意工夫をしながら、より使い勝手のいいサービスを目指しています。やはり、身近な人とコミュニケーションをとったりとか、普段なかなか会えない人と情報をやり取りしたりとか、また、自分の趣味嗜好や属性をもとに、どんどんと情報交換をしていきたいというような欲求は、誰でも持っていると思うんです。その誰も

が持っている欲求をうまくサービスとして生かしていきたいなと思っています。

村上　現在、mixiのユーザーが三百六十万人、はてなのユーザーが四十万人で訪れる方が月間八百万人。そういった広がりは、つくった当初から予想していたんですか。

笠原　ネットだけれども、リアルな人間関係をもとにして再現していくようなサービスを考えていました。誰もが一人一つのID、アカウントを持ってコミュニケーションしていくというのが、最終の形だと思っていたので、より多くの人に使っていただけるサービスに、というのはありました。

近藤　まだ満足な量ではなくて、「とにかくたくさんの人に」という漠然とした気持ちで始めたので、ここまできたら十分というようなことはないです。使っていただくと、便利だなと思う人が、潜在的にはもっとたくさんいるのではないかと思います。

まだ僕たちは挑戦者、やることはたくさんある

小池　ネット三世代と言われているのですが、第一世代の孫さんや第二世代の三木谷さんとは、どこが違うんですか。

笠原　あまりそういう意識はないです。結果として言われているだけで、それは光栄なことでもあるんですけども、特にそれを狙ってやっていたわけではないので、そんなに意識してはいないです。

小池　普段からお二人は交流があるんですか。

近藤　ちょくちょくお会いしています。

村上　お二人がいるような集まりには、成功していないと入れないんですか。どういう話をされているのでしょう。

笠原　お互いに一生懸命がんばっているので、話をすると刺激を受けますね。

近藤　以前は、技術勉強会みたいなことを共同でやって、情報交換をしたりしていたのですが、あまり成功者同士のというような感覚ではなくて、もっともっと前に進むために、お互い有益な情報を交換しましょうというような意志でやっています。

どちらかというとまだ僕たちは挑戦者だと思うので、ここまでで満足というのはなく、これからだと思っています。いつかは第四世代というのが出てくるじゃないですか。僕らが第二世代と呼ばれる方々とそんなに年齢の差はないのと同じように、僕たちとほとんど差がない年齢の人、いわゆる第四世代がすぐ下にいるということだと思うので、追いつけ追い越せというのはずっと続くんだと思います。

村上　ＩＴで起業を考えているという人も多いと思うのですが、お二人が成功した要因、また条件とはなんだと思いますか。

近藤　まだ、成功したとは思っていません。純粋にビジネスとして見ても、今はてなは二十人いて、ようやく利益が出るというくらいの規模だから、それをどうこうということは言えません。それに、取り上げていただくのもまだ新しいビジネス・サービスということからだと思うので、そういう意味ではまだまだだと思っています。

あと、一番問題だと思うのは、日本から出ているウェブのサービスは、全然世界の標準というわけではなくて、やはりアメリカで生まれたトレンドみたいなものを輸入してコピーしているような形なので、日本から面白いものをつくって、世界に輸出していくというものが僕たちの手から出せたらいいし、そうでなくても、どこかから出ていくということがあればいいなと思っています。
笠原　僕も成功したと思ったことはありません。やらなくてはならないことがたくさんあるので、まだまだこれから這い上がっていきますという段階です。

金儲けをしようと思わないから、サービスが面白くなる

村上　ＩＴの周辺で起業したいという若者はすごく多いと思うんですが、その中でヒーローと言われるような存在になれたということの最大の要因は何ですか。
近藤　しいて言えば、圧倒的な行動主義ということです。とにかく思いついたらやらなければ、やらないのと一緒で、たとえば、インターネットというのはアイディア勝負と思われている方も多いと思うのですが、あるアイディアを自分が思いついたら、同時に日本の百人くらいは同じようなことを思いついているんです。そうするといかに早くものをつくって、たくさんの人が使えるレベルにして世の中に出すかということが大事で、要は、誰が最初に行動に移したかということで順位が決まるので、そういう意味ではごちゃごちゃ考えずにすぐにでも手を動かして、ということかなと思います。
笠原　一つは、コミュニケーションの場を提供しているビジネスということです。ユーザーの方に熱心に使ってもらっているということが大きくて、それに応えたいという運営側の気持ちといい循環になっていると思います。また、最初にサービスリリースして、初めて使ってもらえた時の感動というのは言

葉では言い表せないほどですが、その感動をもとにして、次のサービスへつなげていくというような、これももう一つの循環になっています。あとはスタッフが、どんなに苦しい時も一生懸命に、わき目もふらずにがんばってくれている、ということに支えられていると思います。

村上　テクノロジーやシステムという部分と、戦略やアイディアという部分と、経営という部分と、三つくらいに分けると、自分としてはどのようなバランスで経営していらっしゃるんですか。

笠原　もともとは文系だったのですが、途中でプログラミングなどを覚えたんです。ただ、現在はそういうことはやっていないので、近藤さんに比べれば純粋なエンジニアではないです。だから、思考的には文系の要素が過半数以上を占めていると思っています。ただ、それだけではいけないと思っていて、なるべく理系的な発想というか、技術を取り込んでどんどん新しいサービスをつくっていきたいと思っています。

村上　テクノロジーからまったく離れているわけではないですよね。

笠原　そうですね。自分の中には純粋なエンジニアの部分がないということに多少コンプレックスはあるんですけども、ただ文系的な発想と理系的な発想と、常に両方を持っていて、それが最先端でも通用するように、自分の能力を磨いていきたいと思っています。

近藤　僕は、先程の三つで言うと、技術半分、アイディア半分と思っていて、特に最初にサービスをつくる時は、まずビジネスは後という感覚でやっています。というのは、今までネットで成功しているさまざまな企業のサービスも、だいたい最初は、便利なものをつくりたいという一心でつくった上で、たくさんの人がそれを使うようになったので、「じゃあ広告を売りましょうか」「利用料をとりましょうか」とビジネスに持っていくのがほとんどですよね。こうやって金儲けをしようと思わないから、サービスが面白くなると思うんです。最初につくる時はその二つが大事かなと思います。

僕自身は、純粋なプログラマーとしてものをつくっているし、またアイディアで言うと、変なものをつくってみんなを驚かせたいというのがあるので、そこをうまく組み合わせながら、ユニークなものをつくれたらいいなと思っています。

求められているのは、自分の価値観を表現できるサービス

村上　たとえば、何か言葉を検索した時に大量の情報が出てくると、その裾野の広さから、膨大な情報や膨大な人がネットの向こう側にいるようなイメージがじわじわと湧いてきます。そういったものがお二人のビジネスの一番底にあって、誰かに何かを売るということではなく、そういった人たちに共通の場所を提供して、お互いにコミュニケーションをとれるようなシステムを提供するということが根本にあるような気がするし、それがすごく新しいと思うんです。

近藤　確かに、カフェや遊園地のような感覚はあるかもしれないですね。用途をガチッと決めて、「あなたはこういうふうに使いなさい」ではなくて、「楽しい場をつくったので、どう使うかはあなた方次第です」というような部分があって、だけど、その自由度があるおかげで、みんないろいろと工夫をしながらいろいろなことをやってみて、そこから僕たちはみんなの意見やニーズというのがぼんやりと見えると思うんです。

あるいは、はてなというのは辞書みたいになっていますが、あれも、みんなで盛り上がっている中から価値のあるものが出てくるみたいなところはありますね。やはりそういうことには興味があるし、今までの人間の歴史の中で、そんなコラボレーションができた時代はなかったと思うんです。ですから、そこに可能性を感じているというのは確かですね。

笠原　もともと双方向性だとか、個人個人が情報発信できるとかというのは、ネットが始まった当初から言われていたと思うんですが、それがようやく実現してきた状況じゃないかなと思います。近藤さんの話のように、自由度が高く、自分にとって一〇〇%カスタマイズされた環境で、自分の価値観をそのままネット上で表現できるような、そういうサービスが求められているんじゃないかなと思います

村上　もちろんお二人は企業家で、資本主義の世界では利益を出さなければならないわけですが、利益やお金というものを、お二人はどのように捉えていますか。

笠原　社会的に価値があるものをつくりたいという気持ちはずっとありました。**みなさんに熱く使ってもらえるというサービスをつくっていけば、収益は自然と後からついてくるという考えです。**また、いったんいいサービスをつくっても、そこからどんどん改良していくという過程がないといけませんし、その過程があって、また新たな収益は自然とついてくるのではないかと思います。

近藤　**お金とはやはりご飯みたいなもので、なかったら死ぬかもしれません**

が、**食べきれないほどはいらないと思います。**今までのベンチャーの歴史を振り返っても、最初は〝お金お金〟していなくて成功しているということは実際ありますし、あくまでも自分たちが本当にいいものをつくる、というところから出発しないと、ユーザーはそういうことに敏感なので、胡散臭さがわかってしまうと思います。

あとは大きな話をすると、**そもそも会社とは資本を入れて拡大して、またそこから利益を出して戻していくというような形だと思うのですが、僕自身は、会社とはお金を使って事業を回すというよりは、アイディアとか行動力のような、人間に備わった資産を使って日々何かをつくっているものだというイメージがあるんです。**つまり、工場を建てるのではなくて、PCがあればものはつくれるという感覚なので、むしろ人が大切ですね。だから、たくさん資本を集めたところで、「何に使うのか」というような気持ちになります。

小池　では、ただお金持ちになりたいというのではないんですね。

笠原　モチベーションとしては、お金を持ちたいとか、会社の売上を上げたいというよりは、いいサービスをつくりたいということですね。他の方とも変わらないと思うんですけど、社会的に見ても、喜んでもらえるサービスをつくっていきたいということのほうが圧倒的に高いですね。

常にものづくりをしている人、志の高い人が欲しい

村上　エンジニアにしても営業にしても、どういう人たちを採用しているんですか。

近藤　今僕たちは、開発者をとることが多いです。ほっとくといつもものづくりをしていて、変なものばかりつくってしまう、みたいな人はいいですね。ユニークなものをつくろうとしているのに、人に言われないとものをつくれないという人だと、これから何か新しいものを生み出すという期待はできないですから。

笠原　やはりエンジニアとプロデューサーだと思うのですが、未経験者でも構いません。それよりいい意味で野心がある、「日本一のエンジニアになる」というような、志の高い人がいいなと思っています。

小池　即戦力になる人だけではなく、今は未経験という方でも育てていくということでしょうか。

笠原　その人がどこまでやりたい、ということに比例するものだと思っているので。

村上　そういったすごいエンジニアというのはそんなに多くはいないいんですか。

近藤　たとえばウェブをつくる技術というのは、歴史が浅いんです。そもそもウェブ自体ができて十年くらいなので。ですから、十年以上の専門家はいないという世界なので、数年間あれば最新の技術はキャッチアップできます。**現時点でどれだけのことを知っているかも大事ですが、やはり、勉強しなきゃいけないことをしっかりと吸収できたりとか、あるいは方法論として身につけたことから自分がつくりたいものがあるとか、どう表現するかということが大事だと思います。**

小池　この先ＩＴ業界は、価格破壊が起きて儲からなくなるという話もあります。

村上　インターネットというのはすごく民主的なメディアだと思うんです。「これは自分のもの」という所有権があるからお金が発生するわけだけど、インターネットの本質には「これはみんなのもの」というのがあって、そうすると所有権なんて生まれない。昔のプロバイダーなどは、「ここの場所は俺のもの」といって押さえることがビジネスになっていましたが、今はちょっと違うことになってきているような気がするんです。

近藤　今のところ僕たちには、ものを売るというような感覚はないですけども、一日の生活の中で、数分でも確実に使ってもらえる時間があれば、そこに訴求したいクライアントや広報はたくさんいると思います。やはりこういうモデルだと、広告というのはかなり大きな可能性を感じます。その時間が広がれば広がるほど当然大きくなっていくものなので、とにかく一日の中のどれだけの時間見てもらえるかというのはあると思いますね。

笠原　価格破壊ということに関しては、情報の格差がなくなっていくという話だと思うんですよね。情報は行き渡ると思うので、いい製品で適切な値段をつけているものしか売れなくなる、という話だと思うんですね。それは半ば理想的な状態で、完全競争をしている状況だと思うので、そのほうが供給者側もユーザーの立場に立った製品をつくらなくてはならないので、基本的にはいい世界だと思います。

村上　お二人が最も達成感や充実感を感じるのは、どんな瞬間ですか。

笠原　サービスをリリースして、ユーザーに受け入れられて、喜ばれたと思った時ですね。初めて使ってもらった時や、使ってしみじみ「いいね」と言ってもらえると、本当に充実感がありますね。

近藤　サービスをつくって出して、「すごい」「なんでこんなことが思いつくんだ」と言われた時が、一番嬉しいですね。誰でもアイディアが出せる世の中で、「よくこんなものをつくったね」と言ってもらえるということは、少なくとも僕たちがやっていることに価値があるんだと感じられて嬉しいです。

RYU'S EYE

「成功」とは何か

「カンブリア宮殿」は、基本的に成功した、あるいは成功している経済人を呼んで、戦略や経営や考え方を聞くという番組だ。事前にミクシィの笠原氏に会ったとき、「……というような番組コンセプトなんですけど、笠原さんの場合、成功した要因というのをご自分でどう考えてますか」と聞いた。すると、「ぼくは成功したと思ってないんです」という答が返ってきた。近藤氏も似たような答で、面白い答なので番組でもその通りに答えてくださいとわたしは言った。

二人は収録で、成功したと思っていない、と答えたが、わたしはそのときから成功について、あるいはその定義について考えるようになった。「ミクシィ」は会員数数百万という日本でもっとも有名なSNSであり、人力検索で名を馳せた「はてな」も日本を代表するコミュニティサイトだ。笠原、近藤の両氏は、どう考えても「成功者」だろう。だが本人たちは成功したとは思っていない。

わたしも、自分は作家として成功した、と思ったことは一度もない。だから両氏が、「成功したとは思ってない」と言うのはよく理解できる。だが客観的に見たら、わたしはおそらく「成功した作家」だということになるのだろう。考えたら当たり前のことだが、「おれは成功したぞ」と自分でそう感じたり思ったりしても、メリットは何もない。一度成功したらあとはずっと安泰、という仕事も人生もないし、成功したという思いが気のゆるみにつながって、慢心から不要な危機や破綻を迎えることも多い。

特に若いうちは、成功を自覚するのは弊害が大きい。つまり二十代とか三十代で、自分の成功を確信するのは合理的ではない。二十代で経済力や名声を得ても、平均寿命をまっとうするまでには何度となく危機に見舞われるだろう。自分が成功したと確認して喜ぶヒマがあったらそういった危機に備えたほうがいいに決まっている。

つまり正統で正当な危機感を持って科学的努力を継続させ成功している人ほど、自分が成功したとは自覚していない、ということになる。自分は成功者だと思っている人は、脳天気なだけの愚か者でいずれ失墜するのかも知れない。笠原氏と近藤氏は、当然のことながら合理的精神の持ち主で、こういう人はこれからもあまり愚かな失敗はしないんだろうな、というオーラを発していた。

わたしは、「カンブリア宮殿」のゲストたちの「成功要因」を探って視聴者に何とか伝えなければならないと思っているが、笠原氏と近藤氏という若い二人の謙虚な「成功者」に会って以来、「成功」という言葉と現実との関係をさらに厳密に考えるようになったのだった。

男前豆腐店社長

伊藤信吾

どんな職業でも
ひと工夫、ふた工夫することはある。
何かを生み出す閃きは
どの職種にもある

PROFILE

豆腐の革命児

京都府南丹《なんたん》市。男前豆腐店の本社はのどかな田園地帯にある。入り口に待ち構えているのは一風変わった銅像。その名も「波止場のジョニー」。受付に立っているのはマネキン人形。とても豆腐をつくる会社とは思えない。朝八時、男前豆腐店社長、伊藤信吾が軽トラに乗って出勤してきた。

豆腐メーカーは、スーパーの安売り競争のあおりを受けて、どこも経営が苦しい。ここも大手メーカーの工場だったが、二〇〇五年、倒産した。その工場を伊藤は買い取り、自分の会社を開いた。従業員はそのまま働いてもらうことにした。しかし、これまでの安売りの豆腐づくりはすべて捨て、男前流の豆腐づくりを求めた。男前の豆腐の特徴は、よそよりも豆乳の濃度が濃いこと。従来の機械では目詰まりするため、設備も特注した。倒産前、月の売上が二~三千万円だった工場が、男前に変わってから五倍以上に伸びた。沈んでいた従業員たちにも活気が戻った。

伊藤は一九六八年、千葉県市川市に生まれた。大学を卒業して数年後、父親が経営する業界最大手の豆腐メーカーに就職した。だが伊藤は業界の厳しい実態に愕然とする。商品を売り込むためにスーパーを回ると、バイヤーから返ってくる言葉はいつも一緒だった。「値段はいくらまで下げられるの?」。

安売り競争の捨て駒になってたまるか。伊藤はどこにもない、自分だけの豆腐をつくる決心をした。これまでにない斬新なパッケージや、新しい味への挑戦。普通、豆腐は水と一緒にパックされているが、実は水につけておくと、風味が逃げてしまう。そこで豆腐を布で包み、容器を二重底にした。こうすれば店に置いてある間も、水が自然に抜けていく仕組みだ。水もしたたるいい豆腐――つけた名前は「男前豆腐」。たちまち大ヒットとなった。

だが伊藤は満足せず、豆腐の概念をぶち破る、次の豆腐の開発に動き出した。伊藤が求めたのはクリーミーで甘い豆腐。そして仕上がりはババロアのような、なめらかな食感だった。伊藤は原料の大豆に手をつけた。使ったのは北海道産の大豆。甘味はあるが固まりにくく、メーカーからは敬遠されていた。伊藤はその固まらない大豆にこだわった。一日に百キロの大豆を使って失敗を繰り返した。

そして一年半の試行錯誤の末、「風に吹かれて豆腐屋ジョニー」が完成した。長ったらしい名前、波をデザインしたバーコード、フランスパンをイメージした形。どれも画期的なものだった。周囲からは批判も相次いだ。「こんなものは豆腐じゃない」。

伊藤はあえて他の豆腐より高めの値段で売り出した。すると商品の面白さに、大手コンビニやスーパーが飛びついた。さらに高級食材が並ぶ老舗のデパ地下でも人気。大ヒット商品となった。

いとう・しんご　一九六八年生まれ。明治大学経営学部卒。貿易会社、水産会社勤務を経て、一九九三年に父の経営する豆腐メーカーに入社。商品開発を担当した「男前豆腐」を二〇〇三年、「風に吹かれて豆腐屋ジョニー」を〇四年に発売。〇五年、男前豆腐店設立、代表取締役社長に就任。同年、拠点を京都に移転。

INTERVIEW

日本文化の格好よさを盛り立てたい

小池　倒産した工場を買って立て直しをされたということですが、豆腐業界というのはそんなに厳しいものなんですか。

伊藤　みんな一生懸命がんばっていますし、そういう豆腐業界に僕も育ててもらったのですが、やはりちょっと減少しています。豆腐業界に夢を抱けなくて、跡を継がない方も出ていますし、非常に厳しいとは思います。僕が常々言っているのは、みなさんがパンに思う気持ちってあるじゃないですか。買う時の心の高揚感みたいな。だから女性の方はパンにすごくお金を払いますよね。

小池　はい。楽しみですね。

伊藤　そうなりたくてしようがないんです。豆腐にはそういうものがありませんでした。食は減っていると思います。豆腐のお味噌汁が大好きという方も減っていると思います。

村上　今は焼きたてのパン屋も多いですが、僕が小さいころはもちろんなかった。逆に作りたてのお豆腐屋さんに、ボウルを持って買いに行ったのをよく覚えてます。

伊藤　その日本の文化の格好よさというのを、もう一回ちょっと盛り立てたいなという気持ちがあります。「パンだって豆腐だって一緒じゃん」みたいな感じです。豆腐を研究していると、「俺、世界一先を走っているかもしれない」という錯覚に陥るんです。「これだけ豆腐のことを考えている人って、地球の中で俺だけかもしれない」とか（笑）。

村上　非常に印象に残ったのが、伊藤さんの「ダメだこりゃと思いました」という言葉です。豆腐づくりをやってきて、バイヤーからは「もっと安くならないか」と言われる。あれだけ努力して豆腐をつくってもそれしか言われないことについて、「ダメだこりゃ」と。「ダメだこりゃ」と思うことは、誰でもあると思うんです。そこで諦める人もいる。でも伊藤さんは違った。何が違うんだろうと思ったのです。

伊藤　誰かを批判するということではなくて、スーパーさんに値段を叩かれれば、それは「オレにダメ出し」なんですね。僕のネタのつくりこみが全然足りないから、値段の話になるんです。あと、朝から晩までやっていて、その仕事がそう楽しくないのでは仕方がない。その辺は、豆腐業界にいやらしくしがみついていました。転職したってここを乗り越えないと同じだという〝自分盛り上がり〟でがんばっていましたけどね。

小池　「絶対、この業界で」というこだわりは強かったのですか。

伊藤　一歩足を踏み入れちゃったし、たぶん次にいっても、これを乗り越えないとダメだという気持ちはありました。僕が豆腐業界を選んだのは、まあ父がやっていたからというのもあるのですが、友達に豆腐屋がいなかった。そこに目をつけたということだけは、一本筋を通そうと思っていました。

村上　たまたま入ったのがお父さんの豆腐の会社だった。三百人ぐらい社員がいるのに、実際豆腐づくりにかかわっているのは百人ほどなのを、最初から「ちょっと違うんじゃないか」と思ったそうですね。

伊藤　僕みたいな部下がいたら、上司は相当面倒くさいだろうと思います。自分が何をやっているわけでもないのに、いろいろ言うんですよ。それがたまに当たっていたりすると、またむかつくんでしょう(笑)。むちゃくちゃ青いことを、七年ぐらいやっていました。

どの職種にも、何かを生む閃きはあると思う

小池　その間、消費者の豆腐への気持ちはどういうものだと感じましたか。

伊藤　大きくやることはかっこ悪い。親父が丹精こめて一生懸命やっている気持ちが伝わるから、お客さんはお豆腐を買っていくのだという商売の原点に戻りたいな、と思いました。だから「なんとか食品」とか、総合食品みたいな感じになると、何屋なんだかよくわからないし、そんなものは全部ぶち破って、小さくまとめていきたいと思っていました、当時は。

村上　大量生産は格好悪いし、未来がないということですか。

伊藤　ええ。築地とかでアルバイトをしている中で、小さい美学があると思ったんです。今でも大好きです、おじさんが一生懸命朝早く起きてつくっている豆腐。今は考え方がまた全然違いますが。

小池　私は、友人からすごくおいしい豆腐があるから、ちょっと高いけれども食べたほうがいいと教えてもらって、スーパーに行って購入したんです。これだったら、たとえ高くても買うなという気持ちに

なりました。特に女性はこの食品が健康にいいとか、これで美しくなれるんだったら、高くても買うという気持ちがあると思うんです。

伊藤 そういう女性の意見を受けて、豆腐業界はまた、みな同じ方向を向いてしまったんです。すごく柔らかい女性的なイメージのパッケージにするとか。そこで僕はこんな豆腐があってもいいって思って、ジョニーという名前をつけたり、ちょっと違う路線でダイレクトにお客さんにわかってもらおうという作戦に出たわけです。

村上 そういった過程の中で、「自分は豆腐をつくるのに、なんか向いている」とか「なかなかこれは面白いな」と思い始めたのは、いつごろなんですか。

伊藤 七年間僕が営業をやっていたのは、やはり商品開発をするにはお金がかかるわけで、その裁量を持てるまで、みんなの信頼を勝ち得るまで、ということだったんです。向いてる、向いてないに関しては、関係なしに突き進んでいったというのが事実ですね。たぶん誰もやらないし、僕がやらないと会社はおかしくなっちゃうと思って、無我夢中でやってきたというのが本音です。

村上 でも伊藤さんの性格だったら、つまらないことはやってなかったんじゃないですか。

伊藤 何とか伊藤信吾オリジナルな世界観を、とは思いましたね。

村上 そこにはものをつくるということが、重要な部分としてあったのではないかと思うんです。たとえば銀行に入っていたら、どうでしたか。

伊藤 僕はどんな職業にも、ひと工夫、ふた工夫できることはあると思うんです。今、部下や一緒に働いているメンバーを見ていても、一生懸命大豆を運んでいる中にも光る子がいるんです。何かを生み出す閃きというのは、どの職種にもあるんじゃないかと思います。

村上 最近、若い人が会社に入っても、すぐ「つまらない」とやめると言われてますよね。自分の話で恐縮ですが、僕が小説家でやっていこうと思ったのは、デビューの時ではなく、二十八歳のころだったんです。小説家でやっていくのが一番合理的だと思ったわけですが、その時に小説というものが、そんなに捨てたものではない、尊敬するに足るものだと思ったんです。豆腐という食品もリスペクトできるものだと思うんですよ。基本的にリスペクトできるものだったら、やりようもあるし、工夫もできるし、やめることなく続けられるのではないかと思ったんです。

伊藤 最初に職業を選ぶ時から、たぶんもうマーケティングは始まってると思うんです。この業界に自分が身を置けば、ほかと違うものができるかもしれないと考える。だからその感覚はありますよね。学校を卒業する時に働きたい企業ランキングというのがあるじゃないですか。あそこに豆腐屋は絶対ない、もうそれだけは言い切れます。旅行会社に行きたい人、テレビ局に勤めたい人……。それは僕だって勤めたかったですよ（笑）。でも学校だったり縁だったりで、入れないというのがある。「しようがねえなあ、世の中つまんねえなあ」というところからのスタートです、僕は。

会社の「キャラ」を立たせたかった

村上 男前豆腐もジョニーも、確かに普通の豆腐よりは高いですけど、五百円以上もする「職人さんが一日、五十丁だけつくっています」みたいな高級品もありますよね。今まで売られていた量販品でもないし、趣味の豆腐というと変ですが、非常に高価な豆腐というわけでもない。

伊藤 僕はそういう豆腐もありだと思うし、いろいろな豆腐があっていい。僕の豆腐が一番だとは本当に思ってないです。いろいろな豆腐のうちの一種類でいたいんです。その位置づけで、これだけの手作業は海外には行かないな、中国でつくって日本に来るということはないな、だったらものすごくたくさんの人数で手づくりをする大量生産の工場をつくろうかな、などと考えたりしました。

村上 それは一種のすき間を意識するということですか。

伊藤 豆腐製造業をやるにあたって、こういう豆腐だったらあいつが得意だよな、と思い浮かべてもらえるような会社、会社のキャラ立ちみたいなことをしたいと考えました。全部をやる必要はないんです。

村上 わかりやすく言うと、人と同じことをやってもダメということですか。

小池 ネーミング、インパクトありますよね。何だろう、と気になって手にとりたくなります。

伊藤 あまり広告宣伝費もかけられなかったものですから。僕のテーマは、お父さんがお母さんに頼まれてお使いに行った時、間違えないで買える豆腐というのがあって。

小池 「ジョニーって書いてあるわよ!」みたいな。

伊藤 「ジョニーといったらこれしかないじゃん」となりますでしょう。「〝男〟って書いてあるのを買ってくればいいから」と言われて「はい」みたいな感じです。

村上 でもよほど中身に自信がないとできないと思うんですよ。あれでおいしくなかったら論外だけど、ちょっとおいしいぐらいでも「何、これ?」と言われそうです。全然違うものをつくったという自信がないと、こういう名前はつけられないんじゃないですか。

伊藤　豆腐がおいしくできたらその分、逆ベクトルで遊ぼうと、反対方向へ持っていったんです。本格志向みたいな形でいくと、ちょっと何か自分じゃないなと思うので。僕は歴史も伝統もないですから。でも事前にマーケティングのアンケートをやって、「ジョニーがいいと思うんだけど」と言ったら、ペケでしょうね。発売前に却下されるネーミングであることだけは間違いないと思います。

村上　当然、中身には絶対の自信があったんでしょう。

伊藤　どこから突っ込まれても勝てるという、その部分だけはしっかり押さえておかないと、「何こいつチャラチャラしてんの」と、絶対言われるだろうなと思いましたから。

村上　豆腐をおいしくするために、豆腐をつくる工程のすべてを見直していったそうですね。

伊藤　嫌なやつですよ、現場からしてみれば。一個一個にいちゃもんをつけて、いちゃもんリストみたいなものをつくって、「なんでこれはこうなってるの」というところから始めますから。揉みますから。人間関係はむちゃくちゃになりますね。

村上　最初はそうかもしれませんけど、もうみなさん慣れたんじゃないですか。

失敗しても、反省なんかするもんじゃない

小池　社員の方に、チャールズとかあだ名をつけていますが、あれはどういうことですか。

伊藤　会社の人との付き合いの中で、最近は年下でも「さん付け」することが大切だとか、言われているじゃないですか。僕は、チャールズって呼びたいんですよ。

村上　伊藤さんはジョニーと呼ばれているんですか。

伊藤　**僕はジョニーです。こんなに気持ち悪いジョニーはいないということで、ジョニーを名乗ろうと。**

村上　アメリカ人はファーストネームで呼ぶのが好きですよね。日本ではその呼び方で、喋っていて誰が一番偉いのかわかってしまいますが、アメリカでは特にそうなんだけど、ファーストネームでみんな呼び合うし、ほとんどサーとかマンとか言わないから、誰が一番偉いのかわからないでしょう。そうすると風通しがいいんですよね。

伊藤　フランクな感じですよね。会議でも「チャールズが最近」「でもトムは一生懸命やってるから」なんて、笑っちゃうじゃないですか。

小池　女性にはどんな名前がいるんですか。

伊藤　キャロルもいますし、キャロラインもいますし、キャサリンもいます。バンドの感覚なんです。「ジョニーのベースはいいね」みたいな、そういうノリです。

村上　開発の話に戻りますが、ある意味で周囲から煙たがられながらもやっていくためには、伊藤さん自身が強引に引っ張っていかなくちゃいけない部分もたくさんあったんじゃないですか。

伊藤　確信犯でそうしていました。僕は音楽が大好きで、たとえばすごくいいメロディが流れてくると、誰が曲をつくったのかをすぐ確認するんです。思うのですが、作詞や作曲する人は会議で決めないし、自分で生み出すもんじゃないですか。たぶん小説もそうだと思うし、役づくりもそうだと思う。僕はつくりこみをして、初めてそれが商売になっていくという考え方でいるので、あまり組織、組織でやると、会社はおかしな方向にいくような気がします。強烈なことを言ってるやつの舞台をつくればいいという感覚でいます。

村上　その代わり、万が一売れなかった場合には伊藤さんが責任をとる。

伊藤　スリーアウトでチェンジぐらいの感覚かもしれませんが、チャンスは与えないと。いっぱい失敗してますよ、失敗と言わないだけで。本当はすごい失敗なんですけど、失敗した理由がわかった、これは失敗じゃなくて発見だよ、みたいなことを言って。

村上　失敗って、自分で言わないほうがいいですよね。

伊藤　言わないほうがいいですね。反省なんかするもんじゃないです。

村上　そういったことも含めて、ベースに豆腐があるから、いろいろ遊べたり、冒険ができるというのがあるんじゃないですか。

伊藤　はい。豆腐をつくり、右手にデザイナー、左手にミュージシャンみたいな感覚で会社をやりたかったので、今それが実現しているという感じです。

村上　つくっているものは違うけど、シリコンバレーみたいですよね。みんな楽しそうにがちゃがちゃやっている。楽しいと言うと、何もかもノープロブレムで笑って仕事をしていて、一方「楽しい」の反対に苦労というのがあって、大変で辛い思いをしていると考えがちじゃないですか。でも、どの職場でもそうだけど、面倒だ、大変だというのと、楽しいというのは、結構一緒になってないですか。

伊藤　なっています。楽しいのは楽しいけれど、そのネタの磨き具合に悩んでいるのがほとんどです。

でもそれがあるからやるんだよ、と。

豆腐づくりのためだけに、世界観をつくった

小池　実はジョニーには物語があるんです。これ、伊藤さんが考えられたんですよね。

伊藤　はい、ボブちゃんと。

小池　男前ストーリーを簡単に紹介すると、戦後のどさくさに憧れのニューヨークに渡り、地下工場で豆腐をつくる男前豆腐店。そして、損得勘定を経営方針の柱にする男前豆腐店のライバル損得豆腐店。ちょっと悪い二社の豆腐を買い付け、世界に流通させるバイヤーがいます。次々に登場する愉快な仲間たちによる忍者や刺客の登場など、時代背景メチャクチャなダキュメンタリーということなのですが、ダキュメンタリーってなんですか。

伊藤　「ダ」に気持ちを込めているんです。わかってもらえる方にわかってもらいたい。

村上　面白いけど、すべてが豆腐のためにあるような気がしますね。そうやって豆腐をつくるモチベーションを上げているんじゃないですか。

伊藤　その通りで、**豆腐をつくる時のテンションを上げるためだけにこの世界観をつくっている感じです。すごく自分本位です。**面白いもので、CDのジャケットをつくっている時に、ふと豆腐のことを思い出したりする。そういうものです。

村上　そこは以前の日本社会だと逆じゃないかなと思うんですよ。豆腐なら豆腐一筋で、ヘタをすると

滝に打たれて精神を集中させて、豆腐に打ち込むのが良しとされていたでしょう。狙い通りに売れたり、思惑通りに食べてもらったりして成功すると、どうしてもモチベーションはちょっと落ちませんか。

伊藤　落ちます。

村上　そのモチベーションを落とさないために、こういった物語や遊びの部分がある気がする。

伊藤　僕は刺激がないと生きていけない小動物みたいに感じるんです。ドキドキしてないと嫌なんですよ。お客さんにも一口食べてもらってドキドキしてもらいたいんだけど、流行るとそれが基準になるじゃないですか。次にドキドキしてもらうにはどうしたらいいんだよ、と。

小池　次は何してくれるんだと、期待されちゃいますもんね。

村上　達成感や充実感を一番感じるのはどういう時ですか。

伊藤　**僕が一番幸せなのは、自分の仕事で泣ける時です。仕事に絡むことで、自分で泣けることです。車を運転している時に「たまんねーな、この人の優しさは」と思って泣けてきたりすると、この仕事をやってきてよかったなと思います。**

村上　ないとは思うけど、悩みはありますか。

伊藤　いろいろな人に外国人の名前をつけていますけれど、「私に名前をつけてください」というメールをたくさんいただくんです。

村上　チャールズとか、自分にもつけてくださいということですか。

伊藤　すごく嬉しいんですけれど、僕はその人のことを知らないし、日本人なのでなかなか思い浮かばないんですよ（笑）。

RYU'S EYE

科学的な努力の継続

「風に吹かれて豆腐屋ジョニー」という奇妙な名前の豆腐があって、しかも濃厚な味でとてもおいしい。いったいどんな人が作っているのだろうと、まず資料を読み、そして「カンブリア宮殿」で会った。資料を読んで、わたしはごく当たり前のことを確信した。伊藤信吾という、男前豆腐の社長はなぜおいしい豆腐を作れるのか、それはおいしい豆腐のために日々科学的な努力を重ねているからだ、というミもフタもないシンプルな事実だ。

ただそのことを番組で示すのは簡単ではない。ヒット商品を生み出す努力に関して、日本社会はいまだに古い文脈にとらわれているような気がする。どんな職種であれ、どんな商品であれ、成功の条件は「科学的な努力の継続」に決まっているのだが、どういうわけか、そういった理由付けは人気がないのだ。旧来の文脈では、成功には大きく三つの要因があることになっている。つまり、「きっかけ」「苦労」「秘訣」の三点セットで、インタビューなどでわたし自身も必ずその質問を受ける。「子どものための職業図鑑を作ろうと思ったきっかけは何ですか」「製作に当たってどのような苦労がありましたか」「ベストセラーを生み出す秘訣は何でしょうか」

「きっかけのようなものはないし、苦労なんかまったくしてないし、秘訣なんかありません」とわたしは答えるのだが、インタビュアーは絶句し、座は限りなく白ける。三点セットは、成功者が共同体内で個人として突出するのを防ぐためにあるのだろうと思う。成功しなかった人が、「自分にはきっかけや秘訣がなかっただけだ」「成功者は多大な苦労をしなければならないから大変だ」そう思うことができて、社会の均一性が保たれる。もちろん「科学的な努力を継続」した人がすべて成功するとは限らない。だが、成功するためには「科学的な努力の継続」は絶対に必要だ。

伊藤氏の会社や工場の佇まい、それに男前豆腐のＨＰは型破りだ。一見ふざけているような印象がある。だがそれらはすべておいしい豆腐を作るためにある。番組では「ジョニ男」という新製品がオーディエンスに配布された。わたしは収録後、許可を得て六個を持ち帰った。友人や家族に食べさせ、おいしいという声を聞くと、まるで自分の豆腐のようにうれしくなった。「どうしてこんな味が出るのかな？」とある友人が聞いて、「ものすごい努力を払っているからだ」とわたしは答えた。

ソフトブレーン創業者

宋文洲

社員が必死になって
結果を出しても喜ばない。
社員に楽をさせながら
成果を出せるのが嬉しい

PROFILE

日本的常識を覆した中国人経営者

東京・品川にあるソフトブレーンの本社では、個人の席が決まっていない。その日の気分や仕事の進行状況で、好きな席を選んで仕事ができる。しかし「三日続けて同じ席に座ってはいけない」というルールがある。その中には創業者、宋文洲の姿も。

一九六〇年代の中国。文化大革命の嵐が吹き荒れた。資産家の家に生まれた宋は、その嵐に巻き込まれた。「人民の生き血をすすった資本家一族」として、連日、父親が糾弾された。一家は迫害から逃れるため、中国各地を転々としなければならなかった。宋は学校にさえ通うことができなかった。

文革後、必死に勉強した宋は八五年、二十二歳の時、国の留学生に選ばれ、初めて日本の土を踏んだ。留学先は北海道大学大学院。書類の一番上に書かれていた大学を、日本で一番の大学だと思い込んで決めた。工学研究科に籍を置いた宋。そこで人生を変えるパソコンと出会った。宋はパソコンにのめりこみ、卒業後は中国に帰って、この技術を生かしたいと思っていた。

だが天安門事件が起こった。帰国を目の前にして、祖国にまた嵐が吹き荒れた。もはや日本で生きるしかない。宋は学生時代に開発した土木計算ソフトを売り歩いた。従来の十分の一という革命的な価格。工場現場に持っていき、その場で使える便利さが受けて大ヒットとなった。

九二年、ソフトブレーンを設立。その後宋は、現在の事業の核となる、営業支援ソフトをつくった。携帯電話を使うことで、営業報告を簡略化。文字を書くことなく、ボタンで項目を選択するだけ。さらに今まで見えにくかった営業をデータ化した。それは日本のビジネスの常識を打ち破るものだった。今やこのソフトは、一流企業に採用されている。

宋は日本人が気づかない、「日本の営業の非常識」を指摘する。たとえば会議の多さ。しかも中身は根性論や経験知ばかりで、何も決まらず、時間ばかり過ぎてゆく。個人の席がないソフトブレーンでは、仕事に応じてあらゆる部署の社員が自然に集まる。だからわざわざ会議を開く必要がない。あるいは決裁のハンコの多さ。これでは経営のスピードアップは図れない。ソフトブレーンは独自の決裁システムで、必要な情報を的確に送ることができるようにしている。または多すぎる残業。ソフトブレーンでは五時を過ぎると電気が消える。残業なんてもってのほか。社員の間にもその考えが浸透している(現在は実施して一年が経ち、社員に意義の理解が及んだため、一時見合わせている)。

創業から十三年の早さで東証一部上場。今や売上高三十五億円、従業員五百人の企業となった。そして二〇〇六年八月、宋は突然、会長を退任した。

そう・ぶんしゅう　一九六三年生まれ。八五年に国費留学生として来日、北海道大学大学院修了。学生時代に開発した土木開発ソフトの販売を開始。九二年、ソフトブレーン設立、代表取締役社長に就任。九八年、営業支援ソフトの開発・販売、コンサルティング事業を開始。二〇〇五年、東証一部上場、業界最大手に成長。〇六年、取締役辞任、マネージメント・アドバイザー就任。

INTERVIEW

トップをやめるために、これまでやってきたようなもの

小池　会長を退任されましたが、四十三歳はまだ働き盛り。なぜそんなに早く退任されたんですか。

宋　べつに働くのをやめたわけではないんです。僕は会社のトップを十四年間務めていました。企業をゼロから創業する才能と、一部上場した企業をより大きくする才能は別だと思っています。企業のトップを十四年間もやってしまうと、変化が難しくなると思うんです。トップを二十年、三十年やる会社がありますが、あまりいい会社はないと個人的には思います。

小池　これからは何をしようと思っているんですか。

宋　これまでは、とにかく一部上場し、人材が集まるような会社にしようと思ってやってきましたが、これから先何をしようかということはまだ考えていないんです。何かを見つけたからやめたわけではないんです。やめるためにやってきたようなものです。

村上　宋さんは文化大革命で、故郷から逃げて、北朝鮮の国境あたりまで行くんですよね。鴨緑江《おうりょっこう》でしたっけ。

宋　そうです。春先になると洪水になるんです。

村上　大きな川ですよね。北朝鮮からの脱北者もその川を渡って中国に逃げるんだけど、脱北者が渡るのは主に冬なんですよ。冬は凍っているから渡りやすいそうです。幅二キロくらいある川の、一番狭いところで凍っている場所を渡る。そこを宋さんも渡ったんですよね。

宋　母親が私を抱いて歩いたんです。で、滑って僕を投げ出してしまったらしいのですが、夜ですから暗くて見えないので、泣き声にそって僕を探したそうです。でも、そこは昼間、釣り人が氷に穴を開けて釣りをしている。あと五センチくらい滑っていたらその穴に落ちていたそうです。ですから、よく母親に言われるんです。お前の命はどうせ拾ったものだから勝手に使っていいよ、と。

村上　それは一度死にそうになった命だから、自由にやっていいよ、ということですよね。あまり、出世しようとか、プレッシャーを自分にかけないで、楽に生きればいいよ、ということだと思います。非常にいい言葉だと思いますね。

小池　「がんばりなさい」と言われたことは？

宋　一度もないです。文化大革命が終わった後、ランプで勉強していたんですよ。電気がなかったので灯油を燃やしたものです。親に言われたわけでもなく、好きだから。勉強すれば外国にも行けると聞いていたし。でも母親に怒られたんです。「油がもったいない」って。あとはマラソンです。走っていたら父親に怒られたんです。「せっかく食わせたものが、それでなくなっちゃうじゃないか」と。

村上　灯油がもったいないから勉強やめろとか、カロリーを消費するからマラソンするなというのも、見方を変えると、お父さんやお母さんが、宋さんのモチベーションを試していたんですよね。親から言われてやめるくらいなら、やめたほうがいい、と。

宋　その心理に、最近気づいたんです。要するに、「お前がやりたくてやっているんだよ、だから失敗してもうまくいかなくても、他人のせいにするんじゃないよ」と。実際には止められてはいないんです。言葉でそう言われていただけなんです。

村上　教育がテーマではないけれど、「これをやれ！」と言っても、いかに難しいかということですよね。子どもがやる気になっていなかったら逆効果になる。

成功したのは、常に前向きだったから

小池　留学先を日本にしたというのは、何か意味があったんですか。

宋　いえ、完全に国の指示です。当時は国が全部費用を出してくれたんです。留学先として他にソビエト（現・ロシア）や北朝鮮もありました。そういう場所に行かないように祈ったものです。

村上　そして北海道大学に留学した。

宋　日本の情報がない時代ですから、図書館でリストをもらってきたら、一番上に北海道大学が載っていたんです。中国で一番上にあるものは、一番大きいか、一番古いか、一番評判がいいか、あるいは一番中央にあるかで、「北から」というのはまずあり得ないんですよ。だって中国で北と言ったら、一番野蛮な地ですから。

村上　最初に日本に来て感じられたことはどういうことですか。

宋　北海道大学に決まって、北海道関連のビデオを見ていたんです。で、見ていたビデオがなんと、『網走番外地』だったんですよ（笑）。クマと犯人と雪と刑務所。すっかり落ち込みました。でも、千歳空港に降りて札幌市内に入った時、こんなに大都会なのかと喜びましたよ。

村上　網走番外地が北海道だと思うと、かなり厳しいものがありますよね。北海道大学では、工学とパソコンを勉強したそうですが、パソコンのどういうところが宋さんと合ったんでしょうか。

宋　もともとスーパーコンピュータがあって、毎日雪道を歩いて通って、パチパチやっていたわけですが、予算も少ないし、行きづらいし、お金もすぐになくなってしまって、イライラしてやっていました。でもパソコンが部屋にあれば、外に出る必要がない。それから、いくら失敗してもかかるのは電気代くらい。これは最高だと思いました。貧乏人にとっては最高のツールですよ。

村上　あと、コンピュータは人間と違って感情がなく融通も利かないのですが、やった分だけ答えてくれる、ということはないですか。

宋　あります。科学というのは嘘をつかないですね。僕は小さいころは文学少年でした。ですから今日は、作家である龍さんにお会いできるのがすごく嬉しかったんです。コンピュータが好きというのは、基本的に感性とは関係ないと思うんですね。数学好きな人間にも音楽好きはいっぱいいます。で、コンピュータは感性がいらないわけじゃなくて、意外と感性が必要だと思っているんです。感性であたりをつけてから、プログラムを組んでいるんです。むしろ、人間の感性を中心に先にシナリオを書いてから、打ち込んで、テストしていく。

村上　面白い話ですね。コンピュータは一見、人間的な感情を一切理解しないように見えて、ソフトとかのアイディアでコンピュータと向き合う時は、直感とか感覚的なものが大事になってくる。

最初は土木の計算ソフトをつくり、その後、今や有名になった営業のソフトをつくったわけですが、成功した要因を宋さん自身はどう考えていますか。

宋　「私はビッグなビジネスマンになるんだ」とか、「立派な経営者になるんだ」とか、「売上一兆円」とか、まるでお豆腐を売るように「一兆、二兆売るんだ」とか、僕にはそういう野心がないんです。**よく「野心がなければ大きな仕事ができない」と言いますが、では野心のある人間がみんな大きな仕事ができているかというと、そうではないと思います。ただ、「常に前向き」というのはあります。何か手をつけたら負けたくない、いい形にするまでやめたくない、中途半端にやめたくない、というのはあります。**これが一つです。

もう一つ、日本である程度うまくいった理由は、やはり日本という国が自分の感性に合ったんです。日本語も普通に喋れるようになりました。友人の九九％も日本人です。日本という国が自分の体に合った、ということも大きいと思います。

村上　中国の方で、日本に働きに来たり勉強しに来たりして、全然合わないといって帰ってしまう人もいますよね。

宋　食事と一緒で、口に合う、合わないというのがあるのでしょう。日本が合わないなら帰って、他の国に行けばいいんです。一番悪いのは、合わないのにそこに居座って悪口言う人。これは社員と一緒ですね。上司と会社の悪口を言いながらその会社に居座る人は嫌ですよね。早く転職すべきですよ。

小池　合わないけど、その仕事が好きだから我慢してここでがんばってみよう、という方もいるかもしれませんよね。

宋　そういう人は文句を言うべきではないです。人生は選択ですから。何かを選ぶためには、何かを犠牲にしなければならない。その場合は、それを受け入れなければいけないんです。

営業の仕事はお客を「知る」こと

小池　ここで宋さんが「変だ」と思う日本の営業の姿勢、というのをご紹介します。「お客さまは神様だ」「営業は足で稼ぐ」「営業は人柄だ」「営業はセンスだ」という四つなのですが、まず「お客さまは神様だ」から説明していただけますか。

宋　これは三波春夫さんがおっしゃった言葉だそうですが、彼のこの言葉の背景には、公演した時に客席からすごい拍手を送ってもらい、応援してもらったから仕事をやる勇気が出た、ということがあるんですね。それで「神様」と言ったんですよ。

でも営業マンが言うのはそうではなくて、「買ってくれ、買ってくれ」と拝んでいる。お客さまが神様だったら、提案できませんよね。僕らソフトブレーンの仕事は、お客さまの改善すべき点を提案するんです。悪く言えば、お客さまのよくないところを見つけなければならない。相手が神様ならそんなことできない。最近、よく提案営業とか、コンサルティング営業という言葉を聞きますが、誰が神様にコンサルティングできるんですか？　これは基本的な概念が間違っていると思っています。

村上　「営業マンは足で稼ぐ」、これも有名ですよね。

宋　**お客さんがなぜその商品を買うか。よく営業に来てくれるから買う、という人はいないんですよ。**お客さんが買う理由とは「欲しいから」なんです。「欲しがっている人に会う」というならいいのですが、この言葉は、「とにかく歩けばあたる」と言ってるんです。歩けばいいなら、僕は北海道から馬を持ってきますよ。つまり本質ではない。

小池　なるほど。では「人柄」と「センス」はいかがでしょう。

宋　これは当たり前のことしか言ってないんですよ。営業は人柄というなら、総務部長や経理部長はみんな人柄が悪いですか。営業はセンスというなら、他はセンスがいらないのか、と。

村上　僕は経験がないのでわからないのですが、この四つが変だという場合、宋さんが考える営業マンの一番大事なポイントは何になりますか。

宋　**営業の仕事は、売ることではないんです。お客さんを知ることだと思うんです。お客さんを知らなければ売れません。**お客さんを知るためには、もちろん行くことも大事ですが、行かなくても、お客さんが来てくれる場合もあります。今はいろんなツールや手段があります。日本語の「営業」は「セールス」ではないんです。セールスは事業そのものであって、そのベースにあるのはお客さんを知り尽くすということです。でも営業は、入社したらまず商品の暗記から始まる。商品の説明、商品知識、次に、根性、勇気。そして飛び込め。まず図々しさと度胸を鍛えなさい、と。営業は体育会系がいいと言います。「なぜ?」と聞いたら「体力があって、頭を使わないから」。それでなぜ提案ができるんですか。

村上　コミュニケーションスキルみたいなものは大事ですか。

宋　そうですね。何をやってもコミュニケーションができないと始まらない。研究だって、チームワークがないとできないんですよ。材料を用意してくれる人、アシスタントの人、そして教授。すべてコミュニケーションです。コミュニケーションがとれない人は研究だってうまくいきません。

村上　そうですよね。小説を書くのだってコミュニケーションだから。他の人にも本来大事なことが、営業にも大事だということですよね。

宋　当たり前のことを、あたかも特殊であるかのような言い方をするというのは、要するに変化しないんです。もっと勉強しないと。

みんなと違う方向を見ればチャンスはくる

村上　最近、中国に行き始めて、上海が多いのですが、活気を感じるんですよね。僕は日本はもっと豊かになっていいと思うのですが、それでも昔のような活気がなくなってしまったように感じられ、たとえば働かない、トレーニングもしない、勉強もしないという若い人も増えています。今の中国はチャンスが多いから、中国の大学の先生などに話を聞くと、みんなすごく勉強するらしいですね。国の成熟によってモチベーションが失われていくようなことは、やはりあるのでしょうか。

宋　僕は、今の日本に活力が足りない理由をいろいろ考えるのですが、年上の方によく言われるのは、「日本は豊かになってハングリー精神がなくなった」ということです。僕は、それはそれでいいと思うんです。やる気がなくても食べていける国にようやくなったわけですから、幸せでいいと思う。でも、国というのはずっと活気を失ったままでは衰退していってしまうので、片方ではベンチャー精神を持ってがんばる若い人が、どんどん増えなければならないと思います。

なぜそうならないかというと、日本は戦後の話だと思いますが「差」、差別ではなく英語で言うディファレンスの「差」をなくそうとする動きが強いから、活力がなくなったんじゃないかと思うんです。所得の格差もあまり拡大するとよくないですが、適切な安全範囲内での差はあっていいと思います。

もう一つは「異なるものがいい」という認識がまだ足りないですね。たとえば若い人に聞くと「みんながやっているから自分もやりたい」という人がいますよね。「異なるものが好きだ」「みんなと違って何が悪いんだ」と言える勇気がないと、活気は出てきません。みんな同じ方向に行っちゃうと、そこにチャンスはこないんです。全然違う方向を向いてしまえばチャンスはくるんです。よく言われるのが「宋さん、あなたは中国ですごい苦労をしてハングリー精神があるから、日本で成功したんでしょう」ということです。僕は全然そうは思いません。現に僕は残業をしないし、身体を壊したこともないし、悲壮感を持って仕事をしたこともないです。日本語もままならない、ゼロからのスタートでしたが、そこそこ仕事はできました。

なぜそうなったかというと、僕は全然違うものを見ているんです。僕は人と違うことをコンプレックスとは思わない。むしろ自慢してきました。「それは中国人の発想だろう！」と言われた時に、そこにはいい意味もあるし、悪い意味の場合もある。でも僕は驚きませんし、嫌だとも思いません。どっちがよりチャンスにつながるのか、ということしか考えていませんから。**違うことを楽しむという文化が日本でももっと定着すれば、活気が出ると思います。**活気というのは、貧しいところから豊かなところにいくためにあるわけではなくて、楽しむところにも活気は出ると思いませんか。

村上　そう思います。ハングリーとプアーを混同する人がいますが、「プアーだからハングリー精神があるはずだ」と言うと、リッチになったらなくなっちゃう。どんなにお金持ちになってもハングリー精神を持っている人はいっぱいいますから。

宋　成功した人でも、お金を持っている人でも、次々にチャレンジし続けている人を見ていると、どんどん興味が移るんですね。異なる物事にどんどん集中していく。その点、日本のサラリーマンは要注意なのですが、同じ会社に何十年間もいると、人間は活力がなくなります。いつも嫌な上司と、嫌な先輩と、嫌な同僚と、十年も同じことを聞かされたら、絶対にやる気はなくなりますよ。

会社をやめるより、何もしないでいるほうが悪い

小池　ソフトブレーンの社員の方は、長くて何年くらいいらっしゃるんですか。

宋　強制はしていませんが、うちでは新入社員が最初に受ける説明は、「会社のやめ方」なんです。せっかくとった社員ですから、もちろんやめて欲しくはないです。でも、会社にいることが目的ではないですから。「なんとなくやる気を感じない」というのに理屈はいらないんです。あるいは「違う場所にいたほうが、やる気が出てくるんじゃないか」「活力が出てくるんじゃないか」と思ったら、すぐに

やめてください、と。会社をやめることは何も悪いことではありません。それは会社への裏切りではない。何もしないでいることが裏切りです。結構いるでしょう、そういう人。

村上　度肝抜かれるんじゃないですか。入ろうと思ってきたのに「やめてください」と言われたら。

宋　説明を聞かないと社員はびっくりすると思いますが、聞けば喜びますよ。

村上　最初に宋さんがおっしゃっていた、ご両親の、モチベーションの話と同じですよね。

宋　そうです。「あなたは好きで、納得しているんでしょう？」と。だったら「自己責任で自立精神を持ってください」ということです。

村上　最も達成感・充実感を得るのはどんな時ですか。

宋　お客さんに提供したソフトや、行なったアドバイスによって、「宋さん、残業が減りましたよ。業績もいいです」と言われた時。これは最高の気分ですね。社員が必死にがんばって出した結果を聞いても、僕は喜びません。社員に楽をさせながら成果を出せるというのがいいことです。でも、古い経営者はそういうことを言わないんですよ。**必死さが大事。「必」ず「死」ぬのがいいんだ、と。そうじゃないです。社員に楽をさせて結果を出すほうがいい。でも、なかなか言いませんね。ですから僕がそれを訴えて、実際にそうなった時の充実感は、なんとも言えないです。**

村上　では、逆に悩みはありますか。

宋　今までの悩みですと「新規事業をどうやって立ち上げていくか」です。トップをやっていたころですね。これはトップをやる以上、永遠のテーマです。今現在の悩みは、「これからどうしようかな」ということですね（笑）。

奥底のポジティブ

宋さんとの話は楽しかった。彼の著作を読んで「これは話が合いそうだから迎合的にならないためにクールに接しよう」と思っていたのだが無理だった。わたしは彼のような若者（と言っても四〇代だが）が好きなのだと、豆腐屋ジョニーに続いて再認識した。彼のような人とはどんな人なのだろう。まず脳とか心とか人間性とかそういったもののいちばん奥深いところでポジティブだということだ。ひところ流行った「プラス思考」などとは違うし、巷の居酒屋などで「あの人明るいね」と言われながら大声で場を盛り上げようとするタイプともまったく違う。

「頑張り屋」とも違うし、「根アカ」でもない。ちなみにもう死語になったみたいだが、根アカというのはバカと同意語だ。考えてみると、宋さんとか豆腐屋ジョニーを正確に一言で形容できない。現実を受け入れ正確に理解・把握して、その中で合理的に判断しながらサバイバルのために一点のニッチに集中して科学的な努力を継続し、しかもそれを楽しんで確実にある成果を達成している人、みたいに長くなってしまう。

国費留学生として来日する前の宋さんは順風満帆とは対極にある。文化大革命によって幼いときに両親とともに故郷を追われ、少数民族の居住地から北朝鮮との国境の村まで逃亡の連続の日々だったらしい。赤ん坊のとき凍結した鴨緑江に落ちそうになったりしたそうだ。ものすごい苦労をしたわけだが、その苦労が現在の彼を支えているのかというとそれも違う。そういった苦労をした人は大勢いるだろうが、宋文洲のような成功者は数えるほどしかいない。

灯油ランプの明かりで勉強をする宋さんに母親が「灯油がもったいないから勉強するな」と言ったらしい。母親は愚かなわけではなかった。息子のモチベーションを試したのだ。母親から「灯油がもったいないから勉強するな」と言われて勉強を止めるようなら最初からやらないほうがいい、というような意味だった。勉強という行為は自分で選んだものだ、という意識を根付かせるために母親はそのような言い方をした。自分で選んだことは自分で落とし前をつけなければならない。だがたとえ親だろうと強制されて始めたことは、「おれが選んだことじゃないし」という弁明が常に可能だ。

よく言われるように、馬を水飲み場まで連れて行くことはできるが水を飲ませることはできない。「勉強しなさい」が口癖になっている親たちは宋さんの母親を参考にすべきだろう。

ピーチ・ジョン社長

野口美佳

苦労なんかしたことない。
嫌な気持ちになったり、
大変なことはたくさんある。
それは苦労ではない。
エクスタシーです

PROFILE

女心を掴む女性経営者

四千億円を超えるという女性下着市場。その中で最近、存在感を示しているのが通販市場だ。通販中心のピーチ・ジョンにとってカタログは命。ピーチ・ジョンでは一九九五年から女性タレントを表紙のモデルに起用。ファッション雑誌のようなカタログで売上を伸ばしてきた。

一冊のカタログに掲載される商品は三百アイテム。中でもロングセラー商品はこれまでに三百万枚を売り上げている。仙台にあるピーチ・ジョンのコールセンターには、多い日には一万件もの注文が集まる。コストを下げるために地方に流通の拠点を置くことができるのも通販の強みだ。ピーチ・ジョンの商品はおよそ九千アイテム。在庫管理から発送までがここで行なわれる。この仙台こそ、野口美佳の故郷だ。

一九八三年、高校を卒業した野口は、グラフィックデザイナーを目指し、仙台から上京。デザイン事務所を皮切りに、数々のアルバイトを経験した。二十一歳の時、通販会社を経営する元夫と出会い、通販業界に足を踏み入れる。当初は男性を意識したセクシー路線だった。なかなか業績は伸びず、苦しい日々が続く。

九二年、下着の買い付けに訪れたロサンゼルスで、野口は一枚のブラジャーと出会う。それを試着した野口は衝撃を受けた。下に厚いパットが入っており、ブラジャーをつけると自然に胸を大きく見せることができる。この商品は売れる。野口の鋭い嗅覚が働いた。

このブラジャーをボムバストブラと名付けた野口は、雑誌に広告を出し、自らの顔写真を載せて、その効果を訴えた。雑誌が発売されてから会社のＦＡＸは鳴りっぱなし。紙の補充のために深夜に会社に出なくてはならないほど、売れに売れた。その後、野口は女心を掴むヒット商品を次々と開発した。

その本社は東京・神宮前にある。社員は約百四十人。その九割が女性。笑い声が絶えない職場。無駄話に見えても女性にとっては大切なコミュニケーション。ピーチ・ジョンでは私語を推奨している。一方、野口のもとには、社員たちが慌ただしく駆けつける。実は、野口に仕事の話ができるのは五分以内というルールがある。五分で済まない用件は次の機会に回される。重要な商品の価格については、野口が勘と経験値ですべてを決める。

独特の経営術で、ピーチ・ジョンの売上は飛躍的に伸びてきた。年間売上百七十億円。今や通販だけでなく、全国二十一カ所で直営店を展開。若い女性の四人に一人が身につける下着メーカーに成長し、二〇〇六年五月には業界最大手、ワコールホールディングスとの資本提携が発表された。

のぐち・みか　一九六五年生まれ。高校卒業後に上京、グラフィックデザインを学ぶ。デザイン事務所、通販会社等の勤務を経て、九四年に輸入下着の通信販売会社「ピーチ・ジョン」を設立。「女性のため」の下着で顧客を掴み、現在カタログ「ＰＪ」は発行部数二百五十万部、直営店は全国二十一店舗にまで成長。

INTERVIEW

下着にもお国柄が出て面白い

村上　外見に洋服があり、中身に肉体と精神という部分があって、下着というのはその中間にあるものです。自己主張するためのものでもないし、考えてみると不思議なものです。

野口　「見せブラ」とか「見せ下着」みたいな言葉ができてしまいましたが、下着はあえて見せるものではない、というのが私の考え方です。下着はあくまでも自分で楽しむものだと思っています。最近、うちの商品にもありとあらゆるカラーがあるのですが、見えないものなので、その時の精神状態を表すものであり、とてもメンタルな部分と結びついているものだと思います。

小池　ピーチ・ジョンのカタログも、野口さんのこだわりがあるんですよね。

野口　カタログって、もっと分厚くて重いものが多いと思いますが、これは丸めてバッグに入る薄さで、仰向けになっても、どんな姿勢でも楽に見ることができるサイズです。女の子が部屋でごろんと横になった時に、「あれが欲しいな」「これかわいいな」と、楽しめるようなものにこだわっています。

村上　コピーが有名ですね。

野口　コピーライターは徹底的にトレーニングしてもらっています。私たち、商品企画をしている側の

気持ちが、そのまま伝わるような言葉を研究してもらっています。

小池　具体的に、これまでのカタログとはここが違う、というものはありますか。

野口　**抽象的でよくわからない言葉、たとえば「明日から何かが始まる素敵な予感」といった言葉は使わないようにしています。それよりも、「これをつけたらこうなるよ」とか「こういう気分になるよ」と、具体的なことをアピールしたほうがいいと思って。**

村上　下着文化というのは、その国にある程度の経済的余裕がないと育たない気がします。北朝鮮のコマンドが日本に来る小説を書いたのですが、女性コマンドが日本の下着をつけるシーンがあるんです。受けている教育が教育なので、「こんなものは退廃的だ」と思うのですが、あまりにも気持ちがいいので意識が変わっていく。日本も貧乏だったころは、僕のお袋なんかブラジャーなんかつけてなかった。

野口　つい最近まで下着の世界では、色といえば、白、ベージュ、ピーチがかった薄いピンクぐらいで、黒は喪服用か、商売の人用、という感じでした。ですから五十代、六十代の女性は黒い下着をつけないですよね。でも私たち以下の世代は、黒が一番売れるんです。洋服に合わせやすいですから。

　下着はヨーロッパが一番進んでいまして、フランス、イタリアあたりのラテン系が一番素敵な下着をつくってくれる国なのですが、日本の女の子も下着を楽しめるようになってきたと思います。ただ、あそこまで高いものはなかなか買えませんよね。高いものだと、ブラジャー一枚で二万円するものもあるのですが、ヨーロッパの女性は意外と買ったりするんです。

村上 それは大金持ちだけじゃないんですか。

野口 そうじゃないんです。やはり文化の違いですね。あと、欧米では男性が一緒に楽しんでくれるというカルチャーがあります。でも最近日本でも、うちのお店なんかもボーイフレンドを連れてくる方も増えていますが。世界中を見ていると、下着一つでいろいろなお国柄が出ていて、楽しいですよ。

日本人はブラジャーのカップのピッチにすごく細かいんです。フィッティングしてあげて「Cカップでちょうどいいですよ」と言っても、「私はDカップなんで」と言う方もいらっしゃいますし。逆に南米なんかだと、Aカップの人もFカップの人も、Bカップをつけていたりするんですよ。はみ出そうが食い込もうが気にしないで、「とりあえずブラジャーつけとけ」みたいな。

小池 自分に合ったサイズをつけないと、きれいな胸にならないような気がするんですよ。

野口 日本人独特ですよね。もちろん、自分に合ったものをつけるのがベストですが、身体はみんな違うので、ぴったり合うものなんかあるわけがないんです。それはオーダーメイドしかないです。もちろん左右でもサイズは違うし、骨格もあります。ですから、つけやすくて、自分に似合うなと思ったら、それが一番合う下着なんですよ。

迷っている人の話を聞く暇はない

村上 会社はやはり女性が圧倒的に多いですね。

野口　毎日楽しいです。しかも、女の子だらけなので、いい匂いがするんですよ。男性の来客があると、「あれ?」という顔をされるほど。

村上　そういう雰囲気を意図的につくっているんですか。

野口　そうですね。カリカリ仕事していても楽しくないですもん。ただ、いつでもガヤガヤしているわけではなくて、ガツガツ働く時と、和気あいあいとしている時と、メリハリをつけよう、と。みんな真面目にやっていますよ。

村上　野口さんと社員の方一人ひとりとの話し合いは五分だけ、と決めているそうですね。

野口　みんな話が長いんですよ(笑)。全部聞いていたら、何十時間あっても足りないので、とりあえず三〜五分用件を聞いて、というふうにしています。

村上　最初から要点をまとめてこい、ということですか。

野口　迷っている人の話を聞いている暇がないんですよ。決断しなければならないことが山ほどあるので。それよりも、パッパッと終わらせて、楽しい話をしたほうがいいじゃないですか。

村上　最初からこういう会社にしようと思っていたのですか。

野口　やっていくうちにこうなってきたという気がします。初めからこうなりたかったわけではないんです。これが売れるなと思ってやっているうちに、会社が大きくなる。スタッフが増える。店舗数も増える。そこで初めてマネジメントということにぶち当たったんです。まったく知識がなかったので、片っ端からビジネス本を読み漁ったり、偉い人の話を聞いたりしたのですが、今四十一歳になって、やっと自分なりの経営スタイルに落ち着いた、という気がします。

小池　最初から目標を立ててやっていたわけではないんですね。

野口　まったくないです。どちらかというと、もともとクリエイター志向だったので、作家とか漫画家、カメラマン、という類の仕事をしたかったです。

村上　では「社長になるぞ」という気持ちはなかったんですね。

野口　まったくないですね。ただ、中学生くらいのころから、「絶対にＯＬにはならないぞ」と思っていました。組織の一員ではなく、自分でつくったものを売る、ということを考えていました。

村上　社長である自分に、違和感みたいなものはありますか。

野口　「社長」と声をかけられることに違和感がありますね。社内では仕方がないのですが、外で「社長」と言われると、「呼び込み？」みたいな。とにかく暇がないです。たまに突然十分くらい暇な時間ができると、暇だなぁと感じるぐらいです。私は子どもが四人いるんですが、朝から晩まで忙しいんです。遊ぶのも好きですし。あとは女性なので、朝起きてパッと出られないですよね。顔をつくって、髪をとかして、ファッションを考えて……出て行くまでに一時間はかかります。働いている時間が、私の場合十一時から十九時くらいまでで、その後に子どもの世話と、ちょっとした家事もやらなければならない。でもお友達とお喋りもしたいし、買い物もしたい。だから、自分の都合に使える時間は何時間かな、何分かな、と、毎日時間の計算ばっかりしています。

村上　客観的にご自分を見ていただいて、どうして自分は成功したのかをお聞きしたいのですが。

野口　喋っていると面白い人だからだと思います。私と一緒にいると楽しいと思いますね。あとは、人をやる気にさせるのはうまいかもしれない。人を乗せるのがうまいんだと思います。そうすると、みんな一生懸命働いてくれる。
村上　自分が売る商品として、下着というものに出会ったというのも大きいかもしれないですね。
野口　そうですね。自分が女だということもあって、下着だから女性を相手に仕事ができるわけですから。でも私がある日突然旅に出て、すばらしいブラジャーを見つけたからこうなったというのはちょっと違うんです。当然、そこにいくまでにたくさんの失敗もありますし、研究もしてきました。それがあるから今があるんです。「転機は?」と聞かれても、会社なんて毎日が転機みたいなものだし、何かちょっとでもあれば、一瞬で別の方向にいってしまうものです。「ご苦労は?」と聞かれるのもそうです。苦労なんかしたことないですもん。もちろん、嫌なことや大変なこと、解決しなければならないことはたくさんありますが、それは苦労ではないですからね。
村上　苦しくないですもんね。
野口　むしろエクスタシーです。問題が起きれば起きるほど燃えるんですよ。問題がなく会社の売上だけが順調だと、私の場合、仕事をやる気がなくなっちゃうんですよ。
村上　このカタログも「こんな素敵なカタログをどうやってつくっているの?」「秘訣は?」と言われても、写真一つ、コピー一つにしても、綿密につくられているから素敵になっているわけですからね。
野口　一言では言えないですよ。中学生、高校生くらいから、どこかの飲食店に入った時に、ぐるっと見回して、一体いくらくらいかかっているのか、月いくらくらい売れているのか、何人くらい働いていて、いくらくらいのコストがかかるのか、そのお店一軒分の経済効果を計算してしまうんですよ。ものの値段を当てるのが好きだったんです。

村上　それは、お金が好きというよりは、物事の本質を考えるのが好きなんでしょうね。

野口　あとは、子どもを四人産んでいて、一番上の子はもう大学生なんですけどね。十代のころにはいろいろなアルバイトをしてきました。若くてお金がない時に子育てしながら働いていたし、嫌になって半年間会社をやめて主婦をしたこともあります。お受験ママもしたし……。ですから、ありとあらゆるジャンルの女性の暮らしがわかるんですよ。そして、その暮らしに必要なグッズもわかる。「これがあれば五分間、時間が短縮できるでしょう」という提案ができるんです。そうやって何十年と考えてきたことが、たとえば表紙に選んだ一枚の写真に全部入っているんです。

社会の仕組みは「女がつくったもんじゃない」

小池　ワコールと資本提携されましたが。ワコールの役員の方は、男性ばかりだったんですね。

野口　そうです。おじさま、ですね。

村上　男性と女性で、経営に違いや差があると思いますか。

野口　ありますね。長年会社をやってきて、どうしても納得のいかない仕組みにぶち当たって、それはなんだろうと思っていたんですが、ここ何年かで私なりに理由がわかったんです。それは、会社というか、社会そのものが男性が敷いた仕組みになっているので、どうしても私には溶け込めないんです。それにある日気づいて、「ああそうか、これは女がつくったもんじゃないな」と。

村上　具体的に何かありますか。

野口　たくさんあって難しいのですが、ワコールさんとうちの比較をしてもいいですか。たとえば、ワコールさんには人間科学研究所という研究施設があって、年間に何千人という女性モニターに裸のデータをとらせてもらうんです。その数値を割り出して、標準値を出したり、年齢を追うごとに女性の身体がどう変わっていくか、汗のかき方、胸の大きさの違い、といった研究をされているんです。でも、私たちの会社でブラジャーをつくる場合、みんなで裸になって「これカッコイイね」とか、「これはすごく胸が寄るよ」とか言いながら、「これは売れるね」「これはダメだね」「ここにもうちょっとこういうものを入れよう」「ワイヤーの形をもっとこうしたほうがいいね」ということをやってきたんです。

つまり、ワコールさんは研究所のデータをもとに日本人の美しいフィッティングをつくってきたのですが、それは極端に言えば男性がつくってきたものなんです。ワコールさんもある程度女性に任せてものづくりをしていれば、と思います。これはいいか悪いかという話ではないのですが。

小池　女性じゃないとわからないですよね。

野口　そうなんです。着け心地も、すべてデータになっちゃうんです。何時間つけていて、どれくらい汗が出たとか、どれくらいで赤くなったとか。私たちの場合は、「これ一日つけてると、ここがかゆくなる」みたいな。身体を張っているか、数値をもとにしているか、という違いがあります。私は男女の性差にすごく興味があるのですが、たとえばミーティングでも、男性同士の会話って、キーワードによって仕事のポテンシャルがどんどん上がっていくのを感じるんですよ。女性同士だと「あれあれ」とか「それいいね」とか、主語がないというか、目と雰囲気で話すというか。

村上　横で二人の話を聞いていてもわかりますよ。

野口　男性に話をするのは面倒くさいですね。「君の話はよくわからない」と言われちゃう。女性同士は言葉だけじゃなくて、その場の雰囲気やイメージやオーラ、空気感で通じあうものなんですよ。その能力が男性には欠けているような気がするんです。ある方もいるとは思いますが、その足りない部分を、キーワードだったり、目に見える表やグラフで、補っているような気がするんです。その点、女性はムードで「行こうか」と立ち上がれちゃう。

村上　ある言葉を定義づけして「この言葉はこういう意味だから」と納得して始めないと、ダメですもん。だから僕は先ほどのワコールの話を聞いた時に、偉いなと思った。

野口　でも、私はその施設を見せてもらった時、正直呆れたんです。「こんなところに何十億円もコストをかけてるの？」と思って。

村上　悪いことではないですよね。

野口　もちろん。私のように、女性がトップでやっている会社とは違うんだなと思いました。ワコールさんにも、女性の方がたくさんいらっしゃるんですよ。でも、企画を持って上にあげるためには、まず「男性」を説得しなければならない。うちの会社の場合は違うんですよ。

小池　ピーチ・ジョンの男性社員はどんな仕事をしているんですか。

野口　管理系ですね。数字を追いかける仕事です。そういうことは女性は苦手で、男性のほうが緻密です。根性あるし、長年同じことを続けていくこともできる。女性はすぐに飽きちゃって、次々新しいことをやりたくなる。自分のことしか考えてない、というか。

村上　どっちがいい、悪いということではなくて、向き、不向きなんでしょうね。

野口　会社をオーガナイズする身としては、向いていることをやってほしいだけなんです。最初は、男性も女性も同じように使っていたのですが、だんだん「これは違う」ということが、自分の中ではっきりしてきました。

村上　男性と女性をフェアに対処する、ということは大事なことだと思いますが、それと何でも同じでなければならないというのは、別物ですからね。

野口　私、最近『三国志』というマンガにはまっているんですよ。そのマンガがすごい量なのですが、ページをめくってもめくっても、鎧と弓と矢しか出てこない。で、ひたすら戦って、戦っての繰り返し。もう「バカみたい」と思うんですよ。あれは男の世界ですね。男の人がすごいなと思うのは、どちらが天下を取るかで戦うじゃないですか。お城を取り合ったり。女の子にとってのお城は、ドレスを着ているお姫様のイメージなのですが、男にとってのお城は、敵の侵入を防ぐ要塞という意味のものじゃないですか。そこの意識も違いますよね。

レインボーブリッジを通るたびに、東京のビル群、橋、車、船を、たくさんの建造物を見ながら、「ああ、これはやっぱり男がつくったものだな」と思うんです。女は、ああいうものはつくれない。女は身近なもの——家族だったり、恋人だったり、はたまた自分だったり、身の回りの幸せを願って生きているから、たとえば商売をやるにしても、そういうことが得意なんですよ。だから、私はあの場所を通るたびに「私にはこれを守る能力や気力はないな」と思うんです。街の天下を取ろうとは思わないですね。

村上　野口さんが充実感や達成感を感じられるのはいつですか。

野口　会いたい人に会えた時ですかね。私はものをつくっている人に会うのが楽しくて、若い時から「あの人に会ってみたいな」「この人に会ってみたいな」というのが多かったのですが、だいたい会えちゃったんですよ。あと、世の中で最も魅力的だとされている人にもどんどん会えて、多くの友人が持てたという達成感があります。今、いちいち「私はこういう仕事をしていて」と自己紹介をしなくてもすぐにわかってくれて、会った瞬間から仲良しになれちゃう。それがすごく嬉しいですね。

村上　悩みはありますか。

野口　私は仕事では悩まないので、個人的な悩みばかりですね。常に恋愛のことですよ。いつも仕事で日々忙しいのに、「なんであんな男のことで悩んでるんだ」とか思います。

小池　恋愛がうまくいっていると、仕事も調子が出ますか。

野口　そういうことより、「なんでその人のことをこんなにも考えちゃうんだろう」とか、「あがったりしなきゃいけないんだろう」という理不尽な感じですね。自分である前に、社長でなければならない生活をしていて、恋愛なんかより断然仕事をとっているのですが、それでも頭の隅っこにそういう気持ちがあったりすると、嫌だなと思います。仕事は全部コントロールできるけれど、そういう気持ちはコントロールできないから、嫌になります。

RYU'S EYE

「かわいい」「女社長」

野口美佳さんは、わたしが思い描いていた「女社長」のイメージとは違った。じゃあどんなイメージを持っていたのかと考えるとそれもはっきりしないのだが、とにかく野口さんは女としても人間としても、「かわいかった」のだ。かわいい女社長、というのは、何か童謡の「可愛い魚屋さん」みたいで、わけがわからなくなる。「女」と「社長」という言葉の組み合わせが問題なのだろうか。

しかし「女性社長」や「女性経営者」もぴったり来ないし、たぶん「女経営者」という言い方はない。そもそも「社長」や「経営者」という言葉に「かわいい」というニュアンスは含まれていない。おそらく日本社会は、野口さんのようなタイプの経営者を正確に表現する言葉や文脈をいまだ持っていないのだろう。誤解されると困るが、野口さんは経営者として「幼い」のではない。ワコールのような大企業と組むときでも冷静さと大胆さを併せ持ち、ピーチ・ジョンのカタログの、写真一枚一枚の細かいディテールやコピーにも野口さんの経験値と基本的戦略が見事に刷り込まれている。

「かわいい」という言葉は八〇年代あたりに意味が拡大した気がする。それまでは子犬や子猫や幼児がおもな対象だったのが、「あのおばあさんかわいい」「あのピアスかわいい」「その言い方かわいい」というように、ほぼあらゆる対象への使用が可能になった。小さいとか愛らしいとか子どもっぽいとか庇護したいとか、そういったオリジナルの「可愛い」ニュアンスの他に、威張ってないとかセンスがいいとか素直だとかおちゃめだとか、いろいろな他の意味が加わるようになった。

そんな「かわいい」の対極にあるのが「オヤジ」という概念だろう。かわいくない「オヤジ」は、たいてい権威をかさにして威張っていて、個人より集団の利益を説き、人生は我慢だと説教する。それはある意味で高度成長期の、つまり日本が貧乏だったころの代表的価値観だ。「かわいい」は、そういった価値観へのカウンターとして意味を付加され、支持されて、広く流通したのではないだろうか。

野口さんは、男が絶対に真似のできないやり方で商品を開発し、宣伝し、市場を開拓・拡大し、成功し続けている。だが、だからといって男性性に対抗しているわけではない。「男と同じように仕事ができる女」がもてはやされる時代が終わろうとしているのだと、わたしは野口さんとお会いしてそう思った。

サマンサタバサジャパンリミテッド社長

寺田和正

感性は経験則。
感じるという体勢をとっておいて経験を積む。
同じものを見ても、
感性を磨いてなければ感じない

PROFILE

日本発・世界ブランドの仕掛人

ヒルトン姉妹、ベッカム夫人、シャラポワ、ビヨンセ……セレブ御用達で大人気となったブランド、サマンサタバサ。ここ数年で社員は九百人にまで急増、年商百三十億円に及ぶ。

一代で世界に通用するブランドをつくり上げたサマンサタバサジャパンリミテッド社長、寺田和正は広島県出身。会社を経営する父親を見て、幼いころから社長になるのを夢見ていた。そんな寺田の才能が、大学の時に留学したカナダで初めて発揮される。寺田はそこで観光客の土産に人気だった革ジャンに目をつける。日本人向けにサイズやデザインを直し、カナダで生産。日本へ持ち帰り、販売した。二年後、大学生だったにもかかわらず、数千万円を超える売上を手にしていた。

その儲けで買ったものが、寺田のその後の人生を決めることになる。寺田は留学を終えて日本に帰国する時、留学費用を出してくれた母親へのプレゼントに、高級ブランドのハンドバッグを買おうと決めていた。迷いに迷って買ったのはおよそ十五万円のバッグ。その時の母親のあまりの喜びようが、寺田をブランドビジネスへと動かした。

一九九四年、株式会社サマンサタバサジャパンリミテッド設立。渋谷に一号店を開店以来、一等地以外には出店しないという戦略のもと、着実に店舗を増やし、今や全国に百五十店舗以上。三年前には宝石のブランドも立ち上げた。商品展開に次々とセレブを起用し、一気にブランド力を高める。このやり方で寺田は成功してきた。その一方で、ビジネスを拡大しながらも一貫してこだわるのは、日本発のブランド。そこには、海外勢に圧倒されてきた日本のブランドビジネスへの熱い思いがある。生産を海外に移すブランドが多い中、寺田は国内の零細企業の中から、腕利きのメーカーを選び、バッグの製造を任せてきた。眠っていた日本の技術を掘り起こす、サマンサタバサの知られざる一面だ。

もう一つ、寺田のブランド力に欠かせないのが、全国百五十店舗に散らばる精鋭の女性店長たち。大半が二十代。年収一千万円を稼ぐ店長も少なくない。寺田の真骨頂は、彼女たちとのちょっとしたコミュニケーション。寺田の日課は店舗視察。店に突然現れた社長の些細なひと言が、やる気を引き出す。社員たちの気持ちが、店のブランド力を押し上げる。

マディソンアベニューは、ニューヨークでも屈指の高級ブランド街。世界中の一流ブランドが軒を連ねる。二〇〇六年、ここにサマンサタバサの海外最初の店が開店した。セレブも祝福に駆けつけた。寺田はついに大勝負に出た。

てらだ・かずまさ　一九六五年生まれ。駒澤大学経営学部卒。在学中に留学したカナダで革ジャンパーのイージーオーダービジネスを始める。商社勤務を経て、九一年に海外ブランドの輸入卸会社を設立。九四年、株式会社サマンサタバサジャパンリミテッド設立、「サマンサタバサ」一号店オープン。〇五年、東証マザーズ上場。

INTERVIEW

ファッション界の「トヨタ」「ソニー」に

村上　どうして女性はブランドもののバッグを持つと嬉しいんでしょう。

寺田　たとえば女性は、いろいろ男性に向けて発信をしていると思うんです。その意味でバッグはわかりやすいのかもしれません。

小池　昔、お母様にブランドのバッグをプレゼントして、すごく喜ばれたそうですね。

寺田　もともと人にプレゼントするのが好きで、スカーフとか、いろいろなものをプレゼントしてはいたんです。その時のバッグは革だったのですが、華奢ですぐ傷がつきそうだったんです。でも、それがかえって贅沢感につながったりすることって、あるじゃないですか。しかも高くて、まだ持ってる人が少なかった。それをプレゼントした時は、母の顔から女性の顔に変わっていました。

村上　プレゼントされて嬉しいのがブランドということなんですね。

寺田　ただ、もらって嬉しいものと、「えっ」と思うものがありません？　自分のスタイルに合わないものだと「どうしよう」と思うことがあると思うんです。喜んでもらっている時はいいけれども、逆になると怖いですね。

小池　小さいころから社長さんを目指していたそうですが、そのために具体的に何かしたことがあるんですか。

寺田　中学三年の時にゴルフを始めたりとかしていました。あとは高校時代に友人たちを家に連れてきて、話の上手な人に「ちょっと営業やってよ」と言ったり、数学が得意な人に「お前、経理な」とかやってました。

村上　いよいよニューヨークに出店されたそうですね。

寺田　アジアなどからもオファーをいただいていたのですが、まずはニューヨーク、それもマディソンかフィフスしかないな、という話になりまして。

小池　社名に「ジャパンリミテッド」がついているのは、何かこだわりがあったんですか。

寺田　日本という言葉を入れたかったんです。世界ブランドと土俵で戦っているわけですから。

村上　ブランドをつくると簡単に言いますが、ヨーロッパのブランドは長い時間をかけてステータスを築いてきました。自分でブランドをつくるという野心は、これまで日本のファッション界にはあまりなかったような気がするのですが。

寺田　カナダに留学していた時、日本人は一人だったんですよ。ただ教わっていた経営学の先生がトヨタ車に乗っていて、車の話になるんです。「トヨタってすごいよな」とか。あるいは大学の友達もソニーのウォークマンを持っていたのですが、僕は日本から持ってきたから、小さいしリモートコントローラーのような性能がついている。「何だよ、それ」と言われるんです。僕はトヨタでもソニーでもないのですが、何となく誇らしい気持ちになる。それをファッションでできないかと思ったんです。たぶん

フランス人が日本に来たら、女性のファッションを見て「私たちの国のブランドのものだ」と思うと思います。それを逆転したいんです。

寺田　ある意味で大それたことですよね。

村上　すみません（笑）。それは無理だとよく言われます。

寺田　昔、アフリカの国境で車を止められたことがあるんです。新聞社のパスを持っていたんだけど、誰も知らない。で、「トヨタ、トヨタ」と言ったら通してくれた。

村上　まさにブランド力ですよね。

ブランドは見栄ではない、幸せのアイテム

村上　電車に乗ると、多ければ一両に五、六個、ルイ・ヴィトンのバッグがあったりしますよね。僕は昔は、そんなにお金もないのに見栄でブランドものを買うのはよくないことだと思っていて、エッセイにもそう書いてきたんです。最近ちょっと意見が変わったのですが、彼女たちは「持っているもので値踏みされちゃう」と言うんですね。それが嫌だから水商売をしてまで買ってしまう、と。それを聞いて、もしヴィトンを持つことで上を向いて歩けるなら、しようがないかなと思ったのです。ただイタリアやフランスの女の子は、ブランドものは持ってないですよね。あれは安くてデザインのいいバッグがたくさんあるから、既成のブランドに左右されない。そういう意味でサマンサのようなバッグが日本で出て売れているのはいいことだと思うんです。

寺田　ありがとうございます。ただ、女性にとってブランドは値踏みだとか見栄だとかではなく、幸せになれる一つのアイテムなんですよ。たとえば日本の女性はブランドの紙袋を大切にしますよね。そこには幸せになりたいという一つのストーリーがあるのだと思います。

村上　自分が主人公になれる物語。確かにそういう側面はありますね。サマンサタバサの従業員はほとんど女性ですよね。コミュニケーションをとるのは大変じゃないですか。

寺田　コミュニケーションをとればとるほど、声をかければかけるほど返してくれるので楽しいです。男が弱っていますが、日本の女性はすごいですよ。真面目だし、しっかり仕事をしてくれる。熱があっても会社に出てきて、無理やり帰すこともあるほどです。「なんでそこまでするの」というぐらい一途なんです。

村上　そこまでモチベーションを持たせるのは簡単ではないですよね。

寺田　会話が大切だと思います。

村上　コミュニケーションはどの会社も心がけていると思いますが、僕がすごいと思うのは女性社員のほうが、会社や商品に誇りを持っているように見えるところです。

寺田　いつも四つのことを話しているんです。プライドを持ちましょう、やりがいを持って仕事をしましょう、一生懸命働いて報酬をもらいましょう、そして日本人の一番の強みである集団力、信頼を持ちましょう、と。

村上　宗教的な感じさえします。

寺田　もちろん宗教ではないですが、ショップの単位で言うと、女の子が「店長に会えてよかった」と泣くんですよ。高校や大学を出て、なかなかいい先輩に出会えることってないじゃないですか。あるいは社会に出てアルバイトをしても、なかなか芽が出なかったりする。それでようやくサマンサバサに来ていい店長に会えたという人も多いんです。

小池　私、女子校だからわかる。先輩のために泣けるんですよ。ともに成長する感じ、進んでいく感じがするんです。

村上　それは純粋ってことですよね。でも自分の製品が好きじゃないとできないですよ。

寺田　だからうちはできるだけ自社製品を買わないようにしてるんです。よく売上のために自社製品を買うことがある業界なのですが、うちは極力やらないようにしています。

小池　男性社員は？

寺田　全体の三～五％です。縁の下の力持ちですね。

村上　この十年間に伸びた企業は基本的に従業員の報酬は給料を低く抑えるところが多いのですが、お給料、いいらしいですね。

寺田　販売でも二十代で一千万円近くの人がいます。

村上　能力給ということではないんですか。

寺田　違います。会社の出した方針を理解してがんばるのが基本になります。たとえば、これからお店を増やすとなると店長を育てなければならない。こういう人、というのを何人か育てられたりする人がそうなります。

小池　セレブを起用するようになったきっかけを教えてください。

寺田　新しいキーワードが必要だと思ったんです。ファッションには、昔で言うとスーパーモデルとか、その時代のキーワードがあるのですが、それがセレブリティなのかな、と。

小池　デザインを任せるのがすごいと思いました。

寺田　小池さんも、「このバッグのここがこうだったらいいのに」と思うことはありませんか。そうやって自分なりのものができあがった時は、子どもぐらい愛情がわくんです。起用しているモデルの人たちは自分たちでやりたいという人が多かった。

村上　成功した要因が一〇〇だったとすると、セレブリティの起用はどのくらい支えていますか。

寺田　あるときは一〇〇、あるときはゼロ。起用し始めてこの五年間トータルでは二〇〜三〇％ぐらいですか。

村上　なぜそんなことを聞いたのかというと、セレブリティを起用したらブランドができるかというと、ちょっと違うような気がするからです。

寺田　そう思います。意外とセレブを起用しているブランドはあるのですが、途中で喧嘩別れしたりして、表に出てきてないブランドも多いんです。

村上　商品を気に入っていることが前提でしょう。契約金が高いからとかでは、ばれちゃう気がする。

寺田　おっしゃる通りです。商品を気に入ってもらえなければ、来る時はサマンサタバサでも帰る時は別のものを持っていた、なんてことになってしまう。みんなわかりますよ。

村上　寺田さんはサマンサタバサのバッグの一つについて「ダサかわいい」という表現をしていますが、そういったものはどうやって見つけるのですか。

寺田　いろいろなものを見たり聞いたり、感じたりすることが大事だと思います。スタッフにも言うのですが、感性を研ぎ澄ませれば解決できることです。

村上　直感的なことですか。

寺田　**むしろ経験則だと思います。感じるという体勢をとっておいて経験を積む。シャラポワは天才だと言われますが、すごい練習量で感性になっている。相手のラケットがちょっと動いたのを見ただけで、次の動きがわかるというのがあるんじゃないかと思うんです。同じものを見ても、感性を磨いてなければ感じない。**

村上　すごいものを見た時に驚くことができる能力ですよね。だんだんすれてくると、驚くことができなくなる。僕がちょっと問題だと思っているのは、若い人が驚かなくなっていることなんです。情報があふれているから、何でも見たことがある、聞いたことがある、どうせ新しいものなんてありはしないと思っている。僕は若いころに見たビートルズとかに本当にびっくりしたから、この歳になってもどこかにあるはずだと思っているんです。驚いたことのない人は、これからも自分の人生には驚きがないと思ってしまう気がして、それはとても危険なことだと思うんです。

寺田　同感です。感性は磨かなかったらどんどん鈍化しますから。ただそういう意味で女性にとってはいい時代だと思います。感性も磨けるし、感性で仕事ができる。すれてないですよ。

村上　ブランドということに関して言うと、イメージ戦略では限界があるような気がするんです。ブランドは信頼だと思うのですが、信頼を確固たるものにするために、欧米のブランドは百年、百五十年かけている。今後、ブランドとしての王道を歩むために考えていることがあったら教えてください。

寺田　一つは内面を磨きましょう、というようなことを考えています。ソーシャライズと呼ばれている社会貢献をしている女性がいますが、そういう人もファッション愛好者だったりします。同じような洋服を着て、同じようなバッグを持った人が、夕方、表参道のカフェでお茶を飲んでいるとします。外見は同じように見えます。ところがお茶が終わると、一人はこれから銀座に行って買い物をして、友達と食事をしてクラブに行ってお酒を飲む。もう一人はお茶のお稽古に行って、家に帰って食事をつくって家族で食べる。どっちのファッションに憧れるか、というようなことを考えるんです。

外見のキラキラもいいけど、内面のキラキラというのもある。親孝行でも何でもいいのですが、人のためや社会のために少しでも何かをやっている人がもっと輝くように、着ているもの、持っているものの内面までプロモーションしたいという気持ちがあります。

村上　それは大袈裟に言うと、豊かな人生とは何かとか、本当の価値はどこにあるのかということですよね。

寺田　その入り口のところで、少し楽しんでもらえればいいかな、と思うんです。

村上　この世の中はどこまでもお金持ちに有利だと思っている人が、たくさんいると思うんです。バブル崩壊と不況の後、お金持ちが有名人として紹介されたり、六本木ヒルズに代表される華やかな消費文化が紹介されたりする中で、社会はお金持ちになること以外の価値観を示せてないような気がします。そこへファッション業界の方から今のような話をうかがってびっくりしました。

寺田　日本の女性は進化しています。三年あるいは五年というスパンで、そういう方向に向かっていくと思います。

村上　その時はヒルトン姉妹はちょっと違うような気もするけど（笑）。

メーカーに値切るのではなく、会話を

小池　国内生産にこだわりがあると聞きました。

寺田　父が製造業、加工業だったので、戦うところがだんだん変わっていく、最後は海外になってしまうというのを見ていたので、日本のものづくりの火を消したくないという思いはあります。ものをつくってくれる人たちがいたからこそ自分たちがある、という原点を忘れてはいけないと思います。そういう人たちの話を聞かないで、ただ海外へ行けばいいのか。多くの企業の方から反感を買うかもしれませんが、そこに会話があれば、日本のものづくりの火がここまで消えてはいないと思います。

村上　前提として、バッグをつくる上で高い技術があるわけですよね。

寺田　技術は高いし、会話があればもっとがんばれるんです。値段の問題ではなくて、やる気の問題で

す。たとえば一つの商品をつくるのに五千円かかっている。その時に「海外だったら三千円だ」と言うのは本当に愚かだと思うんです。

村上　でも目に浮かぶようですね。

寺田　相手のプライドを傷つけるのは間違いありません。そうではなくて、まずこの商品をいくらで売るかを一緒に考えましょう、というところからスタートすればいいと思うんです。値切るというより、一緒に売れるものを考えていこうという参加型。そうしたら「こうすれば二千五百円でつくれるかもしれない」という話もひょっとしたらできるかもしれない。そういった会話があまりにもなさすぎたんだと思います。

村上　会話という言い方が寺田さんらしい。

寺田　イタリアの工房で働いているお父さんをイメージしてもらうといいと思うんです。いい車に乗って、いいところに住んで、みんなに尊敬されて。その姿を見て子どもは感じるんですよ。だから僕はメーカーさんには「格好いいお父さんになって」と言っているんです。子どもがお父さんの仕事を継ぎたいと思うような。

村上　手応えはありました？

寺田　ありました。最初のころは「何を言ってるんだ」と言われたし、何年もかかりましたが、サマンサタバサのメーカーさんとは仲良くやれています。

村上　ファッションというとどうしても派手なイメージがありますが、日本のものづくりの伝統とエッセンスが経営の節々に現れているんですね。

寺田　僕は思い切り和式ですから。
村上　最も達成感や充実感を感じるのはどんな時ですか。
寺田　人が育った時ですね。本当にがらっと変わるんです。急に責任感が生まれたりして、「どうしたの？」というぐらい変わる瞬間がある。そんな時に感じます。
村上　急に英語がわかったり、自転車に乗れるようになったりした時と一緒かもしれませんね。
寺田　そうですね。そういう時はお酒がおいしいです。
村上　では、悩みはありますか。
寺田　ずっと悩んでいます。僕は六十五点男なんです。今日は五十点かもしれない。
小池　どういう意味？
寺田　ダメ男なんです。
村上　それは最初の設定が高すぎるのではないですか。
寺田　百点を見たことがないのでよくわからないのですが、「もっとできるはずなのに」とか「こう言えばよかった」とか、毎日そんなことばかりです。いつもダメと思っているんです。
村上　だったら僕は小説を書いてない時は二十点ぐらいですよ。書いている時は捨てたもんじゃないかなと思いますが。六十五点だったら偏差値、高いですよ。

RYU'S EYE

革命を生きのびるブランド戦略

世の男性のねたみを買うタイプの経済人がいる。ポルシェに乗ったりアルマーニを百着持っていたり、世界各地に別荘があるとか、個人用ジェット機で移動したり、時価にして数億円のワインセラーを持っていたり、あるいはワイナリーそのものを所有していたりと、ねたみの材料はいろいろあるが、しかしその最大のものは、若い女子社員に常に囲まれて、かつ彼女たちから崇拝されているということではないだろうか。

若い女性に人気のブランドであるサマンサタバサの寺田氏は、紹介VTRで若い女子社員から圧倒的な支持を受けていて、これは男たちからねたまれるだろうな、とわたしは思った。だが、それは一夫多妻制に憧れるのと同じことだ。わたしは若い女性に囲まれる毎日を送っている男にねたみを覚えるような年齢でもないし、そのような立場にいることがいかに大変かを知っているので、特別な感情を持つことはなかった。若い女性に崇拝される立場を維持するのは、大変なコミュニケーション能力と忍耐力を必要とするのだと、おそらくわたしはかつてどこかで学んだのである。

番組で寺田氏に確かめたかったのは、現在のサマンサタバサのブランド戦略の「次の展開」だった。

その質問に対して、寺田氏は明快な回答を持っていた。「質の高い生活を送る女性をターゲットにした」商品企画、ということだった。たとえば夕食をとったあとに「クラブに遊びに行く」のではなく、「好きな音楽家のコンサートに行く」というような「生活」を確保している女性のための商品を創り出してみたいという、具体的なプランを寺田氏は持っていて、わたしは少なからず驚いた。

「おもにその人の経済力を示す」というコンセプトしかない現在のブランド戦略は、日本社会でも他の先進諸国でもいずれ破綻するだろうという予感がわたしにある。ファッション全般で、お金と消費以外の価値観がやがて商品化されるだろうとわたしは思っている。今お金以外の価値観が希薄なために、子どもや若者は非常に窮屈な生き方を強いられているように見える。お金以外の価値観が必要とされているのだが、いまだに社会はそれを見出していないし、示そうともしていない。だが必要とされるものはいつか生み出されるのだとわたしは思う。寺田氏はそういった一種の「革命」による淘汰を生きのびようとしているのだと、そう感じた。

ワタミ社長

渡邉美樹

無理を続ければ、
それは最終的に無理ではなくなる。
無理をして自分自身を追い込むことで、
結果的に成長できる

PROFILE

夢を実現させ続ける外食産業の雄

伸び悩む外食産業にあって、成長を続ける「和民《わたみ》」。「和民」は他の居酒屋と違い、ファミリーや女性、さまざまな層がターゲットだ。自社の畑でつくる有機野菜のほか、安全・安心な食材が売り。一品あたりの平均単価も三百四十円と安い。刻々と移り変わる顧客ニーズに対応し、現在は居酒屋だけでなく、ファミリー向けの居酒屋やダイニングバーから焼肉屋まで、さまざまなブランドを展開している。

午前五時五十分、渡邉美樹は社員の誰よりも早く出社する。睡眠時間はわずか四時間。

一九五九年、渡邉は横浜で生まれた。父、秀樹はコマーシャルをつくる会社の社長。幼いころ、家庭は裕福だった。日曜日には銀座で外食するのが、渡邉の何よりの楽しみだった。しかし十歳の春を境に、すべてが変わった。母、美智子が病気で亡くなったのだ。さらに七カ月後、父の会社が経営破綻。数千万円の負債を背負った。渡邉家の生活は一変した。「父の仇をとりたい……」。渡邉は小学校の卒業文集で誓った。「必ず社長になる」と。

明治大学卒業を間近に控えた一九八二年、渡邉は北半球一周の旅に出た。社長になると誓ったものの、どんな事業を始めるべきか、迷っていた。二十七カ国を訪ね歩き、最後にたどり着いたのがニューヨーク。何気なく足を運んだダウンタウンのライブハウス。カウンターの渡邉に、隣の席の黒人が話しかけてきた。ここには金持ちも貧乏人もない。人種や宗教の違いもない。みんなが今という時間を最高に楽しんでいる。「僕が求めていたのは、こうした時間や空間だ。こういう店をやろう」。帰りの飛行機の中で渡邉は、初めて夢に日付を入れた。「二十四歳の四月一日に社長になる」。

大学卒業後、会社設立の資金をつくるため、宅配便のドライバーになる。一日二十時間働き、一年間で三百万円を貯めた。夢に向かって走り出そうとした渡邉を、後押ししてくれる人物も現れた。居酒屋つぼ八の創業者、石井誠二である。一九八四年、渡邉は最初の夢を実現。会社をつくり、「つぼ八」高円寺北口店のオーナーとなった。しかも、渡邉の店はサービスが違った。膝をついておしぼりを出す。それまで居酒屋ではやっていなかったことをやった。

それから八年、渡邉は自社ブランドの外食チェーン「居食屋和民」一号店を東京・笹塚にオープン。以後、急成長を続け、創業二十二年で六百三十店舗に規模を拡大、二〇〇〇年に東証一部に上場した。

若い社員たちに「好きなことを仕事にしろ」と言う渡邉は、自身も新たな夢を追い求めている。それは介護ビジネスだ。二〇〇五年、十六の老人ホームを運営していた企業を買収。外食産業で培ったノウハウを生かして、高齢社会の巨大市場に挑む。

わたなべ・みき　一九五九年生まれ。明治大学商学部卒。会計システム会社、運送会社を経て、八四年「つぼ八」FCオーナー。九二年より居食屋「和民」を展開。二〇〇〇年、東証一部上場。外食のほか介護、農業、教育、中食の分野へも事業を拡大。個人では〇三年に学校法人郁文館夢学園理事長。〇四年経団連理事、〇六年教育再生会議有識者委員に就任。

INTERVIEW

夢に日付を入れれば、今日やるべきことがわかる

小池　渡邉さんの「夢カード」には、日付まで細かく書かれているんですね。

渡邉　一日に最低二、三回は見て、イメージすることが一番大事なんです。たとえば千店舗になっている姿を、何度も何度もイメージする。そうすると、潜在意識に入っていくのです。

村上　夢というのは曖昧な言葉なんですよね。たとえばリトルリーグの小学生が「ヤンキースに行きたい」というのは夢だと思うんです。でも、プロ野球選手が「メジャーに行くんだ」というのは、夢じゃなくて、「目標」とか、「自分のやりたいこと」でしょう。そう言った瞬間に、それは夢ではなくて、現実になるんですよ。彼にとっては現実なわけ。夢に日付を入れるということで、夢という言葉の持つ一種の罠というか、曖昧さを拒否するということになるような気がしました。

渡邉　僕は、夢は二回叶うものだと思っているんです。一度目はイメージの中で叶う、二度目は現実に叶うということです。その夢と現実とをつなげるのが時間だと思っているんです。だから、日付を入れて、今日との差を明確にする。そして、それを日数で割ってしまえば、今日やらなければならないことが明確になってくる。「いつか叶ったらいいな」という夢は絶対に叶いません。夢という字に人偏をつ

けると「儚い」となります。年をとった大人が言うんですよ。「俺も若いころはそんなことを思っていた」「俺も若いころはそんなことをやりたかったんだ」と。でも、それはただの負け犬です。やらなかっただけです。今日の現実を変える勇気がなかっただけ。だから、「今日の現実を変えろ」ということに代えたのが「夢に日付を入れる」という言葉だったのです。

村上 夢に日付を入れると、自然と逃げ場がなくなってきますからね。

小池 そこまで細かく日付を入れてしまうと、焦りませんか。

渡邉 焦りません。逆に、今日やるべきことが明確になっているので、落ち着きます。これをやれば確実に前にいける、と思います。「和民」の一号店オープン時の日記に「千店にする」と決めたんですよ。千店というのが漠然とあると、何をやっていいかわからない、誰がやったってできない、と焦りますよね。でも、千店にするための計画があれば、今日これをやれば一歩近づく、今日これをやればまた一歩近づく、と思えるんです。計画があるから焦らない、そして、一日一日を充実させることができる。僕はそう思っています。

小池 夢までの道順は、多少間違ってしまってもいいんですか。

渡邉 そうです。まず日付を入れますね。そして、その時のベストのシナリオを書きます。で、毎日日記をつけます。でも世の中というものは常に変わっていきます。変数がたくさんあります。その変数によって計画を書き直すんです。たとえば、山をこちら側から登ろうとしたら、大きな岩があった。

では戻って、今度はこちらから登ってみる。ただし、頂上にたどり着く日は変えちゃいけないわけです。ですから、計画は変えても、その日数は変えないということが基本です。そうしないと、人間とは弱いものですから、ずるずると後ろに行ってしまうでしょうからね。

村上　二十四歳で社長になると決めたそうですね。そうやってご自分を追い込んでいったのだと思いますが、二十四歳というのは、どこからきたんですか。

渡邉　僕の夢の設定というのは決まっていて、「これ以上やったら鼻血が出て倒れる」というところの、もうちょっと上なんです。二十二歳の時に、二十四歳で外食産業で社長になるという設定をしても、普通に考えたら無理なんです。でもギリギリがんばって、死ぬほどがんばったら、そのもうちょっと先にあるんじゃないかなと思った。

村上　それはなぜですか。

渡邉　無理をすれば、それは無理じゃなくなるからです。無理を一週間続ければ、無理じゃなくなるんです。人間には慣れがありますから。最初に考えた時に、これは無理だなと思うことも、実際はそんなには無理なことではないし、最終的に無理じゃなくなるんです。また、無理をして自分自身を追い込むことで、結果的に成長できる。

村上　自分自身の可能性も広がりますよね。

渡邉　そうです。そして、最終的にその夢を達成することが僕の人生の目的ではないんです。目的を追っていくプロセスの中で、ギリギリまでストレッチする中で、人間として成長することだよ、強くなることだよ、優しくなることだよ、それが我々の生きる目的なんだ、と社員にも言っています。ギリギリのところに目標設定するというのは、基本的な考え方なんです。

村上 でも自分の限界点というのは経験からわかってくるもので、二十二歳の時に、「ギリギリの少し上に設定する」と考えたのはすごいことですよ。

渡邉 その頃は経験も知識もまだ足りないですから、当然他の例を見てです。僕は、外食のお店をつくった時に十年で店頭公開すると決めたんです。直営店で十年で上場した会社というのは一社もなかったんです。つまりそれが最短です。ならば最短を目指そうと。経験がない時は、他社の事例で結果を見出すしかないですから。

夢というスイッチが入ると、能力は何倍にもなる

村上 今の社会的な常識からいうと、二十四歳はまだ子ども、すごく若いというイメージがあるでしょう。日本の社会には、すぐに子ども扱いするようなところがある。自分のことを言うのは気が引けるのですが、僕は二十三歳の時に『限りなく透明に近いブルー』という作品を書いたんです。二十三歳で僕が書いたくらいだから、君だってやればなんかできるよ、ということなんです。二十歳でも二十一歳でも、実は若くない。十五歳に比べればもう大人で、自分の時間的な資源はどんどん減っていく。それなのに、未だに若い、若いといっているのは、ある種、甘やかしているような気がするんです。

渡邉 確かに、二十四歳の自分を振り返ってみると、知識や経験は足りなかったと思います。当然視野も狭いですし、一つの問題を見つける力も物事を見る深さも浅いと思います。でも情熱が、浅さを補っ

てしまうんです。ですから、総合力からいったら変わらないと思います。経験豊富なそこそこの情熱の四十歳と、片や情熱の塊みたいなちょっと知識の足りない二十四歳。そういう二人が戦ったら、五分五分でしょう。そういう面で言えば、若さというのは決してマイナスではないと思うんです。

小池　くだらない話かもしれないんですが、一人暮らしを始めた時に、今のお給料ではギリギリというところに住んだんです。それによって自分を追い込んで、もっと仕事をがんばって、もっといいマンションに住みたいと思って……そういうのとは違いますか。

渡邉　そんなに違ってはいないですよ。僕は若いやつらに夢を持てと言います。「じゃあ君の夢は？」と聞くと、僕が「世のため人のため」と言うものですから、「カンボジアの人たちを幸せにしたいんだ」と言ったりする。でも「そんなことは置いておけよ」と言うんです。お前、どんな車に乗りたいんだ、と。まずはそういった気持ちに忠実で、それでいいじゃないか、と。僕は会社つくった時に、まず土の上に住みたいと思ったんです。父が会社をダメにした後は、貧乏で貧乏で、小さい公団アパートしか住んだことがなかったんです。だから、土の上に住んでいるやつが羨ましくて、いつか絶対土の上に住んでやるぞ、と思った。それが自分の原点だったんです。

小池　渡邉さんは若い人の教育にも熱心に取り組んでいらっしゃいます。

渡邉　今、学校を経営しているのですが、子どもたちに夢を聞いても、夢がないんです。いい中学、いい高校、いい大学に入ることが夢で、それ以上は答えられない。「何でかな？」と思い、ずっと子どもたちと触れ合っているうちにそれがわかったのですが、無関心なんですね。マザー・テレサが、「愛の反対は無関心だ」と言いましたが、極論すれば愛がないんだと思います。要するに自分は何もしなくても食べていける。すると、関心がなくなっていく。今、僕が子どもたちに何を教えているかというと、世界はこうなっているんだよ、日本はこうなっているんだよ、仕事とはこうなんだよ、ということです。村上さんの『13歳のハローワーク』をフルに使わせていただきました。

小池　子どもたちの反応はどうですか。

渡邉　当然変わっていきます。六年間かけて、「大学はどうでもいい」と言っています。その代わり、「自分の夢に大学が必要ならばしっかり受験しなさい」という教育をしているのですが、飛躍的に進学率が上がっていますね。結果的にいいと言われている大学、難しい大学に入っていきます。それは、子どもたちに無限の可能性があるということだと思っています。夢というスイッチをオンにすることで、能力が何倍にもなるんだと思います。だから、人間とは素敵なものだな、子どもは素敵なものだなと、子どもたちから教えられていますね。

小池　無関心は悲しいですもんね。

村上　子どもが周囲に無関心ということですよね。いろいろな子どもがいると思うのですが、子どもは放っておいても、好奇心があるから、好きなこと、いくらやっても飽きないことがあればそれをやると思うんです。本来、放っておけば自然にそうなるはずなのに、放っておいてないんだと思います。渡邉さんがおっしゃっていたように、「いい大学に入りなさいよ」とか、「いい会社に入っちゃえばそれでいいんだよ」と言うのは余計なことだと思うんです。ある意味で言うと、寄ってたかって自然じゃなくしてしまっているような感じがするんですよ。

夢がない人は採用しない

小池 ワタミは今年、新入社員を五百人採用したそうですが、途中でやめる人も少なくはないですよね？ 途中でやめる方はどういう理由でやめるんでしょうか。

渡邉 最初の一年で一五％が離れていきますね。でも、実は外食産業の平均はもっと高いんです。外食産業はそれだけ厳しいので。それでも一五％が夢を諦めていくことになります。**というのも、うちは夢がない人は入れませんから、必ず原稿用紙十枚に夢を書いてもらいます。みんなの夢が叶うことで会社が大きくなる、というのが僕の考え方です。**「みんなで会社を大きくしよう」ではなくて、「みんなの夢が叶うことで、結果として会社が大きくなる」というふうに考えています。

ですから、みんな夢を持ってきなさい、と言っています。でも、夢を追うのは大変ですから、「やっぱりやめた」という子がその一五％ですね。なんとか伴走してあげたいと思っているのですが、残念ながらやっぱりやめた、というのが少なからず出ますね。

村上 基本的に向いてなかったんでしょうね。以前、大工さんを取材したことがあるのですが、大工さんという職業は子どもにすごく人気だったんです。ただ、十人弟子入りしたら、九人はやめていくと言ってました。いけないことですが、殴っちゃう大工さんもいたりして。でも、もし十人全員が大工さんになっちゃったら、大工さんは余っちゃうんですよ。だから十年間はほとんど収入がない状態で教わり、大工さんになる。そうやって大工さんになった若い人に聞いたら、「確かに殴られたこともあったけど、やめようと思わなかった」と言うんです。たぶん、その彼は大工という仕事が向いていたんだと思います。向いていることにはすごいパワーを発揮するんですね。

渡邉　でも、向いているかどうかわからないこともありますよね。こちらが向いていると思っても、本人は向いていないと思うこともある。そういう時に「お前、あと半歩だよ」と思うことが結構あります。それはつまり、自分で夢に終止符を打っているんですね。夢というのは諦めた時に終わりですから。諦めなければずっとその物語は続いているんです。ですから半歩でやめてしまう子が多いのは残念です。村上さんがおっしゃったように、向き、不向きというのはあると思います。同時に、やはり好きなことに対してはものすごい力を発揮します。ですから、夢の前に、「好きなことは何だ?」と問いかけることが大切かもしれないですね。

村上　「好き」という言葉も難しいですよね。「好き」というのは、ないよりあったほうがいいというものから、「これを奪われたら死ぬかもしれない」というものまで含まれている。今、僕らは理性で話しているわけですが、好き、嫌いというのは、前頭葉の下にある原始的な脳で話していることが多くて、よく「なぜあの人が好きなの?」と聞かれた時に、なかなかうまく答えられないことが多いですよね。

たとえば、渡邉さんが二十二歳で世界旅行をして、アメリカのライブハウスに入った時に「こういうお店をつくりたい」と思った。あれは、見つけたわけではなくて、出会えたんだと思うんです。そういうものに飢えていたから、結果的に出会えた。どこかで日々意識して、それに対して「自分には何かあるはずだ」とポジティブに思っていないとダメなんだと思うんですよ。そのうちにピンとくる何かに出会ったらそれをやってみればいい。おなかいっぱいで山に入ったらただ歩くだけだけど、飢えて山に入ったら「このキノコ食べられるかな」と反応できるわけです。

小池　渡邉さんも常に好奇心を持ち続け、アンテナを張り巡らせているから出会えたんですか。

渡邉　そうですね。確かに村上さんのお話は非常によくわかります。でも、僕はあえてそういうものをすべて排除して、シンプルに考えようと努力してきました。「社長になる」、そして「社長になったら何がしたいか」と単純に物事を考えて、単純に結論を出してきました。そういう考え方は大事だと思うんです。フリーターの方々は、村上さんの言っていることがすごくよくわかると思います。

でも、実際には、若い人が高齢者を支えていく社会をつくっていかなければならないんです。遊んでいる場合ではなく、働かなければならない。そういう現実があるんです。僕自身もそうでした。早く社長にならなければならないと、自分自身を追い込んできました。確かに、村上さんのおっしゃっていることは真実だと思います。でも、そうではない側面から自分を追い込んでいく作業が、若者には必要なんじゃないか、と思っています。

自由主義社会の格差は健全

村上　渡邉さんは「ニートは憲法違反だ」っておっしゃっていますよね。

渡邉　その通りです。労働は国民に与えられた義務ですから。その義務を果たしていないんですから、やはり憲法違反でしょう。

村上　ワタミに入ってから自分がやりたいことに出会う人が、たくさんいると思います。それは、ワタミに入って鍛えられていくうちに、いろいろなアンテナも磨かれていって出会うんだと思うんです。働くということは、そこで骨を埋めるという側面や、それを深めるという側面もありますが、さまざまな人と出会うことで新しい知識や情報にも出会っていくということでもあるわけだから、そこでカチッとやりたいことに出会うんだと思いますよ。渡邉さんがこれまで見てきた社員の中で、そういうタイプと、そうではないタイプの人というのはいますか。

渡邉　明るくて素直な子ですね。**明るいといろいろなチャンスが来るんですよ。暗い子にはチャンスも来ないし、出会いも少ないんです。**ですから「明るい」と「素直」は絶対条件です。うちの社員の採用基準はそれだけです。どんな大学でもいい、明るくて素直な子は絶対に伸びるから、と。

村上　今、格差社会ということが言われていますよね。漠然としていますが、それに対してどう思われますか。

渡邉　**日本人は格差社会を望んでいるんだと思います。**自由主義社会というのは、自由と平等で、自由を選んだわけですよね。それによって自由競争が生まれ、そこには優劣が生じ、それは常に逆転していきます。そうすることによって社会が発展していくというのが自由主義社会です。ですから格差社会はあって当然です。

　ただし大事なことは、格差社会から外れる人がいますよね。たとえば高齢者の方々や障害者の方々。そういう方々へのセーフティネットをガチッとして、その中で思う存分戦うことによって、社会が発展

していく。その段階で、十分な格差が生まれていくということは健全な社会だと思っています。ですから、格差社会が悪いというなら、自由主義社会をやめればいいじゃないか、社会主義に戻せばいい、共産主義になればいいじゃないか、と言いたいですね。

村上　明快ですね。では最後にみなさんに同じ質問しているのですが、悩みはありますか。

渡邉　ありません。僕は経営者ですから、いろんな心配事はあります。その心配事を毎日打ち消すべくすべての手を打ち続けているわけです。明日になれば、またその心配事はたくさん起きます。

小池　悩んでいる暇はないんですね。

渡邉　常に問題が発生したらそれを打ち消す、リスクが生じそうになったらそれを事前に打ち消していく。そうやって手を打ち続けることが自分の仕事だと思っています。

村上　悩みというのは決定できないことなんですよね。そういう意味では渡邉さんにはないですよね。ずっと明快で、常にそこで決断していくんですもんね。

小池　人から相談を受けることが多いんじゃないですか。

渡邉　人はだんだん、相談したくなくなりますね。あまりにも簡単に答えるので、相談のしがいがない、と。

村上　では、渡邉さんが最も充実感や達成感を感じる時はどんな時ですか。

渡邉　毎日毎日ですね。毎日寝る前に日記を書いて、父と母の仏間があるんですが、そこで今日一日を報告します。僕は毎日、達成感と幸せの中で眠るんです。

夢と目標について

「和民」など一大外食チェーンを築いた渡邉美樹氏には、「夢に日付を」という象徴的なモットーがある。たとえば「社長になる」という夢に、「何年何月何日までに」という日付を入れるのだ。「夢」という言葉は曖昧だし、また睡眠時に見る「夢」と両義性があって、牧場とかで小さな女の子が遠くを見るような感じのぼんやりとしたイメージがあるので、実はわたしはずっと違和感があった。

インタビューなどで「村上龍さんの現在の夢は何ですか」と聞かれると、「ありません」と答えるようにしている。実際わたしには現在よく使われている社会的文脈での「夢」などない。あるとしたらそれは現実的な目標だ。メジャーへの移籍が決まったとき、小学校のときからの夢が実現しましたね、と指摘された松坂大輔は、「(メジャーは)夢ではなく目標だったんです」ときっぱりと言った。

夢という言葉には、願ったり念じたりすれば叶うもの、といったニュアンスがある。また叶わなかった場合でも、「夢だったんだからしょうがない」という弁解が可能だ。夢を追いかける、夢をあきらめない、という表現があるように、夢というのは遠くにあって、しかも特別なものなので、それが自分の中でいつ現実になるのかはっきりしない。また夢が実現せずに夢で終わった場合でも、それが誰のせいなのかもよくわからない。

目標は違う。目標ははっきりとした現実で、それは叶うものではなく達成するもので、達成できないのは一〇〇パーセント自分のせいだ。現在の日本社会には夢という言葉が溢れかえっているが、それは国家的・社会的希望が近代化と成熟化によって消失し、自ら希望を設定しなければならなくなった個人の「逃避先」として使われているのだと思う。

渡邉氏は、夢を現実化するために「日付」を入れて、目標化しているのだろうとわたしは思った。また、渡邉氏の目標の設定は「これ以上やったら鼻血が出るというポイントの、その上」だという。「無理を続けていると無理ではなくなる」というのが渡邉氏の考え方だ。合理性の外側にあって不可能というのが「無理なこと」なので、渡邉氏の考えをわたしなりに翻訳すると「自分で設定した自分の限界を疑ってみる」ということではないだろうか。

わたしは目標を見つけ努力を開始するための条件として「自分に向いたことに出会う」ことが必要だと思うのだが、渡邉氏は「まず必死でやってみる」のが先だと言った。見解の相違というより、コインの裏表ではないかとも思うが、ひょっとしたら経営者と作家の戦略的相違なのかも知れない。

V
異端から正統へ

ヨシダグループ会長

吉田潤喜

バスをまず動かす。
動かしてからガソリンを見つける。
給油を計算してたら、
誰かがバスを動かしてしまう

PROFILE

アメリカンドリームの具現者

手づくりで始めたバーベキューソース。それが今では年間二千万本、売上四十億円を稼ぐ。

一九四九年、吉田潤喜は京都で産声を上げた。近所でも有名な悪ガキだった。大学を受験するも失敗。六九年、吉田は日本を捨てた。目指したのはアメリカ。たった五百ドルを握りしめ、無鉄砲に飛び出した。

食うや食わずの生活。そんな日々から抜け出せたのは、日本で習った空手のおかげ。渡米から一年半が経ったころ、自分の道場を開くまでになった。流行っていたブルース・リーの影響で、空手道場は大繁盛した。その後オレゴン州に移り住んだ吉田は二十四歳で結婚。三人の子どもにも恵まれ、アメリカ国籍を取得した。しかし一家の生活に暗雲が立ち込める。八〇年代のアメリカを襲った大不況。その影響で、空手道場の生徒数はピーク時の三分の一にまで落ち込んだ。

一九八一年のクリスマス、教え子からプレゼントが届いた。しかしお返しをする金がない。悩んだ末、吉田はあることを思いついた。醤油とみりん、砂糖をぐつぐつと煮込み始めた。吉田の実家は焼肉屋。親からレシピを聞き出し、バーベキューソースをつくって、それをお返しに生徒に渡した。するとそのソースが欲しいと生徒が押しかけるようになった。妻の助言でアメリカ人好みの味に改良。オリジナルソースを完成させた。

だがそのソースをどうやって売り込むか。吉田は自ら店先に立ち、実演販売で売り込む作戦に出た。着物姿にたくみな話術。これが客に受けた。

売り始めたばかりの一九八三年ごろ、吉田の会社は赤字が続いていた。そんな時、ソースを店に置きたいと取引を持ちかけてきたのがコストコという新しい会員制スーパー。激安を売りにしたそのやり方に、同業のライバル店は反発していた。吉田にも圧力がかかる。だがそれに怒った吉田は、あえて当時たった二店舗しかないコストコとの取引に踏み切った。コストコの将来に賭けた。その後コストコは急成長し、一緒にソースも売れまくった。自ら出演した奇抜なCMでは、その名を全米に広めた。自分のキャラクターを印象づけて売る。狙いは見事に当たった。

順風満帆だったわけではない。破産しかけたこと四回。そのつど、どん底から這い上がってきた吉田の事業欲は、尽きることを知らない。

今やヨシダソースはアメリカの食卓を飾る顔となった。吉田の会社はヨシダソースを筆頭に十八社を抱える年商二百億円の企業グループへと成長した。吉田は日本への進出を目指している。

よしだ・じゅんき　一九四九年生まれ。六八年渡米。不法就労の苦労を重ねた末、空手道場を設立。八二年、ヨシダフード・プロダクツ創業。その後、事業を多角化しヨシダグループのCEOに就任。二〇〇三年、米中小企業局が選ぶ二十四社に選出、インテル、AOL等と共に殿堂入り。全米での知名度はメジャーリーガーのイチローと並ぶ。

強いアメリカでチャレンジしたかった

村上　お母さんがつくってくれたのに似たソースをつくって、クリスマスプレゼントに空手のお弟子さんに配ると、お弟子さんから「おいしいからもう一本つくってくれ」と言われて、これはビジネスになるかもしれないと思ったところがすごいですよね。

吉田　みなさんが「おいしい」「欲しい」と言うんです。最初はちょっとムカッとしました。クリスマスのプレゼントなんだから来年まで待つのが常識じゃないかって。ところが「違う違う、お金を払います」と言うんです。それで「ああそうか、this is アメリカだな」と。その時に、金を払ってまで欲しいということは何かあるなと思った。二回目に言ってきた時と、三回目に言った時とで、値段を上げていくんですよ。後で文句を言われましたけど、「うるさい」と言ってね。「一晩かけてつくっているんだ」と嘘をついて。回数が増えるたびに値段が上がっていって、面白かったですよ。

村上　だんだんと手ごたえを掴んでいったんですね。

吉田　そうです。だけど本質は完全なる素人でしたよ。

小池　そもそもなぜ、日本を離れてアメリカへ行かれたんですか。

吉田　二つの理由がありました。まず大学に滑ったんです。京都の立命館大学ですが、当時立命館の空手部がものすごく強くて、とにかく空手部に入りたかった。たまたま運よく滑りまして、滑ったら浪人ですよね。浪人なんてやったら大変です、七人兄弟の末っ子ですから。間違いなく一年間、店で皿洗いです。もう一つはそのころ、東京オリンピックがあったでしょう。金メダルもらう選手はほとんどアメリカ人ですよ。とにかく強い。それに憧れたんですね。やはり喧嘩ばかりしていたでしょう。だから強いものに憧れる。これはアメリカだ、と。それから当時は、テレビドラマもアメリカのものだった。

村上　コンバットとかね。

吉田　みんないいものを食っているじゃないですか。食事の時も喧嘩にならない。僕の家は子どもだって戦争でしたから。嫁さんも金髪のきれいな奥さんで。

村上　それはドラマだからですよ。

吉田　現実は後でわかるわけですが、これはこの国に僕は行かなければいけない、と。たまたま飛行機が直接飛んでいるのはシアトルだ、と。結果的に家からは勘当されましたけれども、それがよかった。日本から一切金が送られてこなかった。

村上　目的なしに行ってしまったんですか。

吉田　非常に変な目的ですけれど、あの強いアメリカで自分をチャレンジしたいということです。行く前から、僕はもう帰ってこないとはっきり言いました。だからそこでチャレンジしたかった。ただアメリカで何をするというのは、まだ十九歳ですから、わからないですよ。で、着いたもうその足でチャイナタウンに行って、帰りの航空券を現金に換えましたもん。

小池　飛行機代が高い時代ですよね。

吉田　七百五十ドルで換えてくれまして、そのお金を使って何とか生きてきた。

村上　食べるものがなくてチェリーとチーズバーガーばかり食べていたり、倒れたり、だいぶ大変な目に遭われたとか。

吉田　未だにチェリーとハンバーガー、食べないですよ。

村上　チーズバーガーは最初はおいしかったらしいですね。

吉田　毎日食っていた。こんなおいしいものばかり食べているアメリカ人だったら、やはりオリンピックで勝つと思いましたね。チーズバーガーが二十四セント。それを朝から晩までケチャップをいっぱい入れちゃう。日本では当時、ケチャップが高かったじゃないですか。食べるとケチャップが飛び出してドラキュラみたいになる。でもこれを三カ月も食べるとやはり飽きるんです。

村上　チーズバーガーが主食でチェリーがデザート、というわけではないんですよね。

吉田　そんな感じではない。チェリーが主食でしたから。シアトルには桜の木がいっぱいあって、あるところに行くといっぱいなっている。あんなもの、鳥しか食べないですよ。

村上　マーケットじゃないんですか。

吉田　あんなもの、木になっていた。それで登っていって袋に入れて食べる。おなかがすいているから。昔の花さか爺みたいなもんですよ。ところが農薬で病気になってしまったんです。

村上　洗わないで食べているから。
吉田　言ってくれたらいいのにね。農薬がかかっているから洗ってください、とか。
小池　まさか食べるとは思わないですもん。
吉田　それはそうですけれど。それで体をいためちゃった。
小池　それでも日本に帰りたくならなかったんですか。
吉田　一年目は帰りたかった。帰ってこいという言葉が欲しかった。でも全然言ってくれないの。一年目は辛かったですね。皿洗いをしながら芝刈りのガーデナーというのをやっていました。シアトルは夜の十時まで明るいですから、朝からだと十四時間ですよ。もぐりだからそれで現金で一ドル二十五セント。生まれて初めてした仕事でした。
村上　でもそういう中で、ずっとやってきた空手が身を助けることになるわけですよね。
吉田　その通りです。当時ブルース・リーがロスに行って映画を撮って、空手ブームだったんですよ。正確にはカンフーブームだけど、白人にとっては空手もカンフーも一緒なんです。日本人、東洋人を見ると空手の達人だと思われていました。僕はずっと空手をやっていましたから、それで大学の授業料を交換で出してもらったり、賞金稼ぎに行ったり。
村上　賞金稼ぎ?
吉田　空手の大会で、お金をもらえるんですよ。当時は重量制なんてなかったから、僕なんて一番小さかったですよ。相手の胸の高さですからね。ルールもなかった。それで観客は喜んで、お金になったんです。

村上　でも空手は単にお金を稼ぐ手段だけではなくて、人間関係が生まれていくんですよね。

吉田　空手を教えることによって、たとえば警察学校の師範にもなりました。七四年にオレゴン州の州警察学校に招請されて、そこでまた空手関係の方にお会いして人間関係を築いていく。**人間関係を築けば築くほど信頼されるし、自分を磨いていくことができました。もともとは全然磨いてないのですが、そういう出会いで磨かれたんですね。**だから今日まで、州知事から裁判官から、いろいろな方とありがたく付き合いをさせていただいている。

村上　アメリカでビジネスをするには、必ず弁護士が必要になる時があるのですが、弟子だから人間的にも信頼できますよね。

吉田　弁護士だけで二十六人ぐらいいるんじゃないですか、うちのグループで。

会社は自分でつくって自分で潰す

村上　吉田さんがビジネスを起こしたのはカーター時代で、不況の真っ只中ですよね。

吉田　八一年、八二年と最悪でした。道場がナイキの本社から歩いて五分ほどのところにあったのですが、生徒がどんどん減っていきました。「これは何かやらんとあかん」と思っていた時でした。そのタイミングをいかに捕まえて自分のものにするかに必死の状態です。計算していたらできないですよ。

村上　ただ一方で、吉田さんは信じられないぐらい失敗もしてきているんですよね。

吉田　失敗ばかりですよ。ゴルフ場をつくって失敗した時には、ものの数十秒間ですが、ピストルを頭に当てましたもん。

小池　自殺を考えたということですか。

吉田　ええ。最後の最後に買ってくれるバイヤーさんが現れたのが救いで、大損したけど借金も七年で返しました。だけどその時の経験というのはすごい力になっています。**自分で起こした仕事で失敗して逃げる。自分は卑怯な人間なんだと思った時のことは一生忘れない。だから私は自分の会社を絶対に公開しない。自分でつくって自分で潰します。**そういう失敗ごとに「こんちくしょう、今にみておれ」という、口では言い表せない力が出てきました。

村上　今考えれば、そういう失敗も人生において必要なものだったということですね。

吉田　必要でした。その時に学んだ土地開発のことが、今、リゾートの開発の仕事をしているのにも活きてますし。

小池　その時はご結婚されていたんですか。

吉田　そうです。だからこのことを家内に言った時は大変でしたよ。でもやはり卑怯だったんです。一瞬でも逃げようとしましたから。

小池　奥様は仕事のことには一切口出しはしない方ですか。

吉田　仕事のことでは一切言わないです。でも二回目の破産の時、ちょうど金曜日で銀行に切られて、社員に好きなものを持って帰ってくれと言って、もうめちゃくちゃに酔いましてね。いくら大人になっても、男は男の子ですね。

村上　弱っているところを見せたくなかったんですね。

吉田　で、酔っぱらって帰ってきたら、フライパンを持ってきてガーンとやられてもおかしくないところを、逆にお酒を持ってきて「飲め」と。それで、明日からこの家を売ってアパートを探しにいくから、という言葉がさっと出てきた。勇気づけられましたよ。自分は何をやっているのかなと思った。そこでぎゃーぎゃー言われたら、「ワシがこんなに苦労しているのにお前……」となるでしょう。女性は強い。僕のお袋も強いですが、やはりそうやって後ろで支えてくれる人がいるのはありがたいことですよ。

まず動いて、動きながら考える

小池　そうやって失敗しても、またチャレンジをするわけですね。
吉田　アメリカではよく言うのですが、まずバスを動かす。動かしてからガソリンを見つけなさい、と。ガソリンをどこで給油してなどと計算してたら、もう誰かがバスを動かしているんですよ。冒険というよりも行動力でしょう。まず動いてみて、動きながら考える。うちのヨシダソースも店頭販売をしたから伸びてきたんです。正直に言うと、味もしょっちゅう変わっているし、ラベルも十数回、変わっているんですよ。昔のやり方を一生懸命やっているってわけではないんです。だからまず実際にやってみないとダメですよ。
小池　吉田さんは大きな成功を収めましたが、ご自分ではツイていると思いますか。
吉田　僕の場合は何かに守られているという気がしてならないんです。自分の力でここまで来られたのかどうか、不思議でしょうがない。自分が賢かったとはとても言えませんから。みなさん、それぞれ成功したいと思っているでしょうが、アメリカというアングロサクソンの世界で成功するのはやはり難しい。やはり運があるのだろうとしか思えないんですよ。

村上　吉田さんは自分がラッキーだと言いますが、成功した人は照れもあるのかもしれないけれど「ツイてただけですよ」とか「パートナーに恵まれていたんです」と言うんですよ。不思議なことに、失敗した人がこれをエクスキューズで使うと変になるんです。「ツイてなかったんです」「パートナーに恵まれなかったんです」と言うのは、明らかに言い逃れです。たぶんラッキーとかツキとは別の言葉が必要なんだと思うのですが、それは徹底的に努力するといったような、身もふたもない言葉かもしれないと、吉田さんを見ていると思います。吉田さんも照れ屋だから、あまりこんな努力をしたということは言わないですからね。

吉田　やはりいい思い出ですよ。当時ははっきり言って寝なかったですよ。空手を教えながらソースをつくって、朝まで瓶詰めを手でやっていましたからね。それから配達に行く。で、死んだらいつでも寝れると自分に言い聞かせましたが、眠くて眠くてしようがない。そういう意味では自分に暗示をかけていたんですね。

村上　僕が吉田さんの話で一番感動したのは、ゴルフ場が倒産した時だったか、奥様のリンダさんのお父さんから呼びつけられるんですよ。リンダさんをお嫁にもらいに行った時に、「ダディー」と呼んで、「まだお前のお父さんじゃない」と怒らせていたし、今回はもう「娘と別れてくれ」と言われるのかと思ってお父さんのところに行くと、お父さんが小切手を持ってくるんですよね。

吉田　十六万ドルの現金小切手。退職金全額ですよ。

村上　それで「これを使ってくれ」と。僕もちょっと泣きそうになったのですが、そういう人間関係というのはどうやったらつくれるのでしょう。

吉田　**僕が思うのは自分をさらけ出すということですね。欲しいものがある時は欲しいと言っていいんですよ。**昔、コストコさんでソースを売っていた時、コストコのバイヤーさんに我々の競争相手の大手を切ったんですよ。そうしたらその大手の副社長さんがカンカンになって、コストコさんに「なぜだ」と言うわけです。なぜ自分たちではなく、何回も潰れかけているヨシダのソースなんだというわけです。するとそのバイヤーは、「我々はクレイジーな日本人のジュンキがどこまで行くか見てみたい」と言ったそうです。コストコでは大声出して、わいわい喋って人を集めて売っていたんです。そういうのを認めてくれる。

村上　アメリカ人のいいところですね。チャンスをあげるから飛躍するところを見てみたい。

吉田　アメリカ人には競争心はありますが、ジェラシー的なものはないと思います。だからアメリカンドリームというのはまだまだ余地があるんじゃないですか。

すべての出会いには意味がある

村上　ただエネルギーがいると思うんですよ、人間と付き合うのは。しかも吉田さんの場合、当初は英語もそんなに喋れなかったし、そんな中で習慣も文化も違う人たちと付き合っていくのはパワーがいると思いますよ。

吉田　出会いというのは、やはり何か理由があると思うんですよ。だからその瞬間に中途半端な態度をすると、後で後悔する。そういう意味でもすべての出会いには意味があると思うんです。それぐらい出会いを真剣に思っているから、お寺の鐘を鳴らすように響いてくれるんじゃないですか。

小池　そうやって接してくれる方には、この人には全身でぶつかりたいと思うようになりますよね。

吉田　それは過去に自分がやってもらったからです。立派な方やすばらしい会社のオーナーにお会いして、なぜこんなに僕のことを真剣に話してくれるんだろう、と思った経験は忘れられません。だから「同じことをしてあげないと」と思うんです。

村上　昔、俳優のピーター・フォンダに会った時、「この地球上には何十億人も住んでいるけど、一生に会えるのはその中のほんの一握りの人なんだ。一生付き合っていくのは何十人かもしれない。だからその人たちといい関係をつくったほうがいいんだよ」と言われて、これは正しいなと思い、さっそくいただいて小説に書いたことを思い出しました。

吉田　今日にしても、五年、十年、二十年先に、「吉田というクレイジーなおっさんがおったな」と、そういう話に出てくるのが夢ですね。六カ月前ですか、成田空港で若者が三人、歩いていたんです。一人の子が「吉田さんですか」「そうです」と言ったら、みんなの前で泣き出しましてね。うちのスタッフもビックリしましてね。「あれ、会長の隠し子ですか」って（笑）。「吉田さんに会いたかった」と言われたら、僕も涙が出て。彼もその後、オレゴンに来ました。

村上　達成感、充実感を感じるのはどんな時ですか。

吉田　達成感は現在です。三十七年前に日本を離れまして、十何年前に私のヨシダソースを日本に持ってきた時は相手にされなかったんです。誰もサンプルを食べてくれない。でも今は、うちのヨシダソースが日本の高級店にも入っているんです。それは何にも代えられない満足感です。自分の生まれ故郷、育った国に、二十五年間、苦労して売ってきたものを持ってくることができて。

村上　もう象徴ですもんね。

吉田　象徴です。それはお金に換えられないですよ。こうして食べていただいて、おいしいと言われるだけで涙が出てきます。

村上　逆に、アメリカンドリームを達成した人にも悩みがあるのか。

吉田　将来、この会社をどうやって今まで苦労してきたスタッフに明け渡したらいいかという方法論ですね。それが今一番の悩みというか、課題です。これまで苦労した人間がいっぱいいますから、今さら自分の子どもが入ってくるっていうのは許せません。それはもう子どもたちはわかっています。あとは、どういうふうにすれば、うまく彼らがこのまま走って行けるかでしょうね。

RYU'S EYE

アメリカンドリームの上品な味

元は京都の「ごんたくれ」で、空手家で、文字通り徒手空拳で六〇年代初頭のアメリカに渡り、餓えや強制送還の恐怖と不安に耐えながら成功し、ついにアメリカンドリームを体現した男、そういった経歴を聞いて、わたしたちはどんな人物を想像するだろうか。おそらくエネルギーのかたまりのような、押し出しの強い、どんな苦労ももものともしないプロレスラーのような脂ぎった男を想像してしまうのではないだろうか。

わたしもそういう先入観を持ったが、吉田氏の著書を事前に読んでそのイメージは崩れた。アメリカンドリームを実現した男の自伝的著書『ビッグマネー・ワタシはこうして成り上がった』（廣済堂出版）に登場するのは、実に繊細で傷つきやすく、また情に厚く、幽霊やお化けや孤独を怖がる一人の涙もろい男だったのだ。

わたしはそういう正直な人に弱い。大前提的に好感を持ってしまう。だから収録では、できるだけクールに、また吉田氏がどうして成功することができたのかを「正確に」伝えなければいけないと思った。これまで「カンブリア宮殿」をやってきてわかったことの一つは、成功者の成功要因を視聴者に伝えるのがとてもむずかしいということだ。現代のような、ミもフタもない市場社会では、ほとんどすべての成功者は「ミもフタもなく努力した」ために成功をつかんでいる。成功の、きっかけも秘訣もコツもなく、単に「科学的な努力」を継続させたわけだが、そんな単純な事実が日本社会では伝わりにくい。

収録前に控え室でお会いした吉田氏は、まるで機関銃のようにわたしと小池栄子さんに話しかけてきたが、それは非常なシャイネスの裏返しだろうとわたしは思った。当日の収録では、「起業を目指す」というふれこみの百人の若者がいたが、吉田氏がその波瀾万丈の半生を語り出すと、「どこか違う惑星の話」のような感じで聞き入っていた。

まず今の若者には概して「アメリカへの憧れ」みたいなものが希薄だ。アメリカにしろ何にしろ、憧れを持つ人は少ない気がする。憧れという感情は好奇心から生まれる。好奇心は子どもや若者にとって重要で、すべての動機の源泉となるものだ。だが若者に限らず、大部分の人は好奇心の対象をなかなか見つけることができないでいる、というか、そういう社会的アナウンスもない。流行するのは憧れではなく「夢」だ。

試食してみたヨシダソースは意外に上品だった。吉田氏自身を象徴しているようだと、わたしは思った。

ジャパネットたかた代表取締役

髙田明

まず自分ができると信じること。
考えるより思ったことをやってみる。
できなかったら変えてみればいい。
それを続けること

PROFILE

テレビ通販の話術師

長崎県佐世保市。髙田明の出社時間は午前八時三十分。車を降りるや一目散に向かったのは、たかたたった自前のテレビスタジオ。休む間もなくリハーサルが始まる。話す言葉はすべて髙田の頭の中。メイクはたったの五分で済ます。出社から一時間で生放送が始まった。今や茶の間の名物、髙田節がうなる。

一九四八年、髙田は長崎県平戸市に生まれた。実家はカメラ店。三十一歳で佐世保に店を構える。しかしカメラ店は飽和状態、売上は頭打ちだった。髙田は「客を待っているだけではダメだ」と考えた。店の近くに温泉地があった。髙田は毎晩、旅館の宴会場に足を運び、お客さんに話しかけ、笑顔の写真を撮りまくった。宴会が終わると店に戻り、夜通し現像をした。翌朝一番に再び旅館へ。できたての写真を販売したのである。写真は飛ぶように売れた。髙田は客に接することの大切さを学んだ。

八四年、家庭用ビデオカメラが登場。すると髙田は、地元の家を一軒一軒、訪ねて歩いた。髙田はおじいさん、おばあさんを相手に、ビデオカメラを自分で操作してみせた。商品の楽しさをわかりやすく伝えれば売れる。これが髙田のセールストークの原点となった。

訪問販売にあけくれる日々、ふとしたきっかけで、髙田は地元のラジオに出演する。ラジオカーが商店街を回り、商品を店主が紹介する企画だった。高田のトークが初めてメディアに乗った。放送が終わって驚いた。その日の売上は百万円。高田はメディアを使った通信販売に目覚めていった。

九四年、ついにテレビに進出。一気に高田の商才が花開いた。セット売り、金利手数料負担……今まで培ったさまざまなアイディアで客の購買意欲をそそり、順調に売上を伸ばしていった。だが、高田には悩みがあった。番組を制作会社に発注していたのでは、収録から放送まで一カ月かかる。そこで二〇〇一年、佐世保に自前のテレビスタジオをつくった。スタッフはすべて社員。入社して初めてカメラに触った者もいた。徹底した自前主義。本社にある配送センターでは、荷造りから送り出しまですべてを自分たちで行なう。商品を売ったらそれで終わりではない。商品のアフターケアも社員の仕事。客からの問い合わせには、実際の商品を手に取りながら答える。そうやって信頼を築き上げた。

その信頼を揺るがす大事件が起きた。〇四年、五十一万人の顧客情報が流出。この時、高田は会社を解散することまで考えた。下した決断は約五十日間の営業自粛。だが、対応の速やかさで客の信頼を取り戻すことができた。この教訓は今も生き、社員は携帯やカメラの持ち込みが一切、禁止されている。

高田が喋れば、二百五十台あるコールセンターの電話が一斉に鳴る。二〇〇六年度の売上は一千八十億円に届こうとしている。

たかた・あきら　一九四八年生まれ。大阪経済大学経済学部卒業、就職後に、欧州で営業活動等を経験。七四年、父の経営するカメラ店に入社。八六年独立、「株式会社たかた」設立、代表取締役就任。九〇年よりラジオ通販、九四年よりテレビ通販を開始。九九年、現在の社名に変更。

できるかできないか、まずはやってみる

村上　商品というのは黙ってお客さんを待っていても売れないと言われるようになりましたが、髙田さんはそのことにいつ気がついたのですか。

髙田　私が独立して二十年で、通信販売は十七年になります。IT化が進んで、とにかくスピードが違うんですね。世の中の動きが速いだけでなく、商品の動きも、月曜日に売れたものが火曜日に売れる保証はまったくないんです。全国のみなさんと生放送を通して商品の販売をさせていただくと、それぐらい商品の動きがものすごく敏感に伝わってきます。それに応えていける仕組みはなんだろうと、五年くらい前からすごく考えるようになりました。最初はラジオで始めて、ラジオはほとんど生ですから、テレビも生でないとお客様の関心を引くことはできないだろう、ジャパネットとして何ができるだろう、そんなことを考えてきました。

村上　元の髙田さんのカメラ屋さんのことは、僕も何となく覚えています。三川内《みかわち》の国道沿いですよね。ただカメラを買いに来たり、現像をしに来たりするお客さんを店で待っているのではなくて、嬉野温泉に行ってお客さんを撮った。自分のほうから売りに行くという発想がどこからきたのでしょうか。

髙田　三川内というのは、四千人から五千人の小さな街なんです。そこで店を出していても食べていけないんですよ。一日一日、食べていかなくちゃいけないから、ではそのフィルムのカメラ店を維持するには何をしたらいいか。同時に写真を撮りに行って、言い方は悪いですが、ビジネスですから、蓄えながらカメラのお店も拡大していこう、と。

村上　こうやってお話ししていると、もの静かな……。

小池　テレビで見る社長は二オクターブくらい甲高い声のイメージがあるから、ちょっとびっくりしているんです。

髙田　自分の映像を見るの、最近すごく辛いんですよ（笑）。家で日曜日とかに流れたら、すぐチャンネルを変えちゃう。普段は結構人見知りもしますし、そういう性格なんです。それが商品紹介になりましたら、どうしても自分の想いを伝えたい、商品を見ていただきたい、聞いていただきたいと思って、すべてがすっとんじゃって、テンションが上がってしまう。決して自分をつくっているわけではなくて、伝えたいという想いが深ければ深いだけ、テンションが上がってくるんです。

村上　僕がすごいなと思うのは、自分でスタジオを持とうという発想です。

髙田　そうですね。それまではどんどん撮影をしていかなきゃいけないから、佐世保から福岡や東京にある制作会社にお願いしてつくっていたんです。初めのころは東京にもずいぶん出てきました。そのうち先ほどもお話ししたように、IT化で何もかも速くなる。けれども新商品だというものが流れるまで、一カ月かかるんですね。パソコンなんて三カ月に一回、商品が出る。新製品という言葉が通じない。

何をやればいいんだろうと考えると、自前でスタジオを持つしかないな、と。でも、スタッフがいないんですよ。建物はできるとしても人がいない。ただそこで悩むよりも、スタジオの建物をつくったら人はどうにかなるんじゃないかと思って、建て出したんです。そうやって自分で自分を追い込んでいくんです。半年しか余裕がない。社員を十人ほど選んで、東京に研修にやりました。それで半年後には生放送をやっていたんです。

村上　よく新聞にチラシが入っていて、このチャンネルでテレビショッピングに出ます、と書いてあるのを見ます。相乗効果を狙っているわけですね。

髙田　年配の方はテレビ、ラジオのメディアでお買い物をするのが苦手だということがわかりました。そうであれば、ペーパーメディアのほうが安心して買っていただけると思ったんですね。それでテレビを始めてすぐ、折込チラシとかにチャレンジしてきました。そのあとインターネットが始まったから、若い方向けにはインターネットもやらなきゃいけない、と。やろうと思ったらまず、考えるよりやってみたらいいじゃないかということで、メディアミックスが今のようになってきたと考えています。

村上　便がいいとは言えない佐世保を拠点にする理由はあるんですか。

髙田　いや、佐世保以外に住む理由が見つからない。商品は北海道でも中一日でいきますし、情報もインターネットですぐにいきます。佐世保で運送も衛星も使えますから、東京、大阪に行く必要がない。おいしい魚を食べられるし、仲間がいるところにいられるという幸せは最高じゃないですか。

村上　べつに東京や大阪にいなくてもできちゃうというわけですね。

高田　反面、佐世保でやらなければいけないというルールもないんです。ルールをつくるとそれが一つの常識になってしまいますが、そういう常識をいつも変えていけばいいんじゃないか。もっと納期を早めるために、北海道のお客さまは北海道に物流があったほうが早いわけですから、そこを優先するとなればつくってしまえばいい。置かれた状況の中でどれだけ判断をスピーディーにするかが重要で、できるかできないかは、まずやってみて、できなかったらどうしたらできるんだろうと変えていけばいいと思うんです。

自分が好きでない商品は売らない

村上　最近は、高田さん以外でも出演している男性がいますよね。

高田　よくがんばってくれています。塚本という彼は、商品開発をやっていましてね。

村上　プロじゃないんですよね。

高田　プロじゃないです。うちの社員なんです。もう一人もテレビのディレクターですね。「五、四、三……」とか言ってたんですけど、どうも元気があるなと思って、「喋る？」と聞いたらびっくりしていましたが、喋ってみたら結構、味を出してくれてるという感じなんですよ。

小池　「こういうふうに言ったらいいよ」とか、教えたりしたんですか。

高田　個性、人柄を出していける人であれば、誰でも喋っていただけると思います。

小池　本番に臨まれる前には、チェックはされるわけですよね。

高田　極端に言えばその一時間前に来て、その商品を自分で頭に組み立てる。台本があったら、覚える時間がいるし、順番に言わなければならなくなる。感性を磨く訓練はいると思いますけど、毎日やっていたら、基本的に誠実さとか人への優しさ、愛情を持っている人であれば、自然に見ている方に伝わるんじゃないかと思うんです。

村上　販売の仕事をしている人が、たとえばジャパネットたかたの二人の男性みたいに、心を込めた商品紹介をするためには、どういう訓練とか勉強をすればいいんですか。

高田　訓練より、自分が扱っている商品を好きになることだと思います。私も自分が気に入った商品じゃないと言葉が出ません。人間というのは、いいと感じるものはいいと自分の心の中で自然に感じていますから、まずその商品に惚れ込む。そして、下手でもいいからお客さんの立場で、素直に自分の想いをトークで表現することが大事だと思います。

何もうまく喋らなきゃいけないと考える必要はないと思います。人と人ですから、心というのは伝わるものです。恋愛でも、男性がこの人をお嫁さんに欲しいと思ったら、台本の順番通りに喋る人はいないと思います。相手の方の目が素敵だったら、自分の言葉で目をほめてあげるでしょう。ものを販売するというのも、まったく同じ行為じゃないかと思うんです。

小池　でも時には自分が好きになれないものを、仕事として売らないといけないこともあると思うんですけど、そういう場合は？

高田　基本的には好きでない商品は売りません。それは表現できません。

小池　伝わってしまうものですか。

高田　お客さまというのはものすごく賢いですから、この部分はわからないだろうというのが通用しないんです。本当に正直に受け止めていると思います。

村上　そうしたお客側に立つ態度が、顧客情報の流出というピンチの時も、それを堂々と認めて対処も早かったということにつながるのですか。

高田　そういう事実を置いておいて、私が商品の表現者でありながら「商品を買ってください」と言うのは基本的にできません。じゃあ何を選択したらいいか。自粛して、解明に全力を挙げることだと、素直に自分の中で判断できましたから、まあゼロになっても、人間またやればできるんじゃないかと、そういう決断をしました。

商品には生活を変えたり、幸せにするパワーがある。それを伝えたい

村上　メーカーが勧めてくるポイントとは違う、お客さん側に立った「売り」を発見するのは簡単ではないという気がするのですが、いかがでしょう。

高田　どうしても新商品というのは、機能を重視しがちです。ただ、たとえばビデオカメラだったら、どんなに精度が上がっても撮るという行為は全然変わりません。そうしたらもっとビデオカメラのよさを伝えていかないといけない。

たとえばお子さんを撮るために、ビデオカメラを買う。子どもさんが二十歳になった時に、そのビデ

オを見て「こんなにちいちゃかったんだよ」と言いますよね。でもその二十歳のお子さんから見れば、お父さん、お母さんが若い時の映像があれば「あ、お父さんお母さん、こんなに若かったの」となります。ビデオというのは、お父さんやお母さんが一緒に映らないといけない商品だと思うんです。それを私たちはもっと伝えていく。当たり前のことだけど、それを伝えていくのが大事だと思うんです。

デジタルカメラも撮るだけだったら、簡単に撮れちゃうんです。五百万画素でも六百万画素でも。しかし僕は、デジタルカメラに想いがあって、これをぜひやっていただきたいというのが一つあるんです。小池さんにお尋ねしていいですか？　一歳、二歳、三歳の時の写真を新聞大の大きさにして、二十歳の成人式に二十枚の写真を両親からいただいたらどう思います？

小池　それは嬉しいですね。想像したこともなかった。

髙田　最高ですよね。だから今、赤ちゃんが生まれたお母さんにお願いしたいと思っている。一年に一枚、新聞大に伸ばしておきましょう、と。大きく伸ばせば、思い出も大きくなる。二十歳になったら二十枚のパネルにして、プレゼントしてください。

村上　デジタルだから劣化しないし。

髙田　劣化しません。カメラだったらそういう提案をしていく。「あ、そうだ」と思ってそれを実践していただくほうが大事なんじゃないかと思うんです。

村上　今みたいな説明をされたら、十人中九人が買いますよ。

小池　買う。お店にデジタルカメラを買いに行っても機能のことばかりで、そういうことは言ってくれないですよ。

村上　物語になってますもん。セールストークというと、調子のいいことを言って買わせることだというイメージがありますが、髙田さんは演技じゃないんですね。本当に自分はこれがいいと思って、それを使えばこういうことができます、と言っている。

小池　それが、自分が好きになった商品しか売らないということなんですね。

髙田　カラオケでいうと、何も考えず歌に集中することで、お年寄りの方は元気になられるんです。お客さまから手紙があったんですよ。結婚して遠くに嫁がれたけれど、お姑さんとなかなか会話がなくて、カラオケを買っていただいたそうです。そうしたらお姑さんも歌が好きで、めちゃめちゃ仲良くなりました、と。**カラオケがその家庭を変えたんじゃないかと思った瞬間に、ものすごく喜びが湧いてくるんです。商品には人の生活を変えたり、幸せにしたりするパワーがあるんじゃないかと僕は思うんです。私たちはメーカーじゃないですから、つくることはできない。でもそれを伝える役割を果たしていきたいと思うんです。**

関連商品をつけて商品価値を高める

小池　ジャパネットたかたのセールストークの語句をおさらいしてみたいと思います。まず一番は商品の特性を絞り込む。そんなに数多くはいらないということですね。続いてキーワードは何度も連呼する。そしてセットセールスでお得感を出す。金利負担や下取りサービスということも含まれます。そして最後は機能よりも楽しさを伝える。

村上　キーワードを間違えると、連呼しても逆効果ですよね。

小池　どういうふうに選ばれているんですか。

高田　特別に考えているわけでもないのですが、ある時はカメラの名前だったり、カメラの持っている特性だったり、ここを私が伝えたいと思う部分を伝えていく。たとえばテレビだったら、「ハイビジョン・ハイビジョン・ハイビジョン」と、ハイビジョンというのはそんなにいいんだという入り口をはっきり示すことも必要なんじゃないか、と。キーワードというのはそういう役割です。

小池　セットセールス。なぜ、どんどんあれもこれもとつけて、あんなに安く売れるのかがわからなくて、どうしても余った商品をこの際だからつけて、持ってっちゃってよ、ということなのかと思ってしまうんですけど、そういうわけじゃないですよね。

高田　はい、余っておりません（笑）。セットにも意味があるんです。デジタルカメラにブルーベリーをつけるわけじゃない。ハイビジョンテレビだったら私たちはスピーカーをつけています。ハイビジョンの映像を見る方、映画が好きな方とか、スポーツが好きな方にとっては、音も重要ですよね。スタジアムに行った時のサッカーや野球の感動というのは、音があるからです。音に特化したものをつけたいなと思ったら、やはりスピーカーだと。関連商品をつけて、価値をもっと高めていきたいな、と思うわけです。

村上　パソコンで、プリンターはいらないからもうちょっと安くしてくれという人はいませんか。

高田　プリンターを持っていらっしゃる方はそうですよね。プリンターつきは三年ぐらい前から始めたんですが、私はずっとカメラ店で育ったので、デジタルになっても見るだけではつまらないと思って、絶対プリントする文化を見つけたいと思ったので、九九％くらいはプリンターつきなんです。でもこの三年間で、増えてきました。その時は変化に対応しなきゃいけません。今度はプリンターなしのものをどんどん出していこうと、切り替えていきます。

対処方法を変えれば続けていける

村上　販売とかセールスに、ある人が向いている、向いていないということがあると思いますか。

髙田　基本的にあるかもしれませんね。デスクワークが好きだとか、人と話すのが好きだとか、それによってまた違ってくると思います。でも、できないと決めているのは誰かというと、自分自身なんです。人は決めませんから。まず自分ができると信じること、あまり考えずに、思ったようにやってみること。やってみてできなかったら、やり方を変えてみればいい。

それと、それを続けてみることです。やってみたけどダメだったっていうのは、いくつもあります。人生八十年生きていくわけだから、エンドレスでやり通すことではないかと思っています。だから続ける精神力はいるだろうと思いますね。でもあまり悩まずにやってみたら、結構できることは多いんじゃないかと思うんですけどね。

村上　続けるというのは難しいですよね。僕も三十年、小説を書いていますが、成果を出して成功するよりも、継続することのほうが才能ではないかと思うんです。どれだけやっても飽きないし、考えたり、工夫したりすることを続けられるのが、ひょっとしたら才能というものじゃないかと思うんですよ。

高田　続けるものの対象が一つである必要はないと思うんですね。私たちの社員にも若い人がたくさんいますが、**夢を追う、人生に夢を持つといっても、二十歳の時に見つけるのは不可能だと思っているんですね。夢は形を変えていきます。いろいろな方に出会って、いろいろな本を読みながら、あまり先のことを考えるのではなくて、今のことをやっていけば、続けられると思います。**私もラジオだけだったら続けるのは無理だったかもしれませんが、テレビもやります、インターネットもやりますとなると、いろいろな課題が出てきます。その中から続ける面白さというのは出てくるんじゃないか。対処法というのを変えていけば、続けられる気がするんですけどね。

村上　やり方や方法を変えるというのは大事ですね。最後に、髙田さんが一番充実感を感じるのは、どんな時でしょう。

高田　やはりお客様に紹介した商品に反応していただいた時、反響があった時、自分が伝えたいことが伝わったんだという瞬間、これはいつも最高の喜びを感じる瞬間です。この感動の共有ができた瞬間、それは明確にご注文いただく瞬間だと思いますが、最高に幸せだなと思います。

村上　反対に今、悩みはあるんでしょうか。

高田　会社を大きくするよりも、百年、二百年続く会社にしたいというのが私の信念ですので、お客さんから、ジャパネットという会社は必要だと言っていただける会社にいつできるだろうか、そこにチャレンジし続けることが、悩みというか、今の一番の課題であると思っています。

RYU'S EYE

科学的で冷静な同郷人

テレビショッピングはよく見る。実際に買うことは稀だが、見たい番組がなくDVDで映画を見るのも時間的に中途半端というときなどに、ボーッとして見るのだが、昔懐かしい俳優が司会をしていることが多く、中には密かに憧れていた女優もいて、あのころから年月が経ったのだなあ、と感慨を持つのも楽しみの一つだ。

「ジャパネットたかた」の商品紹介には過日のタレントが共演することはないが、商品紹介のMCに独特の技があって、ときに卓越した芸の域に達していると思ってしまうほど際立っているので、つい見てしまうことが多い。髙田氏とわたしは同郷だ。正確には髙田氏は平戸の生まれで、わたしは佐世保だが、ジャパネットたかたが本拠にしているのは佐世保なので同郷といっていいだろう。「髙田明が村上龍を追い抜いたが、『13歳のハローワーク』が売れてまた村上龍が並んだけど、マリナーズで活躍する城島健司がさらに一歩リードした」みたいなことを書いたブログを見たことがある。

髙田明氏とわたしと城島健司選手はたしかに佐世保出身者だがジャンルも違うし競争しているわけでもない。ただ佐世保出身の有名人は少ないので、城島選手は旧ダイエー時代から応援していたし、髙田明氏にも同郷人としてのシンパシーを感じていた。だから、「カンブリア宮殿」で実際にお会いするのは楽しみだった。商品紹介のときの独特の甲高い声と異様に高いテンションで、わたしには「アクの強いエネルギッシュな商人」という先入観があった。しかし髙田氏のインタビュー記事などを事前に読んで、その先入観が覆った。

モノを売るためにはどうすればいいのか、ということを合理的に科学的に考え、実践して、今の成功があったのだと知った。ちなみに「科学的」というのは、座禅を組んだり滝に打たれたりするのではなく、経済合理性の観点からものごとを考え抜くという意味である。そして実際にお会いした髙田氏は、意外にというか、思った通りというか、実に物静かで知性的な人物だった。意外に、というのは、「冷静な人だろうけどときにはエキセントリックな面を発揮するのでは」とどこかで思っていたという意味だ。思った通りというのは、「あのハイテンションの喋りは商品の良さを紹介することに夢中になっているのだろう」と予想したという意味だ。

とにかく、戦略的にものごとを考える冷静きわまりない人だった。三川内とか、大塔とか、日宇とか、佐世保人しか知らない固有名詞が飛び交い、わたしとしては非常に楽しい収録になった。

ライブドアホールディングス社長

平松庚三

ネガティブに考えると、
ネガティブなスパイラルになる。
ポジティブに考えると、
ポジティブなスパイラルになる

PROFILE

巨大ベンチャー再生の旗手

新生ライブドア社長、平松庚三が愛してやまないアメリカンバイクの王者、ハーレーダビッドソン。多忙なスケジュールの合間を縫って、ツーリング仲間と遠出をする。同世代の経営者とは一味違う平松。その仕事人生の出発点は、一九七〇年代のアメリカだった。平松は留学先の大学を卒業後、ソニー現地法人の門を叩く。この時出会ったのが盛田昭夫。ソニー創業者にして伝説の経営者。学んだのは「ネアカ主義」だった。

ソニーで育った平松は四十歳の時、外資系企業からヘッドハンティングされる。以後、四つの企業を渡り歩き、経営者として成功を収めた。やがて人生最大のビジネスチャンスが訪れる。二〇〇三年、自らが株を買い取り、親会社から独立。会計ソフトメーカー、弥生の社長となる。そして弥生は急成長。わずか二年後、九十六億円で買った会社を二百三十億円で売り抜けてみせる。

その売却の相手がライブドア。これでライブドアの一員となった平松だが、堀江貴文前社長が逮捕された翌日、ライブドアの社長に就任する。報道陣に追い回される日々が始まった。

六本木ヒルズ、三十八階。ライブドアは今もここにある。平均年齢三十歳。大半が事件の後も会社に残った。今も社員一千人を超える巨大ネット企業。事件後、離れていった企業もあるが、今も傘下に三十社以上を抱える巨大グループでもある。
堀江前社長が買いまくった企業の中には、経営立て直しが必要な企業もある。今後、グループをどう再編するか。平松の手腕が問われている。

ひらまつ・こうぞう　一九四六年生まれ。米アメリカン大学コミュニケーション学部卒。ソニー、アメリカン・エキスプレス、AOL、インテュイット社等を経て、二〇〇三年に米インテュイットより独立、弥生株式会社を設立し代表取締役社長に就任。〇四年、ライブドアグループ入り。〇六年、ライブドア代表取締役就任。

INTERVIEW

ポジティブに考えれば、ポジティブのスパイラルに

小池　事件直後の社内はどういう雰囲気だったんですか。

平松　まず地検の強制捜査があり、それからいろいろな報道が始まったけれども、社内では何が起きているかわからない。会社からは説明がない。堀江の逮捕から私が社長に任命されるまで、一週間ぐらいあったのですが、その間、私を含めて社員の心の中の動揺、葛藤は大変なものであったと思います。しかしながら、うろたえたところもなく、パニックもなく、みんな耐えてきっちり自分の仕事をしていた、というのが強烈な印象として残っています。

村上　最初に「万が一のことがあったら、ライブドアを頼む」という話を平松さんがお聞きになったのはいつですか。

平松　強制捜査の二日後。強制捜査が一月十六日の月曜日。十八日の水曜のお昼ぐらいに、堀江から呼び出されて、そういう話がありました。

村上　では堀江前社長は、その段階でそういう覚悟はされていたんですか。

平松　経営者ですから、良い時ばかりでなく悪い時のことも考えておかなければならない。つまり、最

悪の時のことを事前にきちんとしておくのが経営者ですから、堀江もそう考えていたのだと思います。

村上　その後は平松さんにとって、激動の日々だと思うんですけど、ソニー時代に養われた〝ネアカ主義〟は、大変な時に役立てられたのですか。

平松　「充実して楽しい日々でした」と常にやせ我慢をしてるんですが、ここを乗り切らなきゃならないので、一月、二月、三月は、僕が一番大きな声を出して、「こんにちは！」「お疲れ！」と、いつも笑顔でやっていました。そうすると、みんなも声が出てくるようになるんです。下向きで歩いている人たちが、ちょっと顔が上になってきて、目もキラキラし始める。ネガティブに考えていてもネガティブのスパイラルに入っていくだけですが、ポジティブに考えると、ポジティブなスパイラルに入っていく。

他にもいい影響を与えていくんです。

村上　当時のソニーが、ネアカ主義だったというのはわかる気がするんです。最終的には自社の優れた製品と技術力があるから。でも極端な例で言うと、閉山寸前の炭坑とか、誰が考えても収益が出る望みがないというところで経営者がネアカ主義を唱えるというのも、変な話ですよね。ネアカ主義を貫いたということは、平松さんの中で、この会社はなんとかなるという確信があったんですね。

平松　それは一〇〇％ありました。経営というのはマネジメントですが、何をマネージするのかというと、いろいろな経営資源です。お金であったり、人であったり、技術、商品力、ブランド、チャンネルといろいろなものがあるわけですが、最も大切なのはお金じゃなくて人なんです。ライブドアの場合は経営破綻したわけではないし、かなり優秀な、私は地頭《じあたま》、体力、コミットメントの三点セットと呼んでいるのですが、この三点セットがそろっている連中がごろごろいます。また金融資源もかなりあるし、技術力もあります。ただし信頼が落ちていた。ブランドが傷ついていた。ですから、我々がやらなければいけないことは、はっきりわかっていました。

会社の成長のために、米本社の商品販売を止めた

村上　大きな影響を受けたソニーを、どうして退社されたんですか。

平松　奥手だったので、三十歳を過ぎてから、トップに上りつめたいな、社長になりたいなと思ったんです。結構、僕も自信家だったのですが、当時のソニーというのは、ライトがイチローでセンターが松井、レフト、タフィー・ローズみたいな連中がいた。そういう連中が努力も練習もするものですから、こいつらがいてそこでスタメンの競争をするのかと思ったわけです。他の選手、清原や新庄あたりだったら僕でもやったと思いますが、イチロー、松井みたいなのとは戦わないほうがいいなということで、大リーグに行ったんです。どちらかというと逃げた、かわしたという感じです。

村上　その後AOL、アメリカン・エキスプレスと外資系企業に行かれるわけですが、そこで得られたことはありましたか。

平松　ものすごくありました。外資系でトップを何社かやってきたのですが、外資系であるにしろない

にしろ、社長をヘッドハントするという会社はかなりのところへ来ているわけです。だから外から社長を連れてくる。そうすると求められるのは、一つは立て直す。走りながら修理する。成長を持続させながら、赤字を黒字に転換するという、結果だけが求められます。評価の基準はすべて数字です。ある意味で単純なルールのゲームですが、結果がすべてで、数字がそれを表す、それ以外は何もないんだというのが身にしみてきまして、非常に気持ちのいい世界でした。

村上　その後、弥生の経営に携わられて、弥生をＭＢＯした経緯を教えてください。

平松　僕に期待されていたのは、会社を赤字から黒字にする、または黒字をもっと大きくすることです。そのための手段として、僕はアメリカの会社に雇われたにもかかわらず、アメリカの商品を売るのを止めてしまったんです。アメリカの本社に行って「教えてくれ」と言ったんです。「僕の仕事は何なんだ。会社を立て直すことなのか、それともアメリカ製の商品を売ることなのか、それによって全然ストラテジーが違う」と。そうしたら「両方だ」と。「そこまで自信ないんだけど、プライオリティーをつけるとどうなんだ」と言ったら、「会社を成長させることだ」と言うので、「わかりました、ありがとうございました。それではアメリカのものを止めて、弥生という商品があるので、それにすべての経営資源を集中します」ということで、一気に伸びたんです。

でもアメリカの本社からしてみたら、せっかくアメリカで売れているものを日本に持っていったのに、あいつら何も売ってないじゃないかということになります。関係が薄くなって、日本法人を売却する意思が出てきたところで、「それだったら我々がＭＢＯ、マネジメントと従業員が一緒に出資して買うこともできるんですか」「いいじゃないか」「じゃあやりましょう」という話になりました。

村上　弥生は高い収益を上げていたわけですが、それをライブドアに売却されたのはどういうことだったんですか。

平松　MBOする時、エクイティファンドの資金の支援を受けていたので、ビジネスのルールとして、数年以内に投資資金を回収することになっていたんです。それには売却またはIPO、つまり上場するという手段があるのですが、その時弥生の業績がものすごく上がっていたので、日米の大小含めて数社から買収したいという提案がありました。五、六社と話し合いをしたり、デューデリジェンスをしたりしている中で、一番大切なのはお金ではないと思うようになりました。一番高いお金を出してくれたからじゃなくて、相性。そこと組んで、さらに成長にスピードがつくようなパートナーと組みたかった。我々にないものを持っているところと組みたかった。そういう意味で、ライブドアの仕事の仕方というのは尋常じゃなかった。すばらしいスピードで、クオリティが他社から図抜けていました。

部下には「自分より優れた」「ノーを言ってくれる」人を

村上　当時の堀江社長は、弥生を買う時に平松さんと会わなかったそうですね。

平松　一回も会わなかった。二百三十億円というと、当時のライブドア、堀江にとっても、最大の買い物だったんです。前に会ったことがあるから、お互いのことは知っていたのですが、すべて二十五歳だか二十六歳のマネージャーに任せて、全然来ない。四年ぶりに会ったのが発表の記者会見の時で、十五分前に廊下で会いました。

村上　その前はどこで会われたんですか。
平松　オン・ザ・エッヂが主催するセミナーのスピーカーとして僕が呼ばれて、その時に堀江が挨拶に来てくれて、それから親しくなって話をするようになったんです。
村上　たとえば平松さんが、ライブドアが弥生を買収する時のライブドア側の経営責任者だったら、弥生の経営者に会いますよね、普通。
平松　会いますね。
村上　つまり自分がやらないようなコミュニケーションのとり方があったわけですが、そこはオーケーだったんですか。
平松　買われるほうの立場だったので、当然いつか会うとは思っていましたが、まさか記者会見の十五分前とは思わなかった。
村上　忙しかったんだろうね。
小池　そういう問題ですか。それに対して平松さんは嫌な気持ちはしなかったんですか。
平松　なんというやつなんだと思いましたが、そこまで部下を信頼して任せ切る。当然話は聞いていたと思うし、指示も出していたと思いますが。僕だったらそんなガッツはないので、自分の目で商品を見極めて、見て、触ったり、聞いたりします。その権限委譲ぶりは、その当時はすごいと思いました。
小池　他に堀江さんに対してびっくりしたこと、すごいと思ったことはありますか。
平松　今度はライブドアに入って、毎週一度の経営会議に出るようになると、良い意味でも悪い意味でも百八十度違うんです。常に経営会議でも中心に彼がいて、八〇～九〇%、堀江が喋っている。野球で言うと、常にマウンドに立っていて、先発もクローザーも何もない。今度は打撃になると、常に彼がバッターボックスに立って打っている。権限委譲というのはよほどの信頼できる、しっかりした部下がいないとできないから、入る前はしっかりしたチームがあって、彼が権限委譲していることに感銘を受けていたのですが、実際入ってみると、すべてのことが堀江を中心に行なわれていて、なんだ全然違うんだ、と思いました。まったく違う二つの面を見られたというのが面白かった。

村上　堀江前社長の逮捕後、彼が悪かった点の一つは、周囲にイエスマンしか置かなかったことだと言う人もいます。今の話をうかがうと、やはり堀江前社長へのきちんとした批判が内部から起きにくいように聞こえます。

平松　そういうカルチャーでした。

村上　それはちょっと問題ですよね。

平松　というか、経営者としてすごく自信があったのだと思います。僕は逆に、自分には自信や実力はないと思っていますので、**僕が部下を雇う時は必ず二つのことを決めている。一つはその分野で僕よりもずっと優れていること。もう一つは必要な時に僕にノーと言ってくれること。これは部下を雇う時の必要条件としてずっと守っています。**彼は自分の実力を自分で評価していたし、ある意味で大変卓越した経営者だったことは、私も認めています。

村上　事件が起こる前ぐらいから、堀江前社長が決定することに対しては、ノーと言える雰囲気じゃなかったんですね。

平松　そうですね。あまりなかった。僕とか宮内とかが何か言うと聞いてくれたりはしたけど。

ヘッドハントだったら社長就任は断った

村上　堀江前社長を時代の革命児、風雲児ともてはやす人と、嫌いだという人に分かれていたと思いますが、僕はどちらでもなくて、堀江前社長に、悪い意味での古いものを感じたんです。彼が言っていた時価総額が大きいのはいいことだ、とにかく会社を大きくするんだという考え方が、一番よりどころにしていたインターネットの世界では、何となく古い感じがしたんですが、どうですか。

平松　僕はそれよりも、ああいう若い経営者が大きな野望を持って出てきたことに非常に大きな期待をしていたし、閉塞感のある日本を大きく変えて社会を活性化するという意味でもいい人材が出てきたと、非常にポジティブに見ていました。

小池　会社がどんどん大きくなるスピードに、不安みたいなものは感じなかったんですか。

平松　ありました。この事件が起きる前から、すばらしいところはそのスピードが尋常じゃないところ、では悪いところはというと、その代わり仕事がちょっと粗くて、脇も甘いところもあると言っていました。誰にも強いところと弱いところがありますが、その弱さ、つまり仕事の粗さ、脇の甘さを凌駕する、そのぐらいのスピードだったんです。僕はそれを自分に足りないものだと思ったし、僕も弥生もライブドアと並走することで、体感スピードが得られるんじゃないかと思いました。

村上　メディアへの露出についてはどう思いましたか。
平松　騒がれすぎだし、マスコミも使いすぎだし、堀江本人も乗らされすぎだと思いました。
村上　経営者がメディアに露出するのはいい面、悪い面、両方あると思いますが。
平松　振り子が振れすぎると必ず逆に振れるというのは、一般論としてもあるじゃないですか。そういう意味では露出過度だとは思っていました。
村上　平松さんが社長に就任した時、輝かしい経歴をお持ちなのに、なぜあえて火中の栗を拾うようなことをするのだろうと思った人も、僕を含めて多かったと思います。
平松　それはまったく違いますね。**今回はヘッドハントではありません。ヘッドハントだったら断っていたと思う。僕は弥生の責任者で、ライブドアの上級副社長だったわけですから、火中の栗を拾ったとか、そういうことではまったくないんです。**
村上　結局社長を引き受けたということは、ライブドアがこれからも社会的に価値がある会社だ、という確信があったからだと思います。先ほど、それは人だとおっしゃいましたが、事業の面ではいかがですか。
平松　インターネットは人類が続く限り、永久に続くようなインフラですから、そういう世界でトップランナーの一員でいられるということはすばらしいことです。それを今までライブドアでやってきたと思いますし、今もしていると思いますし、これからもしていける素質は十分にある。そういう意味で、ライブドアにはずっと惚れていましたから。
村上　社員の方たちには、これからのビジョンをどう語られてきたんですか。

平松　二つの方法を通じて社員とコミュニケーションをとりました。一つはネットを通じて。もう一つは非常に古い方法ですが、タウンミーティングといって、社内にある机とかゴミ箱とかの上に乗って、みんなに集まってもらって、辻説法みたいな非常に原始的な方法で語ってきました。「こういうビジョンで、こういうことをやるからついてきてくれ」ではなくて、「一緒にこれからビジョンをつくっていこう」ということを、今でも呼びかけています。

堀江のやり方というのは、「自分についてこい」と強烈なリーダーシップを発揮するというものでしたが、僕はこれまでもどちらかといえば、みんなを一つにして、チームにして彼らをまず先に行かせる。僕が後ろから押してついていくというやり方なんです。

村上　アングロサクソンの会社では、社長が交代するとあからさまに前の社長を批判してから自分のビジョンを打ち出す経営者もいます。平松さんの場合はそういうことはなかったんですか。

平松　それは数字で見せればいいことなんですね。株主に対しても、お客さまに対しても、社員に対しても、他のステークホルダーの方に対しても、あらゆることを数字で見せるということが僕の役割だと思っています。

村上　注目度も高かったので、社会に対しても、ライブドアは価値のある会社なんだというアナウンスメントが必要ですよね。

平松　これからしていかなければならないことですが、幸か不幸かライブドアのブランドの認知率は日本でもトップの位置に来ています。ところがそのブランドのロイヤリティーやイメージはどーんと落ちてしまった。それを上げていくためには、これからは非常に地味な作業が必要だと思います。ブランドイ

メージを確立するには何年もかかりますが、崩れる時は一晩で崩れる。我々全員が経験したことなのですが、今、私たちがやらなければならないことは二つあります。

一つはビジネスを再生して、事件前の状態に戻し、さらに成長を続けること。もう一つは社会からの信頼を獲得すること。それがブランドイメージの向上に、結果的につながっていくんじゃないかと思います。

村上　堀江前社長があまりにも有名になってしまった反面、ではライブドアとは何をする会社なのかわからない人も多いのではないかという気もします。一方で、インターネットはわけがわからないけどすごいと言っていた時代から、ヤフーやグーグル、ミクシィのような企業もたくさん出てきた。そんな中でのライブドアの特長と目指すものを教えてください。

平松　やはりインターネットというのはエジソンの電気、ベルの電話と同等もしくはそれ以上の発明だと思うんです。そこでライブドアがやろうとしているのは、自らが何かを発信するのではなく、千五百万人のお客さまと一緒にメディアをつくっていくことです。

顧客参加型のメディアにいち早く取り組んできたのがライブドアの強みで、たとえばブログでは日本では最大の規模です。他の会社も同じことを志向していますが、お客さまとメディアをつくっていこうという新しい動きでは、ライブドアはダントツです。僕のやり方は、弱いところを強くするのではなく、ブログなどの強い部分をもっと伸ばすことです。そうすれば競合相手が入ってきても、さらにいい位置をとることができると思っています。

RYU'S EYE

平松社長の選択について

ライブドアの堀江前社長が逮捕されたあと、平松庚三氏はメディアの表舞台に登場した。テレビなどを通じてわたしは、温厚で誠実そうな人という印象を持った。同時に、経営者としてこんな割の合わない仕事もないのではないかと思った。平松氏に対しどうしても聞いてみたかったのは、「なぜ貧乏くじを引くような仕事を引き受けたのですか」という、いささか意地の悪い質問だった。

収録前に控え室に挨拶に伺った際に、「(ライブドア社長就任以来) 経営者としてこんなに充実感のあるときはありませんでした」というようなニュアンスのことを平松さんが言った。そうなんですか、とわたしはとりあえず納得したが、疑問が完全に解けたわけではなかった。

以前、将来的に倒産確実な建設会社の営業職に話を聞いたことがある。「うちの会社はたぶんダメかも知れませんが、こんなときこそ自分が頑張らないといけないと言い聞かせて働いています。それで毎日とても充実しているんです」

その営業職はわたしにそういうことを言った。

「火中の栗を拾う」という言葉があるが、そういった行為に意味や価値があるとしたら、客観的で長期的なビジョンを描けるかどうかが基準になるのではないだろうか。ヘッドハントされて社長就任を依頼されたら断っていたでしょう、と平松さんは言った。自分はすでにライブドアの執行役員だったから引き受けたのです、ということだった。強い責任感と潔さを感じる判断だという見方もあるだろう。だがむずかしいところだとわたしは思う。当然その判断には、ライブドアは社会から必要とされる会社であるという前提がなければならない。

小説家としてわたしは「社会から本当に必要とされる会社も人間もいない」という立場に立っている。誰もが不要な存在だというニヒリズムではなく、どんな人間にも会社にも代替が存在するということだ。代替がいると思うからわたしたちは努力しなければならない。また代替の存在は関係の変換や終了を可能にして、結果的に人間を自由にする。

勘違いされると困るが、わたしは貧乏くじを引いたと平松氏を批判しているわけではない。ただし「あえて厳しい選択をした」と評価しているわけでもない。「組織と個人」という永遠の問題には単一の解はないということだ。

エイチ・アイ・エス会長

澤田秀雄

一番大切なのは戦い抜く意志。
本当に正しければ
いずれルール(規制)が変わる

PROFILE

旅行業界を変えた元祖ベンチャー

一九七三年、澤田秀雄は二十一歳の時、ドイツに留学した。留学中は通訳のアルバイトをし、五十カ国以上を旅したという。ある日、通訳の仕事を終えた澤田に一人の客が尋ねた。「この街の夜は怖そうだけど、安心して行ける店はないかな?」。その時、澤田は閃いた。日本人のためのナイトツアーをやれば、お客も喜び、金にもなるはずだ。澤田のナイトツアーは、安心してビールが飲める上に本場のショーも楽しめるとあって人気に。学生ながらひと月に百万円以上稼ぎ、留学中の四年半で一千万円を貯めた。

ドイツから帰国した澤田は一九八〇年、その資金を元手に西新宿の雑居ビルで旅行代理店を始める。しかし客は澤田の旅仲間だけだった。当時、海外へ行く旅行者の数は三百万人程度。航空券の高さが、旅行者が増えない理由だった。チケットの値段は欧米に比べ、倍近くもした。

澤田の挑戦が始まった。日本からインドまでおよそ二十万円だった航空券を、半額の十万円で売り出した。その方法は、直行便を利用せず、他の都市を経由する安い航空券を使うこと。さらにもう一つは団体旅行用の格安チケットを仕入れ、バラ売りするというもの。業界に革命を起こした。澤田はツアーでも格安を売りにした。すると店の前には行列ができた。業界の常識を覆す破格のツアー。香港四日間、一万九千八百円。「客が喜ぶ商売は必ず成功する」という彼の信念が証明された。澤田は日本人の海外旅行を変えた。

澤田が次に挑んだのは航空業界。三十年以上も新しい企業が参入していなかった。当時、羽田から福岡まで片道二万七千四百円。それを半額の一万三千七百円で売り出す。だが、ここでも規制の壁が立ちはだかる。飛行機の運航に必要な免許が下りない。免許が下りないまま準備が進められ、客室乗務員は訓練を続けた。結局、免許が交付されたのは初フライトの前日。澤田は航空業界でも規制の壁を打ち破った。

ＨＩＳは単体での海外旅行の取り扱い人数でＪＴＢを抜き、業界一位となった。壁を破り続けた二十六年で売上は二千五百十八億円に。澤田率いるＨＩＳは国内二百二十九店舗、海外五十七カ国六十七拠点を誇る企業となった。

元祖ベンチャーでもある澤田は今、証券会社を買い取り、若手起業家の上場を手掛けている。自らの知恵と知識を若手に伝えたい。そんな思いから、主幹事としてこれまで二十七社の上場を手伝った。

さわだ・ひでお　一九五一年生まれ。旧西独・マインツ大学留学。帰国後、八〇年にインターナショナルツアーズ（現エイチ・アイ・エス）設立。九六年、スカイマークエアラインズ設立。九九年エイチ・アイ・エス協立証券（現エイチ・エス証券）代表取締役就任。〇四年、エイチ・アイ・エス会長就任。元祖ベンチャーの雄。

INTERVIEW

言葉は気合で通じる

村上　もともとは旅好きの青年だったそうですが、これまで通算して何カ国ぐらいを回られたんですか。

澤田　すでに学生時代に五十カ国ちょっとでした。それからは数えていませんが、百カ国前後じゃないですかね。一カ月から二カ月に一回くらい旅行しています。

小池　印象深かった国はどこですか。

澤田　やはり中東とか南米ですかね。

村上　先進国のような画一的でないような国のほうが印象深いものですか。

澤田　なんとも言えない文化があるし、日本とは制度、風習がまったく違いますしね。それに加えて歴史がある。レバノンやシリアに二、三年前に行きましたけど、すごい遺跡なんかもありますよね。また、なんとも言えないドロドロッとした文化なんかを感じると、非常に刺激になります。また、いい遺跡などは旅行の商品になりますし。一挙両得なんです。

小池　一人旅の楽しさが私にはよくわからないのですが、どういうところですか。

澤田　一人で行くと、自分の行きたいところに行けるじゃないですか。でも、数人で行くと、誰かに合わせなければならなくなる。それもまた勉強なのですが。僕はイタリアから、アテネ、イスタンブール、そして中近東のイラン、アフガンなどを一人でずっと旅行したことがあるんですが、さびしくなかったですよ。その地その地で友達もできましたし。

村上　あと、大勢で行くと楽しいけど、食事している時なんか、極端に言えばそこが日本みたいになっちゃうでしょう。でも一人旅だと、その街の印象が刻まれる度合いが深い気がしますね。

小池　言葉の問題はいかがですか。

澤田　英語圏はいいんですが、まったく通じないところもありますからね。

小池　ボディランゲージですか。

澤田　僕も最初は通じませんでした。タクシーを拾って「何駅まで」と言うと、とりあえずそっちの方向に走ってくれるんですよ。でもホテルに忘れ物した時に、「戻ってくれ」というのが言えない。最近は、たいていのことは日本語で言えば通じるな、と思います。慣れてきたら、ボディランゲージでだいたい通じますよ。

村上　通じさせちゃうのは、おばさんですよ。バルセロナかどこかで、すごくハンサムなコンシェルジュがいたのですが、その人に向かって「日本語、話せますか」と言ってるんです。その人は話せないんだけど「イエス！」とか言っちゃって、そうしたらそのおばさん、日本語でずーっと話して、結局要求は通ったみたいでした。すごいなと思いました。

澤田　あれは気合ですよ。全部は通じなくても気合で通じますから。ぜひ小池さんも一人旅をしてみてください。

旅が好きなので事業にしたくなかった

小池　海外取り扱い人数ナンバーワン。一年間に千七百四十一万人の日本人が海外旅行をするそうですが、そのうちの七人に一人がエイチ・アイ・エスさんを利用するそうです。

村上　よく「好きなことを仕事にしないほうがいいよ」と言う人がいるじゃないですか。苦労も多いし、趣味程度にしておいたほうがいい、と。澤田さんは「旅が人生だ」とおっしゃるほど旅が好きな方ですが、それを仕事にしようと思ったのは？

澤田　最初、ドイツから帰ってきた時は貿易の仕事をしようと思ったんです。貿易だったら世界を飛び回る仕事ができるだろう、と思って。ところが我々が扱おうとしたものが輸出禁止になったりして、またまうまくいかなかった。でも食べていかなきゃいけない。そこで考えたのが旅行です。当時、僕は安く旅行していたんですよ。ただ日本からいざ海外に行こうとすると、航空券はタイやヨーロッパで買う場合の倍以上の値段がする。これはビジネスになるんじゃないか、と思いました。本当は旅が大好きなので、おっしゃるとおり事業にしたくなかったのですが、そういう事情と、これは少しは世の中のためになるんじゃないかと思ったことで始めました。

村上　当時、たとえばパリ―東京だったら、パリでチケットを買ったほうが安いんですよね。

澤田　ヨーロッパに行くのに五十～七十万円かかりましたし、アメリカなら三十～四十万円かかりました。でも現地で買うと、半額程度になる。だから買って送ってもらっていたという人もいましたよね。でも、これは当時の話です。今はエイチ・アイ・エスのほうが安いですよ。夏場や正月は、どうしても海外のほうが安い場合がありますが。

小池　新しい事業のためにモンゴルを行き来されているということですが、なぜモンゴルに目をつけられたんですか。

澤田　モンゴルは、社会主義から資本主義に移ってまだ数年です。インフラも整っていませんし、ちょうど日本の一九三〇年代くらいのような感じでしょうか。まだまだ貧しい状況です。モンゴルに直行便が飛び始めたのが数年前なのですが、その時に行ってみて、何かお手伝いできないか、と思ったんです。モンゴルは日本に対して非常に友好的なんですが、日本から投資される方はまだ少ない。銀行とか国営企業が市場に出されると、欧米やロシアの方はどんどん買われるんですよ。その時に「なぜ日本人は投資しないの？」と言われたんです。それならば投資しましょう、ということで、三年前にモンゴルのハーン銀行を入札したんです。今はモンゴルで一番のリテール銀行になりました。

それをきっかけに、モンゴルの発展のお手伝いをどうにかできないか、と思ったのですが、やはり観光事業が一番いいと考えたんですね。観光は平和産業ですし、いろいろな意味で雇用を創出します。ホテルができたり、レストランをつくったり、ガイドさんを雇ったり。そのわりには大きな設備投資がいりません。では、どうしたらお客さんに来てもらえるかと考えた時に、チンギス・ハーンの建国八百周年を記念して、騎馬部隊のイベントをやろう、ということになりました。

ただ、インフラが整ってないので、いいホテルがないんですね。ゲルなんかも非常にいいのですが、ゲルの中に風呂がなかったり、シャワーがなかったり。だから今、風呂やシャワーつきのゲルホテルを建設中なんです。今年はJALを六機チャーターしたんですが、おかげさまでほぼ満席になりました。日本からのお客さんも、去年の倍くらいです。モンゴルのお手伝いをしながら、我々も事業としてやってますから、みんながハッピーになれるんですよね。

加工が大事、安いだけではお客は増えない

村上　澤田さんは「みんながハッピーになれるものは必ず利益が出る」とおっしゃっていますが、「モンゴルはいいところだな」というモンゴルに対する興味や、人々に対するシンパシーが先なのか、ここはまだ誰も手を出していないし、事業を展開したらきっと利益を生むだろうというビジネスの要素が先なのか、どちらなのでしょう。

澤田　難しい質問ですね。やはり僕は事業家ですから、事業にならなければ投資すべきじゃないと思います。ただし、最初から「利益」「利益」でもしようがないと思うんです。事業はまず「ギブ」からです。モンゴルのためになる、モンゴルのお役に立つ、観光のお手伝いをする、ひいてはそれが事業になっていく、そして利益を生んでいく、と。事業家ですから、利益を追求しなければなりません。そうでなければ、設備もよくなりませんし、より楽しい観光事業ができません。ですから車の両輪なんでしょうね。

村上　ご自分が好き、というのもあるんですね。

澤田　でも好きだけでやったら、たいがい苦労しますね。今も苦労しています。日本のように進まないんですね。日本だったらスムーズに進むところを、非常に時間がかかったり。文化や制度が違いますし、技術レベルも全然違う。ホテル一つつくるにしても、モンゴルの建設会社がやっていると非常にレベルが低いものになってしまう。あまり「好き」でやると、辛い思いをしますね。

村上　ニーズがあるかどうかも重要だと思うのですが、モンゴルはいかがでしょう。

澤田　ニーズには二つあって、一つは世界的な遺産があるとか、大自然があるとか、歴史的に特別な何かがあるとかという素材です。素材がなければダメです。でも、素材だけではなかなか人には来てもらえません。そこで、いかに加工していいインフラをつくるか、いいホテルをつくるか、また今回のようなイベントをやってお客さんにいかに楽しんでいただくか、ということになります。

残念ながら、まだモンゴルにはインフラが整っていません。でも、モンゴルにはすがすがしい大草原があります。馬に乗っても、普通だったらすぐに壁にぶつかったり、木にぶち当たったりしますが、モンゴルには木がありません。走り放題です。一番大切な素材に、プラスアルファの部分を開発する、ということでしょうね。リスキーなことですが。

村上　時代状況もあるのでしょう。海外旅行がこんなにも一般的になる前は、どうしてもグアム、サイパン、ハワイに集中していたと思うのですが、重要な場所はもう回ったので、モンゴルに対する興味を持つ、ということはあるかもしれませんね。

澤田　モンゴルだけじゃないでしょうが、いろいろなところに行っていれば、次は新しいところへ、というふうになるでしょうね。我々としては、グアム、ハワイなどは非常にお客さんが多いですから、そういった素材もきちっと追わなければならないんですが、それだけではなく、次の素材を開発していくということも大事です。旅も同じところばかりでは飽きてしまいますし、いろいろな旅の仕方もありますから、それを紹介したり、加工して楽しんでもらえるようにしていかないといけない。ただ安くするだけでは、お客さんは増えないでしょう。

意志を持ってチャレンジすれば、正しいことはわかってもらえる

村上　ハワイの顧客獲得には時間がかかったそうですね。

澤田　今は年間何十万人と送っていますが、昔はハワイは得意じゃなかったんです。当時ハワイは、大手さんがホテルや飛行機の席などのシェアをある程度ガチッと押さえていましたから、入っていくのに非常に苦労しました。既存勢力に入っていくには、厚い壁がありました。

村上　お客は格安航空券の登場を喜んだけど、既得権益を持っている人たちの、規制で得をしている人たちからの反発がすごかったのではないですか。

澤田　そうですね。まだ会社が小さかったころは、エアラインにプレッシャーをかけられて仕入れを止められる、ということがありました。当時大手さんのほうが多いわけですから、どっちを選ぶかといったら、やはりうちの仕入れを切っちゃう。ずいぶんいじめられました。でも一番大切なのはお客さまなんですよね。時代が変われば旅行のやり方もスタイルも変わります。時代に合わせて、もしくはお客さ

まに合わせて商品構成をしていかないと、時代遅れになってしまう。それはお客さんのためにはなりません。既得権で固まっていると、本当のいいサービスが提供できなくなります。厳しいプレッシャーの中でも、会社がよくなっていく、お客さんがよくなっていく、ということを考えてやっていれば、いずれ突破できるかなと思ってやってきました。

村上　スカイマークの時には、僕は九州なので博多によく帰るのですが、スカイマークが飛んでいる時間帯だけ、ＪＡＬとＡＮＡが半額にしたことがあったんですよ。さすがにあれには驚きました。

澤田　当時は海外旅行がどんどん安くなる一方、国内が高かったんですよ。大手は三社あったのですが、航空会社の方と話したら、同じ距離を飛んで、同じサービスしてるんだから安くなるはずがないだろう、と。それなら飛ばすしかないな、と思いました。非常に辛い挑戦だったのですが。

小池　どうやって安くしたんですか。

澤田　単純に値段を下げただけです。半額にすると、一気に八〇～九〇％の席が埋まっていくんですよ。これは大成功したかなと思ったら、その前後の便を半額にされたら、お客さんは冷たくて、ＪＡＬ、ＡＮＡのほうに行かれました。やはり料金が同じだったら、ＪＡＬ、ＡＮＡに乗りたいですもんね。僕も、ＪＡＬ、ＡＮＡ使いますもん（笑）。ただアジアではもっと安い旅行が出ていますし、日本ももっと安くなってもいいかなと僕は思っています。今はスカイマークはベンチャーの方にお譲りして、金融とモンゴルのほうに目が行ってますが。

村上　既得権益を持っている人は、なかなか手放さないですよね。

澤田　当時は規制と既得権益でがんじがらめでした。カウンターも最初は端のほうをちょこっとしかいただけませんでした。もっとひどいのは、飛行機を飛ばす枠です。当初我々は八枠、十二枠と申請したのですが、羽田がいっぱいだという理由で結局四枠しかいただけませんでした。

村上　強い既得権益や規制の壁と戦うために一番大事なものはなんですか。

澤田　**戦い抜く意志でしょうね。やり抜く意志。本当に正しければ、いずれルールは変わります。昔、海外行きの航空券は料金が全部決まっていました。でも、海外から来ている人は半額で来ることができる。これはおかしいと、意志を持ってチャレンジを継続していたら、それが正しいということをわかってもらえるようになります。そして、ルールがどんどん変わっていきました。途中で諦めずに、最後までやり通す努力じゃないですかね。**

小池　くじけそうになったことはないですか。

澤田　いつもです（笑）。

村上　くじけそうになった時に、どうやって自分を励ましてこられたんですか。

澤田　どんな企業でも、必ず問題が起きたり、失敗したり、赤字になって潰れそうになったりすることは多々あると思うんです。**その一番苦しい時、辛い時こそ、正々堂々と明るく元気にやる、ということが一番大事です。**これは僕の好きな言葉なのですが。そこでくじけてしまったら終わりです。問題が起きると人間は暗くなりがちですが、そこで暗くなってしまったら沈むだけです。もがけばもがくほど沈んでいくと思います。

小池　気持ちで負けたらダメなんですね。

澤田　そういう時こそ、自分のやっていることは正しいのだと信じること。そして、もう一度明るく元気に挑戦し直していけば、必ず日は差してきますから。僕は失敗の連続ですから。

村上　「明るく」と言っても、お酒飲んで踊っている、というわけではないですよね。

澤田　いや、言い換えるとそんなものです。**明るく振る舞うんですよ。トップが暗くなると、会社全体が暗くなります。逆に、トップが明るいと、問題が起きて大変だけどこの会社は明るいじゃないか、と思います。ですから問題が起きた時こそ、絶対に明るくすべきだと思います。**中国に失意泰然という言葉がありますが、失意の時こそ、泰然自若にやる、と。これで必ずよくなります。難しいことはやっていません。

成功するまでやれば、成功する

小池　起業家として成功する条件とはなんだとお考えですか。

澤田　まずチャレンジ精神があることです。それとともに、それを継続する努力。一年とか二年でやめられてしまう人も多いんですよね。三年くらいは最低でもやるような、継続的な努力が必要だと思います。あとは、会社がある程度形になってきたら、やはり志と人間性が必要になってきます。それでなければ長くは続きません。一時は利益を上げても、最終的におかしなことになる会社が多いです。ある程度の人間性やポリシー、志がきちっとしていたほうが、長い目で見ると成功すると思います。

小池　最終的におかしくなるというのは、何に原因があるんでしょうか。

澤田　成功するまでやらないからおかしくなるんだと思います。**成功するまでやれば成功すると思うんです。ただ途中で資金が尽きれば潰れますし、やる気がなくなれば潰れますし、苦しくなって投げ出せば潰れますから、口で言うほど簡単ではないですが、成功するまでやれば成功しますよ。**

村上　すごい理論ですよね。「どうすれば成功しますか？」「成功するまでやれば成功するんだ！」。僕も今度からそう言おう。

澤田　すみません（笑）。

村上　今までの人生で、圧倒的な充実感や達成感を感じた時はどんな時でしょう。

澤田　一つの仕事をやり遂げた時ですね。たとえばホテルだったら、ホテルを完成させて、きちっとオープニングを迎えて稼動した瞬間は感動しました。飛行機は飛ばした瞬間も感動しましたね。最初は「飛ばない」とまで言われていましたから、初フライトは感動しました。上場した時も感動しました。

村上　澤田さんには悩みはありますか。

澤田　ないと言えばないですよ、あまり深く考えませんから。だけど、人間ですから問題もあれば悩みもあります。ただあまり気にならないほうです。あまり気にしていると身体に悪いですから、おなかが痛くなったり頭が痛くなったり。僕の場合、その日悩んでも一晩寝たらすぐに忘れちゃいます。得な性格だと思います。

村上　一晩寝たら忘れるものって、悩みっていうのかな？

RYU'S EYE

旅好きの一青年の面影

澤田秀雄氏は、伝え聞く「バイタリティあふれる元祖ベンチャー」というイメージとは若干違って、シャイな人だった。どういうわけなのか自分でもわからないが、わたしは誰かに実際に会って話をすると必ず好感を持ってしまう。じゃあ我慢できないようないやな人には会ったことがないのかというと、そういう人とは最初から会わないし、会ったとしてもすぐに退席してしまう。「カンブリア宮殿」ではそのようなわたしの特質が、「ゲストに甘い」という印象になりかねないことに気づいて、できるだけクールに対しようと思い始めた。

ゲストには収録前に簡単に挨拶をする。第一印象でだいたいのところがわかる。その人のイデオロギーや価値観がわかるわけではないが、礼儀正しさや人間性はどうしても見え隠れするものだ。そして考えてみれば当然のことだが、「カンブリア宮殿」のゲストには傲慢な人や威張りちらす人は皆無だ。経済人であれ政治家であれ周囲に威張りちらさないと存在感を示せない人が社会的・経済的に成功するわけがない。それは民主主義の長所の一つである。

実際にお会いした澤田氏からはシャイな人に特有のおだやかな雰囲気が漂っていた。旅好きの青年の印象がいまだに残っていて、またしてもわたしは好感を持ってしまった。旅好きな人というのは、基本的にエネルギーと好奇心があって、かつどこかで自分が属している共同体からの距離を感じているものだ。日本的な「村社会」の中で深い充足感を抱いている人は、本質的にその外側に興味がないし、脱出することに高揚を覚えたりしない。

収録中もできるだけクールに接し、安易に同意したり賛意を示すのは止めようと思ったのだが、澤田氏とは旅の話で盛り上がってしまった。HISは最初旅好きのサロンのような形で出発したらしい。わたしが本当の旅好きだったらもしかしたらHISに入社していたかも知れない。幸か不幸かわたしは旅好きではなかった。旅は嫌いではないが、それ以上に面倒くさがりなので結果的に出不精になってしまうのである。シャイな澤田氏だったが、旅の話になると熱が入った。ビジネスで勝負をかけるときはおそらく老巧でアグレッシブな面も表に出るのだろうが、「カンブリア宮殿」では最初から最後まで「旅好きの青年」の面影を漂わせていた。

Ⅵ
自己と組織の変革

SBIホールディングスCEO

北尾吉孝

天命だと思えば気が楽。
うまくいくのが当たり前と思わず、
ほとんどのことはうまくいかないと考え、
うまくいったらラッキー。
しかし、人生は徹底的に努力しないと
天は味方しない

PROFILE

金融界の辣腕家

二〇〇五年二月、ライブドアが突如、ニッポン放送の株を買い占めたことを発表した。その狙いは、フジテレビの筆頭株主であるニッポン放送を通じて、フジを支配することだった。ライブドアは法の網の目をくぐり、時間外取引で株を買い占めていた。巨大メディアは窮地に追い込まれた。世間はライブドアの堀江貴文社長（当時）に喝采を送っていた。

だが金融界に一人、この若者を冷ややかな目で見ていた男がいた。SBIホールディングス（当時ソフトバンク・インベストメント）のCEO、北尾吉孝だ。金融のプロが考えたウルトラC。それはニッポン放送が持つフジテレビ株をSBIが借り受けるというものだった。これで、仮にニッポン放送を買収しても、ライブドアはフジテレビを支配できなくなる。北尾の登場で事態は一気に収束に向かった。

北尾は一九七四年、慶應義塾大学を卒業して、野村證券に就職した。当時、証券会社は「株屋」と呼ばれ、世間の評価は今ほど高くはなかった。だが北尾は野村の将来性に賭けた。入社した翌年、イギリスのケンブリッジ大学に留学。八年目にはニューヨーク支店へ。それはエリートコースに乗った証だった。その後のロンドン時代、日本では当時まだ珍しかった数々のM&A、企業買収を手掛けた。そんな北尾に目をかけたのが、当時の田淵義久社長だった。将来の国際化を見据え、北尾に海外でのキャリアを積ませたのも田淵だった。北尾は田淵から、直接こう言われたという。「お前は次の次だから」。だが「次の次」はこなかった。一九九〇年、バブル崩壊。その裏で、野村證券が株価暴落で損をした大口客に、損失補塡をしていたことが発覚した。この不祥事の責任をとって会長が辞任。さらに北尾を買っていた社長の田淵も辞任し、野村證券の創業以来、最大のスキャンダルとなった。

そんな北尾に転機が訪れる。担当企業の一つ、ソフトバンクでの会合を終えた後、「一分間だけ時間をいただけませんか」と、社長の孫正義に呼び止められた。「うちに来てくれませんか」という誘いだった。当時のソフトバンクはまだ店頭公開したばかりの新興企業。迷った北尾は十日間の猶予をもらい、野村総研の資料室にこもって、孫正義やインターネットに関する文献を読みつくした。そして得た結論は「孫正義という男は、経営者として類まれなるものを持っている。ＩＴ業界は必ず伸びる」。こうして一九九五年、北尾は天下の野村證券からソフトバンクに転職する。四十四歳の決断だった。

ＳＢＩホールディングスは一九九九年、ソフトバンクの金融部門としてつくられた。現在はソフトバンクから独立。今や四十余りの子会社を抱えるネット金融の最大手である。北尾が目指すのは、ネットによる総合金融グループの確立だ。

きたお・よしたか　一九五一年生まれ。慶應義塾大学経済学部卒、七四年野村證券入社。七八年、英ケンブリッジ大学卒。野村證券でＮＹ勤務、事業法人三部長等を経て、九五年ソフトバンク孫正義社長にスカウトされ、同社常務に就任。九九年ソフトバンク・インベストメント（現ＳＢＩホールディングス）設立、代表取締役執行役員ＣＥＯ就任。

INTERVIEW

資本市場は公共財

村上　一連のフジテレビを巡る買収劇の時に、ライブドア側に対して北尾さんが最も違和感を感じられたのはどのあたりですか。

北尾　私は二十一年、野村證券で働きましたが、**仮に自分が野村の経営者になったとしたら、何を一番身につけておかなければいけないか。それは資本市場という公共財の、その清冽な地下水を汚すな、ということなんです。**これは実は、野村の社長を務められた北浦喜一郎さんが使われた言葉なのですが、**資本市場というのは公共財で、そこに参画するすべてのものが、これを育み、ベターなものへと発展させていかなければならない。それを堀江さんは自分の金儲け、私利私欲のために利用しようとした。それが許せなかったんです。**それは私が野村で学んだ一番価値のあるものです。

ベンチャーキャピタルとして投資した多くの会社を資本市場に送り出し、公開させていく。資本市場で資金調達をする機会を得られるわけで、すばらしいことだと思います。しかし、これにいったん参画したら、公共財としてみんなでさらによきものにしていく、という姿勢が大事だと私は思うんです。残念ながら堀江さんにはそれがなかった。それが、あの時私が関与した動機のすべてです。

村上　具体的にはどういう点が問題だったのでしょう。

北尾　たとえば、彼のやった一対百の株式の分割というのは、一つの株を百個の株に増やすだけで、その株価は百分の一に下がるから、株式の時価総額は変わらないんです。したがって、企業価値には何も影響がない。ただし、株券が来るまでに時間がだいぶかかるんです。その間に需給関係が崩れて、株価が一時的に暴騰する。彼はその暴騰した局面を利用して、株交換で買収するということをやったりした。企業価値は変わってないわけですから、結局暴落を迎えることになります。そういうことをわからない投資家さんが、大変な損をすることになるんです。それは法律上はできても、倫理的価値観から言うと許されるものじゃない。

僕が憂慮したのは、ライブドアに続いて、次から次へと一対百の分割、あるいはそれ以上の分割をやる会社までが出てくることです。これに対して東証も、証券界の雄たる野村證券も、あるいは経団連も何も言わない。これは何とかしないといけない。そういう思いに強く駆られまして、ああいう出方をしたということです。結果において一対百の株式分割は、東証からも規制が加わるようになりましたし、今回の事件を契機に、資本市場を公共財としてより健全に、確実に、運営していこうという方向の流れができて、それ自体は結果としてよかったなと思っています。

村上　法律では許されるけど、倫理に照らしたらどうかという問題は難しいですね。

北尾　おっしゃるように倫理的価値観というのは、法律以前の問題です。法律以前だから、これは個人が自らを厳しく律する以外にしようがない。そういった正しい倫理的価値観を持つということを、学校でも働いてからでも教えないといけないんだけど、最近の教育は知育ばかりに走って、徳育を軽んじる傾向がある。これも僕は大きな問題だと思います。偏差値さえよければ親はほめる、先生はほめるというのではなくて、嘘はつかないとか、人には親切にするとか、正しいことは何かを自分で判断できる人間に育てていかないと、こういう事件が次から次へ起こることになります。

村上　たとえばアメリカはプロテスタントの影響が強く、それがモラルの足かせになっていたりしますが、日本にはそういうものがないですね。

北尾　ピーター・ドラッカーは、「経営とは人を通じて正しいことを行うことです」と、簡単明瞭に答えています。含蓄のある言葉だと思いますね。

内部での軋轢はエネルギーの損失

村上　ライブドア側を見るとそうかもしれませんけれど、逆にフジテレビやニッポン放送を見た時に、金融やマーケットに対してなんて無知なんだろうとは思いませんでしたか。

北尾　それはある程度、しようがないと思います。金融の世界というのはやはりプロフェッショナルの世界ですから。なかなか放送局の経営者が理解できるものではない。もちろん最近はM&Aもポピュラーになってきましたから、勉強する経営者も増えていますが、それをもって一概に経営者失格ですよとは言いがたいと思うんです。ただ大事なことは、大きな会社になるとCFOには有能な人を置かなきゃいけない。財務・経理の最高責任者をきちっと置いて、それはプロフェッショナルじゃないといけないと思います。あるいは、社外役員としてそういう道のプロを置くということも大事かもしれません。ある程度の規模になると、それを考えるのは経営者にとってはマストのことじゃないですか。

村上　海外の場合はどうなんですか。メディア産業でも合併や買収が相次いでいますから、もうちょっと危機感があるような気がするのですが。

北尾　アメリカは日本よりはるかにM&Aがポピュラーですから、経営の大事な戦略的な手段であるという考え方が定着しています。私もいろいろな事業会社のCFOになった経歴がありますが、そういう方が多いですね。それとアメリカの場合、CFOをやられているような方は、だいたいビジネススクールを卒業されています。ビジネススクールでそういうことを十分勉強されている。

日本はどういうわけか、学問的な成果を軽んずる傾向があるんです。「そんなのは学者の言うことだ」「経営なんてそんなものじゃない」と。経営者ももっと勉強しないといけないと僕は思ってるんですね。経営学の学問的成果を、積極的に取り入れていく姿勢というのが大事だと思います。アメリカの経営者はだいたい一回務めて、その後にビジネススクールに入って勉強したりしていますから。

小池　野村證券時代は、出世競争や派閥争いというものがあったのですか。

北尾　そういう競争の中に自分自身の身を置いたという意識はあまりないんです。僕が非常にラッキーなのは、サラリーマン生活を長くやっていた中で、たった一度も自分の主義主張、立場を明確にしなかったことがなかったことです。常に自分が正しいと思うことをはっきり言ってきた。嫌われることもあるし、摩擦軋轢を生むことも確かだけど、野村證券というのは必ず誰かが、「あいつは一生懸命仕事してる」「会社のことを考えている」と、救いの手を常にさしのべてくれるんです。僕は上司と大喧嘩をずいぶんやったんですよ。だから辞表を常に持って歩いてるような状況だったんですけれども、辞表を出すという寸前に、そういう人が助けてくれた。野村というのは、そういう人が必ずいた会社でした。

今、自分で事業をやっていても思うのは、本来外に発するべきエネルギーを、内の戦いのために使うなんて、こんなバカげた損失はないということです。これこそ大企業病の根本原因です。でも組織というのはだんだん大きくなってくると、なかなか難しいものです。やはり偉くなりたい、出世したいという人がたくさん出てくる。それは人間として当然なのかもしれませんが、それを直していくことは必要だろうと僕は思います。

有能な人を集めるには、人間的魅力が必要

村上　僕はサラリーマンの経験がないのですが、日本のビジネス社会の中では、いくら自分が正しくても上司に反対意見を言うのは、ほとんどタブーに近いんじゃないですか。

北尾　それは太古の昔からあって、韓非子の中にも、皇帝を諌める時に、直接的に「あなたダメですよ」とやったらすぐに首を切られて終わりになりますよ、だから、もって回ってたとえ話をして皇帝を諌めないといけませんよ、という話が出てきます。**上司を諌めるには、まず自分に実力がないといけないし、それなりの論拠をもって説得しないといけないということですね。**

ただその後、僕は六歳年下の孫さんに仕えて、すばらしいなと思ったことがあります。僕ぐらい孫さんに楯突くというか、孫さんのやりたいことがわかっていながら、「それは絶対ダメだ」とはっきり言ってきた人間はあまりいないと思うんです。孫さんというのは非常に度量のある人で、それをすべて受け入れる。

村上　リーダーが、あえて自分に反対意見を言ってくれるような優秀な人材を置くというのは、非常に大事なことだと思うんです。イエスマンのほうが楽ですから。それが孫さんとライブドアの堀江貴文さんの違いではないかと思ったのですが、孫さんと堀江さんの決定的な違いは何なのでしょう。

北尾　僕はそれを言えるほど、堀江さんのことを存じ上げていないのですが、ネットの世界についてなかなか鋭い感覚をお持ちだったとか、ブログをいち早く立ち上げていくとか、いい面もあったと思います。ただ一番大事なのは、その倫理的な価値観の根底にあるのはどういうことかです。たとえば、孫さんにはデジタル情報革命をやるんだ、そして世の中をよりよくするんだという志がありました。ところが、片や堀江さんが外で言っていたのは、「俺はネットとメディアと金融のドンになるんだ、世界一の金持ちになるんだ」という野心です。これは決定的な違いじゃないかと思います。

大きな事業であればあるほど、一人ではできないですよ。その人を支える有能な人が集まって初めてできるわけです。鉄鋼王カーネギーの墓碑銘には「自分より優秀な人を集めし男ここに眠る」と書いてあるらしいのですが、やはり人が集まるような人間的魅力を持たないといけない。それがない人のところにはそれなりの人間しか集まらない。類は友を呼びますから。

努力したあとの結果は「天命」

小池　北尾さんは四十四歳で転職されました。転職を考えている方はたくさんいらっしゃると思うのですが、転職して後悔しないためにはどんなことが必要ですか。

北尾　何事においても後悔しないことだと思います。僕自身、後悔しないんです。これは天命だと。天の命だと思うんです。

小池　昔からそういう考え方だったんですか。

北尾　そのほうが気が楽です。**全部、天の責任にしておけばいいんです。何かうまいことといかないからと、人間はすぐ悩んだり悲しんだりするでしょう。うまくいくのが当たり前だと思っているから、そう思うのだと思います。僕はそうじゃなくて、ほとんどのことは、うまくいかないんだと思っています。うまくいったらラッキーなんだと思うようにしたらいいと思うんですね。**

村上　ギリギリまで努力したり、勉強したりした上で、ということでしょう？

北尾　人生すなわち努力ですよ。徹底的に努力しないと、天も味方してくれないと思います。だけど、努力したあとの結果については、後悔することはない。人事を尽くして天命を待つ、もうそれでいいんじゃないかと私は思っているんです。

村上　だからソフトバンクに移る時も、十日間こもって、あらゆる勉強をした上で決断された。

北尾　やはり僕は、野村證券という会社を、日本のインベストバンクとして世界に冠たるものにしたいという思いが非常に強かった。それを諦めた時に、ではソフトバンクでその可能性があるのか。この経営者で、このマーケットなら、いける可能性は十分にあるし、微力ながら僕が一緒になることでできることがあるはずだ、という思いがありました。

最近、簡単に会社をやめる風潮がありますよね。上司が気に入らないとか、自分はもっといい仕事が与えられるはずだというような理由で、特に入ったばかりの人でそう思う人がたくさんいる。それはほとんど間違いだと思いますね。そういうことを判断するステージにまだ入ってない。働いて、働いて、そして自然と天の啓示が聞こえてくる、というのがご縁です。たとえば、僕は孫さんから「一分だけお時間いただけますか」と、声をかけられたんです。その声がなかったら、僕はソフトバンクに移ることはなかった。また、僕は野村證券で不祥事がなかったら、やめていなかったと思います。

村上　天の啓示と言うとちょっとわかりづらいのですが、実際にはどういう時に転職の決断をしたらいいのでしょう。

北尾　一生懸命やっているけれども、どうしてもこの仕事は合わないということはありますよね。その時にはやめて別のところを探す、というのは一つの方法です。もう一つ、単に上司が気に入らないというようなことであれば、その人だってずっと上司であるわけではないのだから、黙って耐えて、その間、ちょっと他のことに関心を持ってみる。社外の活動をやってみたりすると、また新しいご縁ができてきたりするものです。あるいは、職場のことばかり考えているから嫌な気持ちになるのであれば、たとえばもっと大きな業界全体について考えてみる。視点をちょっと変えてみることで気持ちが変わる場合もあるかと思います。

いずれにせよ、与えられた仕事に対して十二分に努力しないで、嫌だ、合ってないというふうに思うことは、僕は間違いだと思いますね。十分に努力して自分の天職じゃないなと思えば、移るのもいいかもしれない。僕の場合は振り返ってみると、常に天の啓示は聞こえてきて、そういうご縁で動くことができたような気がします。

勉強を楽しむ境地にいけば最高

村上　北尾さんは勉強がお好きですか。

北尾　好きとか嫌いとかというより、**知らないことをそのまま中途半端にしておくのがどうも苦手なんです。**たとえば銀行業務を始めるという時に、銀行業務について勉強しないで始めるということができないんですね。いろいろなものを読むし、過去の歴史がどうだったかを勉強する。日本だけではなくて、アメリカはどうだろうということも勉強する。これがないと、自信を持って事業を進めていくことが性格上、できないんです。最近のネットの経営者はいとも簡単に「ネット金融だ」ということでパッと買収されて入ってこられるけど、どれくらいその人たちが金融の世界を勉強されているか、疑問です。質問したこともあるのですが、ほとんどといっていいぐらい、まともな答えが返ってこない。これでは事業は成功しないと思うんですね。

村上　勉強って最初は面倒ですが、小説を書くために読まなきゃいけないと思って読んでいると、たいていのことは面白いですね。

北尾　「これを楽しむに如かず」と楽しむ境地にいけば、最高ですからね。

小池　北尾さんのウィークポイントを教えていただきたいのですが……。

北尾　弱点だらけですよ。あちこちに摩擦や軋轢をつくってきたし、ものをはっきり言いすぎるし、言わなくていいことまで言ってるし、そういう意味ではまだまだ修業が足らないですね。ただ僕の一番の弱点は、自分で言うのも何なのだけれども、情にもろいということです。

たとえば僕のところにある人がみえた。うちのファンドでも投資している会社の人なのですが、ファンドとしてはこの投資をこれ以上やっても追い損になるからできないという状況、放っておいたら潰れる状況です。その顔を見た時に、死相が出ている。これは決死の覚悟で来られてるな、僕が見放したら、この方は自殺されるんじゃないかなと思いました。小さな子どもさんもおられると聞いていました。

だから僕は、「ファンドとしてはもう投資できないのですが、僕は個人でその分をお支払いしましょう。ローンにしても、株にしてもいいです。金利なんていりません」と、結局株で買うことになった。すると、それまで一銭のお金も貸さないと言っていた三つぐらいの銀行が、北尾が個人で株を持ったということで、五千万円ずつ貸して、一億五千万円になった。そうしたらその後、事業は黒字化したんですよ。そのたびに僕に報告してくれるんですけど、よかったなと思って。どうせ僕は全財産を寄付すると決めて、家内にも承服してもらっています。人間、お金を持って死ねるわけじゃないんだから。

村上　情にもろいというのは弱点じゃないような気がするんですけど、やっぱり弱点なんですか。

北尾　僕が野村をやめた時、野村の部下たち数十名がソフトバンクに来てくれた。べつに孫正義で来てくれたんじゃないんです。北尾吉孝で来てくれた。当時店頭公開したばかりのソフトバンクと野村を比べると、天と地ぐらいの差がありました。僕自身の年収も減ったくらいですから、野村は待遇もよかったんです。にもかかわらず、若い人がずいぶん来てくれた。それで僕を支えてくれた。なぜ来てくれたかというと、上司としては非常に厳しかったと思います。きつく怒る時は怒っていた。ただ怒っても、理由はこうなんだということは明確にしていた。だからその一方で、僕の愛情がわかってくれたんだと思います。それは北尾さんのいいところだよと、言ってくれる人もいるんですけどね。

村上　いいところばかりで、弱点になってないじゃないですか。北尾さんにも悩みはあるんですか。

北尾　もう悩みは多いですよ。睡眠時間は四時間とか四時間半ぐらいですが、悩み続けています。事業を今後どう継承させていくかということもありますし、どうやって人を育てていくか、新しい会社をどうするかと、考えることばかり。もう、うんざりするぐらい考えます。

村上　逆に一番、達成感や充実感があるのはどういう時ですか。

北尾　基本的にないですよ。**ニューヨークで営業マンをやっていた時も、事業法人で営業マンをやっている時も、僕は目標を非常に高く置くんです。それをありとあらゆる知恵と工夫と努力で達成したら、ご破算に願いまして、また次の目標を置く。**ある意味では常に数字に追われています。そしてまた、数字に追われることは、自分自身を強くすることでもある。これを達成すると一つの自信ができて、もっとバーを高く上げる。今も非金融の不動産に進出したらどうなるかとか、あるいはコンピュータのソフトやシステムソリューションのところにまた新たな生態系をつくるんだとか、**どんどん夢は膨らんでいます。そういう意味で、満足感とか達成感とかはないんですね。**

RYU'S EYE

決して揺るがぬ価値観

北尾吉孝氏を初めてテレビで目にしたのは、ライブドアによるニッポン放送買収劇の最中だった。北尾氏は、ライブドアに対抗する「白馬の騎士・ホワイトナイト」としてメディアに登場したわけだが、印象としてはまさに剛腕という感じで、近寄りがたい感じが漂っていた。堀江元ライブドア社長はもちろんのこと、ニッポン放送やフジテレビの経営陣も、北尾氏と比べると子どもや素人のように見えた。

収録に際して、わたしは最初にそのときのことを聞いた。北尾氏の答は明快で、今でもはっきりと覚えている。

「資本市場というのは公共財であり、参画するものはこれを育み、ベターなものへと発展させなければならない。その清冽な地下水を私利私欲のために汚し、市場を利用するなど、決して許されないことです」

それは、北尾氏が野村證券時代に学んだ中でもっとも価値のあることだった。それを聞いたとき、わたしは大昔の石器時代の、近隣の住民たちに共有されている清らかな泉をイメージした。資本市場をそういう風に例えた人物には会ったことがなかったし、そういう例え自体も知らなかったが、石器時代の住民が大切に使っている聖なる泉が目に浮かんできて、法律より高次で道徳より普遍的な「倫理」という概念をつかんだような気がしたのだった。

そんなのは単なるきれい事だという人もいるだろうし、資本市場のすべての参画者が高い倫理意識の持ち主だというのは幻想だろう。だが北尾氏には説得力があった。人間の欲望やエゴイズムなど、すべて把握した上での価値観なのだと思わせる迫力があった。資本市場における「天国と地獄」を知り尽くした人が、結局それがもっとも合理的・効率的なのだと深く認識して自らの指針を定めた、という感じがしたのだった。

「カンブリア宮殿」に北尾氏が登場したあと、ソフトバンク本体が北尾氏のSBI H（ソフトバンクインベストメントホールディングス）の株式を売却して話題になった。両社ともに、ソフトバンク総帥の孫正義氏と北尾氏の盟友関係は変わらないというコメントを出したが、北尾氏の性格と価値観を知る関係者は違った見方をしたようだ。それは、ボーダフォン買収など事業拡大路線をひた走る孫氏を北尾氏が諌め、距離を置いたのだというものだった。もちろんそれは噂に過ぎないし、一度手を携えたビジネスパートナー間の信頼というのはそれほど簡単に壊れるものではないのかも知れない。

だが、北尾氏だったら、相手が誰であろうと自分の価値観を通すだろうという見方に強い説得力があったのも確かだ。中国古典に多くを学んだ北尾氏の価値観は、どんな場合でも揺るがないだろうとわたしは思う。

日本マクドナルドホールディングスCEO

原田泳幸

人生の中の仕事で、
仕事の中の人生ではない

PROFILE

ブランド復活の請負人

年間来客数十四億人。全国の店舗数三千八百。日本の外食産業のトップとして君臨してきたマクドナルド。一九九〇年代後半、価格競争で他社を圧倒したマックは、デフレ時代の勝ち組ともてはやされた。しかし景気は一向に回復しない。客を呼ぶために、さらなる値下げ。その悪循環で収益が一気に悪化したマックは、創業以来、初めて赤字となった。そんな折に、外食産業とは無縁の門外漢からCEOに就任した原田泳幸。わずか一年でマクドナルドを立て直した。

七二年に大学を卒業した原田は、外資系のコンピュータ会社に就職。もともと理系出身、コンピュータの技術者だった。八年後、初めての転職。ここで営業職を経験した。三年後にはフランス系の巨大企業に移り、日本法人の立ち上げに奔走。上司とたった二人、あらゆる業務をこなしたことが、ビジネスの面白さに目覚めるきっかけとなった。

四十二歳の時、原田はアップルコンピュータに。当時のアップルはクリエーターなど時代の先端を行く人たちの人気を独占していた。マーケティングの責任者となった原田は大きなイベントを成功させるなど、着実に実績を上げていった。だがマイクロソフトがウィンドウズ95を発売。強力なライバルの出現で、アップルは急速にシェアを奪われる。対抗策を打ち出すがそれも裏目に出て、業績悪化に陥った。そんな時、日本法人の社長に抜擢されたのが原田だ。原田は「不振は内的な要因」とし、販売代理店との腐れ縁的な慣習と手を切った。そして九八年、満を持してｉＭａｃ発売。キュートでカラフル、しかも使いやすい。コンピュータに触ったことのない人の心もとらえ、シェアは急速に拡大。たった一年で業績を回復した。そしてｉＰｏｄの大ヒット。銀座の真ん中に出店したのも原田の時代だ。

そんな原田に目をつけたのがマクドナルドだ。マックからマックへ。世間を驚かす異業種への転職だった。原田はマクドナルド不振の原因も、内的要因にあると感じていた。

原田が手をつけたのはハンバーガーそのものだった。つくり置きを一切止めた。一方では客を待たせないために、五十秒かかっていたパン焼きをわずか十一秒でできる機械を導入。費用を省みず、一年でほぼすべての店に入れた。原田は社員機構にもメスを入れ、年功序列や定年制を廃止した。

こうした下地をつくった上で、最も重要なイメージ戦略に打って出た。三十五年前、銀座に一号店がオープンして以来、マクドナルドは常に若者を中心にした、格好いい文化のリーダーだった。新しいライフスタイルを提言する。それがマックらしさだと考えた原田は、二十四時間営業や店内の装いの一新、メニューの幅を広げることで、そのブランドイメージを徹底させた。

はらだ・えいこう　一九四八年生まれ。東海大学工学部卒、七二年日本ＮＣＲ入社。ヒューレット・パッカード、シュルンベルジェ・グループを経て、アップルコンピュータ入社。九七年、社長兼米アップル副社長就任。二〇〇四年、日本マクドナルドホールディングスＣＥＯ就任。

INTERVIEW

窓際族、単身赴任は冷酷

村上　原田さんは最初から外資系の企業に就職されたわけですが、「外資」のイメージも昔と今では違いました。当時、ほとんどの学生は日本企業に勤めたがりましたよね。

原田　そうですね。私の卒業した時代の就職人気ランキング企業トップ二十を思い起こすと、リストラをやっていない企業はどこもないですね。ほとんど人気ランキングから外れているんじゃないでしょうか。私の感覚で言いますと、「外資」よりも「グローバル企業」という表現が正しいと思うんです。日本の企業のすべてが、グローバル企業にならないと生き残っていけない。

そういう意味で外資系というのはいろいろと文化の違いもあって大変ですが、そこで培った経験が日本の企業にも役に立つのだと思います。私はよく社員に、我々はアメリカ本社のために仕事をしているのではない。百十九カ国でビジネスをするグローバル企業として仕事をするのだと言います。日本人がグローバルプレイヤーとして育っていくことは、日本の経済のためにも大事ですから。

小池　日本企業と外資系企業では、そんなに大きな違いがあるのでしょうか。

原田　確かにたくさんあります。いわゆる人事制度。これがまず違います。給与制度、キャリアディベロップメント、組織の考え方、組織を変える時のやり方……ずいぶん違います。
村上 コミュニケーションも違うんじゃないですか。なあなあではいけない、とか。
原田 まったく違いますね。日本でプレゼンテーションというと、「お祭り」あるいは「情報の共有化」という感覚があるかもしれませんが、グローバル企業でプレゼンテーションというと、「決定の場」「決戦」です。それに失敗しますと明日から仕事がない。それぐらい真剣勝負です。
村上 雇用関係もちょっと違いますね。日本企業のほうが情緒的で、会社に骨を埋めるとか、もっと言えば会社はお城で、その藩に仕えているような感覚があったような気がするのですが。
原田 よくそう言われるのですが、私はある意味では、窓際族にすることほど冷酷なやり方はないと思うんです。単身赴任、これも非常に冷酷だと思います。やはり家族が一番なのであって、仕事は自分の人生の一部なのですから。アメリカの企業では、会議中でも「今日はファミリーとのアポイントメントがあるから帰らせてくれ」と言うのは常識です。どんな偉い人が来ても、バケーションはバケーションでとります。個人を大切にするという理念の上に立って、プロフェッショナリズムが成り立っている。それがグローバル企業のすばらしいところだと思います。
村上 海外の人には単身赴任というのはわからないみたいですね。僕も海外のメディアからインタビューされると、過労死と単身赴任の話題がよく出ます。「家族をハッピーにするために働くわけだろう。それなのに家族と別れて働くとはどういうことなんだ」と聞かれると、答えられないんです。
原田 余談ですが、私はアメリカのあるビジネススクールに企業留学で缶詰になったことがあるんです。世界から百四十六人のエグゼクティブが集まったのですが、その卒業直前にグラデュエーションアクティビティというのがあって、奥さんを一緒に呼び、先生と一緒にセッションを行なうんです。先生が「あなたのご主人はこんな厳しいトレーニングを乗り越えました。うちに帰ったら何と言ってさし上げますか？」と聞くと、アメリカ人の女性は「主人がいない時に一人で子供を育てたんだから、偉くなってもらわなければ困る」と言うんです。日本人の奥さんは「お疲れ様でございました。ゆっくり体をお休めください」と言う（笑）。この違いってすごいですよね。

やりがいは自分でつくるもの

村上　原田さんは最初、技術畑でＮＣＲに入られて、その後、ヒューレットパッカードでは営業に替わられたんですよね。

原田　そうです。技術屋で入ったつもりが営業に行くことになり、会社をやめる、やめると大騒ぎしたんです。上司は私が「嫌だ」と言う仕事しかさせないんですよ。三年ぐらい経ってから、これは私のために嫌な仕事をさせているのだということがわかりました。やはり営業というのは会社の代表として前線に行きますから、会社全体のことが頭に入っていなければできないんです。

村上　三年が経ってから、営業ならではの充実感みたいなものを感じられたんですか。

原田　充実感まではいきませんでしたね。「技術屋から、ちょっと違う広い世界に来てよかったな」というぐらいの感覚ですか。そこからです、営業の本当の修羅場をくぐったのは。まず「売れる、売れない」ではなくて「売るか、売らんか」。競争して負けても、そこからビジネスチャンスが見える。そういった世界は技術屋さんでは経験できないものです。

村上　なぜこういうことを聞いたかというと、たとえば出版社だったら、編集がやりたくて入ったのに営業に回されたりすることがありますよね。最近、それでやめてしまう人が多いと聞きます。そういう人はどう考えたらいいいんだろうと思ったのです。

原田　何事も、経験せずにわかるわけがないんです。愚かな人間に言い聞かせなければいけないことは、"You don't know what you don't know"。知らない世界なのに、自分に合ってる合ってないと言うこと自体が、自分の可能性を狭めていると思わないといけない。よく私は若い人に言うのですが、「二十代は何でもやれ、何でも吸収しろ」「三十代は自分の人生の方向を決めろ」「四十代は成し遂げろ」。こういう感覚でいてほしいと思います。

小池　四回の転職というのは多いですよね。

原田　私にとっては、マクドナルドに入ったのが初めての転職という感覚なんですよ。

小池　それまでの過去三回は転職ではなかった？

原田　ＮＣＲ時代は開発部隊を日本からなくすという決定があり、これは私の力ではどうしようもありませんでした。それでＨＰからお誘いがあって入社しました。正直言いますと、すばらしい、できあがった会社なのでやめたんです。シュルンベルジェは大企業なのですが、日本ではアメリカ人と二人だけで立ち上げ、それこそビルの契約からやりました。アップルも商品の可能性はあるけれども、会社はおかしいと言われたので入ったんです。私は「問題＝チャンス」だと思いますから、皆が「これは危ないぞ」というところにやりがいを感じていたようなのです。そういう意味で転職したつもりはないんです。巡り合いのようなものですかね。

小池　いい会社すぎてはダメですか。

原田　人間は、いつ死ぬかわからないから生きていけるわけでしょう。明日の人事を保証する会社があったら、会社が嘘をついていると思わなければいけないんです。自分が三年先、五年先にどうなるというのが見えた瞬間、エネルギーが落ちると思います。それがつまらなかったんです。

小池　今、若い人たちに多いように、仕事をちょっとやってみて、人間関係が辛いなと思ってやめてしまうのは転職と言っていいんですか。

原田　「この会社で一生勤め上げるんだ」と最初から決めているのもおかしいと思いますが、決して転職がいいとは思っていません。やりがいがないから転職するといっても、次の会社でやりがいを保障されるわけではありません。やりがいは自分でつくるものですから。転職はよいとか悪いということではなくて、何を求めて決断するかだと思います。

小池　転職する時は不安やためらいがあると思うのですが、原田さんご自身はどうだったんですか。

原田　一番悩んだのは最初の転職でした。やはり怖かったですね。ただ二回目、三回目は、不安感よりも求める志向のほうに行くんじゃないですか。ただ、仕事のやり方には個人個人の美学というものがあるべきだと思います。お金だけではダメだと思うんですよ。いろいろな意味で逃避型転職が一番まずいでしょうね。

小池　原田さんが考えるよい転職とはどのようなものでしょうか。

原田　たとえば社員が会社をやめたいと言ってくることもよくあります。私は絶対に慰留しないのですが、ただ一つだけいつもアドバイスするのは、「転職する時は、三つ、できたら六つ、自分のメリットを頭にしっかり描けよ」と言います。「半分は裏切られるからな」と。

村上　次の会社に対して六つのメリットが言えるように、ということですね。

原田　「通勤が近い」「給料が高い」等、何でもいいんです。それを描かずに、「上司が悪いから」「仕事がつまらないから」と言ってぼんやりと次に期待する。これはよくないでしょう。

村上　「有名企業だから」っていうのでもいいんですか。

原田　それはダメでしょう（笑）。

何もしない敗北者はみっともない

小池　アップルからマクドナルドに転職された時は、どういったメリットがあったんですか。

原田　「六つ考えろよ」と言っておきながら、一個しかなかったですね（笑）。三十三年間、コンピュータ業界一筋にやってきて、五十歳過ぎたころに、「自分の人生はコンピュータ業界だけで終わるのかな」と思ったのです。コンピュータ業界というのは意外と狭いんですよ。「これでいいのかな」「コンピュータは本当に人を幸せにしているのかな」などと考えているころでした。マクドナルドはどういう企業で、どういう歴史で、どういう課題があるということも知っていました。ですから話がきた時には、私は運命みたいなものを感じたというか、「これはエネルギーが出るぞ」という実感がありました。それでお引き受けしたんです。

小池　突然くるんですか、そういうお話は。

原田　突然です。前日まで「アップルでもっと売るぞ、ｉＰｏｄをもっと売るぞ」と思っていました。

村上　アップルにしてもマクドナルドにしても、業績不振の原因が内的要因であるか、外的要因であるかということを、原田さんはどうやって見分けられるんですか。

原田　私がアップルの社長になった時の記者会見でも、同じことを申し上げました。企業の独自性、ブランドというのは、企業の心がお客さまに伝わることで認知されるようになります。どの企業にも何か強さがあるわけですから、業績不振の時は、自社の強さを失っていないか、そこをまず検証しないといけない。**今でも社員に繰り返し言うのは、「うちの会社の問題点に目を向けるな、強いところを摑め」ということです。その強さを発展させるためにどんな変化が必要か。変化を議論する時にはそこにつながらないといけない。**人間は「目の前にゴミが落ちてるよ」ということばかり議論しがちですから。

村上　会社を立て直す時には、一番の悪いところを探り出すことが大事だと、よく経営の本などに書いてありますが。

原田　いや、違うでしょう。それについては私もたいしたことは考えていません。要は「レストランの基本って何?」ということなんです。それはＱＳＣです。Quality, Service, Cleanliness——質、サービス、清潔感です。ここでお客さまの期待を超えることが必要なのですが、過去の業績不振の要因を見てみますと、このＱＳＣが落ちている。従って一年目はＱＳＣだけにフォーカスして、それ以外は一切やるな、と。戦略としてあれをやろう、これをやろうというのは簡単なんです。何をやらないかを決めて社員に伝えないと、そこにフォーカスできないのです。

村上　マッキントッシュの時には流通に問題があったそうですが、やはり原田さんが行くとすぐにわかったのですか。

原田　**商売の基本は、「価値を創出して、それをお客さまにお伝えして、対価を払っていただく」ということです。この循環がビジネスになる。**ビジネスの構造を見た時、流通の中にはムダなコスト構造がたくさんありました。そこをスパッと切って、そのお金をお客さまのために使わなければいけない。たとえば流通のムダな卸のチャンネルを全部外して、そこのお金を店頭のサポートにシフトする、ということをやったわけです。

村上　原田さんの前の経営者にはなぜできなかったのでしょう。

原田　やる勇気の問題でしょう。何もしない敗北者ほどみっともないことはありません。やって失うものはないのですから。そういう時はものすごいエネルギーが出ますよ。

村上　マクドナルドで、業績が悪かったにもかかわらずパンを焼く機械に設備投資をしたというのは、勇気のいることですよね。

原田　それしか成長の可能性がなかったからなのですが、よく私はあんなことを言ったなと思います。「今年の秋までに入れろよ」と言ったら、バァーンと動いたんです。私のひと言であんなに動くとは思わなかった。そこがうちの会社の強さです。

変化はつくるもの

村上　原田さんは「変化に適応しなさいというのはすごく窮屈な感じがする」「自分で変化をつくり出すんだ」とおっしゃっていて、僕はすばらしいと思いました。

原田　世の中の変化についていこうなんて、とんでもないですよ。変化についていったら負けます。トレンドをつくらなければいけないのです。

村上　「世の中に変化が起きているからそれについていきなさい」と言われると、「ついていくといったって……」という気になるけど、「変化をつくれ」と言われると、積極的になれる気がします。

原田　変化ということで言うと、一つにはライフスタイルの提言だと思います。ｉＭａｃもｉＰｏｄもマクドナルドも、ライフスタイルなんです。そのためにはお客さんに対して提言するだけの情熱が必要です。私は経営企画を立てる時に、「お客さんにアンケートをとったり、リサーチをしたりして企画を立てるな」と言います。「商売というのは匂いがあるんだ」と。自分が信ずる商売の提案を企画して、お客さんの期待を超えて、それを検証するためにリサーチがある。リサーチで成功するのなら、会社は潰れません。

村上　アップルにしてもマクドナルドにしても、その会社、商品の本当にいいところを発見するのはそんなに簡単じゃないですよね。

原田　**意外と人間は自分の強さを知らないんです。弱点はお袋からしょっちゅう怒られてるから言えるんですよ。「いいところは？」と聞かれると、私もよくわからない時があります。**

村上　それはよくわかります。ポジティブな小説はすごく難しくて、「気持ちいい」という一行で終わっちゃうようなところがあります。

原田　自分の振る舞い方を考えると、やはり一番大事なことは、お客さまとの接点ですね。たとえばお客さまの来店頻度を調べるような時も、「リサーチ会社などに頼むな」と言います。お店にじっと座って、お客さんの食べた瞬間の目を見れば、もう一回来てくれるかどうかはわかるんですよ。これがわからなかったら商売できないですね。

小池　流行を発信する、ライフスタイルを提言するということでは、朝マックがそうですよね。

原田　そうなんです。ただ「二十四時間、お店が開いてますよ」ということではなくて、「ライフスタイルブランドをつくろう」という意識なんです。深夜にお店を開けても利益は出ません。今からそのライフスタイルを、マーケットをつくろうということなんです。

村上　ブランドイメージをつくるにしても、おっしゃるように自分の会社や製品の長所が把握していないとできないですよね。

原田　**そうです。「自社の強さって何？」「他社にないものって何？」ということを認識しないと、横並びの競争になってしまいます。横並びの競争になると、価格競争以外あり得ないのです。**

村上　日本マクドナルドで働いているアルバイトは十三万人。ちょっとした都市より多いですね。今やマックとコンビニはアルバイトの象徴になっています。これはマクドナルドのせいとは言えませんが、フリーター問題では、彼らを低い賃金でアルバイトとして使う側に問題があると言う人もいます。

原田　フリーターの是非についてはいろいろな意見があると思います。ただ私が店舗を回ると、「フリーターをしながらダンサーを目指して勉強しています」という人がいます。目的があってアルバイトをする。社会とのつながりを保つという意味で、税金や年金をきちんと払うということなどは必要ですが、その職業観は間違ってないと思います。フリーターという言葉がおかしいのかもしれません。

小池　高齢者の方も働いていらっしゃるんですね。

原田　はい。社員の定年制も廃止しました。年功序列を廃止したのに、それとペアになっている定年制度を残すのはおかしいので。

村上　高校生とお婆さんがアルバイトをしている、美しい光景だと思いますよ。

原田　実際、若い方ばかりのお店より、お年寄りとペアになっているお店のほうが定着率が高いんです。一つのコミュニティになっていますから。

村上　人生の成功というものを考えた時、それを定義するのはなかなか難しいと思いますが、原田さんにとってこれは外せないという条件を一つ、教えてください。

原田　お客さまのため、社会のために、何か新しい提言をする。そしてそれが受け入れられるということです。一番間違っているのは、子どもを偏差値で評価して、大人をお金で評価することです。お金だけで人間は幸せになれません。お金で何をするかで幸せ度は変わります。B to Bのビジネスもやはり最後はB to Cです。コンシューマー、個人に何か貢献する。それができて初めて充実した人生になる。十億円入っても、ただそれだけのことですから。

RYU'S EYE

個人体験としての二つのMac

原田泳幸氏は二つのマックを救った経営者として知られる。MacintoshとMacDonaldだ。わたしはずっとMacintoshを使い続けてきたので、Windows95が発売されたあとのMacの窮状についてはよく知っている。当時は周囲から、なんで今どきMacなんか使ってるんですかとよく聞かれた。聞かれてもうまく答えられなかった。八〇年代アメリカの映画界や音楽界の友人たちが全員Macintoshを使っていて、PCといえばMacだと思って、何となくずっとMacを使ってきたのだ。

そういった肩身の狭さはiMacの登場まで続き、iPodの登場でやっと目の前が明るくなった気がしたが、原田氏が日本におけるアップルの流通の大改革を行ったことはもちろん知らなかった。原田氏は、安売りとマージンを止め、代理店と販売店の数を絞り込み、銀座の真ん中にMacの高級店を開いた。八〇年代にスティーブ・ジョブズらが築いたMacintoshのブランド力を見事に回復させたのだ。

マックのハンバーガーを生まれてはじめて食べたのは一九七一年だった。そのときわたしは新宿駅東口のあるビルの外で、ローリングストーンズのチケットを買うために毛布を引いてヒッピー仲間数人と並んでいた。丸二日間わいわい騒ぎながら並んで、チケットを十枚ゲットしたが、結局ローリングストーンズは来日しなかった。そのとき仲間の一人が、これが有名なマクドナルドのビッグマックだ、と言って、当時開店したばかりのマック新宿店で、ハンバーガーを買ってきた。わたしたちは丸二日間ビッグマックを食べ続けた。ローリングストーンズとビッグマックはなぜかとても合うような気がした。

原田氏とは郷里が同じ佐世保ということもあって、収録は非常に楽しかった。原田氏は高度成長末期、ヒューレット・パッカードをはじめ、当時はまったく人気がなかった外資で、営業と経営を学んだ。そしてバブル後の日本で、その経験と知識は実に貴重なものとなった。原田氏の経歴は実に象徴的だと思う。環境に過適応した種や個体は絶滅しやすく、非強者として過酷な環境を生きのびた種や個体が次世代をリードするという、生態学の教えを体現しているように見える。

原田氏には佐世保生まれとしての「自由な」雰囲気があるような気がした。佐世保はアメリカ海軍の基地の街なので、日本社会が持つある種の閉鎖性からある程度自由なところがあるのだ。

京セラ名誉会長

稲盛和夫

欲望や野望の達成を目的に
経営者になると、
社員が被害者になってしまう

PROFILE

実践する経営哲学者

創業から四十八年、グループの売上高は一兆円を超える。その京セラを一代で世界的企業に発展させたのが稲盛和夫だ。

一九五五年、鹿児島大学を卒業した稲盛は、京都の松風工業という小さな会社に就職。主に電柱に電線を止める陶器製の絶縁体、碍子《がいし》をつくっていた会社で、稲盛はより高周波、絶縁性に優れたファインセラミックスの開発を任された。日本では未知の分野。泊まり込みで研究に没頭した。やがて稲盛は、テレビのブラウン管の心臓部に使う絶縁部品を、ファインセラミックスでつくることに成功した。

しかし入社四年目、上司と衝突。辞表を叩きつけた稲盛は五九年、京都セラミックを創業した。「技術者としての夢を追求する会社をつくろう」。かつての同僚を含めた総勢二十八人のスタートだった。

折しも日本は高度経済成長期。テレビなど電化製品が続々と普及し始め、ファインセラミックスの需要も増えていった。滑り出しは順調だった。だが創業三年目の六一年、若手社員十一人が、将来の保証を求めて稲盛に詰め寄った。残業や休日出勤も黙々とこなしてきた社員の不満に触れて、稲盛は初めて気づいた。「会社経営とは従業員と家族の生活を守り、幸せにすること」「会社の発展が、従業員のためだけでなく、社会のためになる」。こうして京セラの哲学、「利他の経営」が生まれる。以来この哲学を社員全員と共有。今、社員は一人ひとり、京セラフィロソフィという手帳を持っている。

京セラの躍進が始まった。六六年、ＩＢＭからＩＣ回路の基板を大量受注。京セラの技術力は世界中に知れ渡った。七四年、東証、大証の一部に上場。そして八四年、稲盛は再び世間を驚かせた。電気通信事業への参入を発表したのだ。当時、日本の電話は電電公社（現・ＮＴＴ）による独占状態。日本人は海外より高い通話料を払わされていた。通話料を安くすることは社会に貢献すること。利他の思いが稲盛を動かした。無謀ともいえるガリバー企業への挑戦。それを支持したのは市場や大衆だった。それから二十年。稲盛がまいた種はＫＤＤＩというマンモスグループに成長した。

創業から五年が経ち、従業員も百人を超えたころ、稲盛は独特の経営手法を取り入れる。それがアメーバ経営だ。会社の組織をアメーバという小集団に分け、それぞれにリーダーを置き、その経営を任せる。いわば会社の中に、独立採算の個人商店がいくつもあるのだ。利益を上げると同時に、リーダーも育成できるのがメリット。京セラのアメーバは現在三千に及ぶ。稲盛の分身が三千人いることになる。

それだけではない。稲盛の経営を学ぶ盛和塾には多くの経営者が集まっている。塾が始まって二十四年。稲盛経営の遺伝子は京セラにとどまらず、日本中に広がっている。

いなもり・かずお　一九三二年生まれ。鹿児島大学工学部卒。五五年松風工業入社、ニューセラミックスの開発に携わる。五九年、京都セラミック（現京セラ）設立。社長、会長を経て、九七年より名誉会長。八四年、第二電電（現ＫＤＤＩ）設立、会長を経て二〇〇一年より最高顧問。企業外の活動では八四年に稲盛財団設立、八三年に経営塾を発足し「盛和塾」として多くの塾生を指導。

INTERVIEW

自己犠牲を払える人に、経営者になってほしい

小池　稲盛さんはもともとは技術者だったとうかがいました。ものづくりと会社の経営、どちらがご自分には向いていると思われますか。

稲盛　難しい質問ですね。ただ共通しているのは、ともに新しい挑戦をしていかなければならないこと。経営でも他人のものまねでは経営になりません。独自のやり方を探っていくしかないのです。

村上　経営者に向いている資質というのはあるのでしょうか。

稲盛　向いているかどうかという問題もあるけれど、持ってほしい資質と、持ってほしくない資質はあると思います。自分の欲望、野望を達成することだけを目的とした方が経営者になると、社員は被害者になります。経営者になりたいと思う人は、自己犠牲を払ってでも社員とお客さまを大事にしようと思ってほしいです。というより、大事にしようと思えばある程度の自己犠牲は免れない。それをいとわない人間性を持った人でないと経営者になってはいけないと、私は思うんです。ただ現実にはみんながそうだというわけではありません。自分だけよければいいという経営者もいますから。

村上　以前は「社長」というと、とにかく一番偉い人で、社員になったらなりたいと思うのが当たり前

でした。〝社長シリーズ〟のような映画の影響かもしれませんが。

稲盛　それは功成り名を遂げて社長になったということですよね。だから部下も周囲もちやほやしてくれるし、給料もたくさんもらえる。そういう意味で一度社長になってみたいなと思う若い人もいると思います。でも映画もそうだったけど、そういう人は必ずずっこけますよね。有頂天になり慢心して、足元が崩れていく。会社を立派にしていこうと思う人はそんなヨイショに乗らないものです。神輿みたいなもので、みんなが「ヨイショ、ヨイショ」とかついでくれるけど、慢心して横暴になると、みんな手を離しますから。

村上　記者会見で外国の記者から「ストックオプションももらってないのになぜ社長をやるんだ」と聞かれ、「ハイヤーに乗れる」と答えた方がいて、記者がびっくりしたという話を聞いたことがあります。

稲盛　会社に一生懸命尽くして重役になると、黒塗りのハイヤーが迎えに来てくれる。それが夢でがんばってきたという人もおられると思うんですよ。そういう人はだんだん横暴になっていく。そのうち「俺を誰だと思ってるんだ」などと言い出す。偉くなって人間性が変わってしまう方は確かにいるんです。そこは心しないといけません。

村上　欲望の最初のところにハイヤーがあるのはべつにいいんですか。

稲盛　人間が努力するのは、自らの欲望を満たしたいからだという面はあると思います。初期のうちはそれであってもおかしくない。でも表現を変えるとちょっと幼稚な思いです。自分の欲望を満たすのも楽しいけど、周囲の人が喜んでくれるのはもっと楽しい。欲望を満たすのが毒々しいおいしさだとすると、爽やかで透明な幸福という感じがします。経営者が成長してそちらの魅力にとりつかれるようになると、会社も長く繁栄していくような気がします。

村上　稲盛さんはフィロソフィとして利他主義ということをおっしゃっています。人間がなぜ二足歩行を始めたのかというのは謎なのですが、一つの仮説として、獲物をとった時、それを持ち運ぶのに便利だから、というものがあるそうです。その場で食べてしまうのではなく、家族や仲間のところに持って帰るのは、自分が食べる喜びより、家族や仲間に食べさせて喜んでもらう喜びのほうが大きかったということだと思うんです。人類が何万年も前からそういうことに喜びを感じていたということは、利他主義というのは普遍的なものなんですね。

稲盛　おっしゃる通りでしょうね。人類は昔からそういう喜びを知っていたし、守ってきた一面もあるのだと思います。それは食料がない時代の話ですよね。その後農耕が始まって、牧畜が始まって、食料が豊かになることによって、自分が好きなだけ食べて余ったものを回せばいいというような、欲望の肥大化が始まったのかもしれません。物質文明の発達とともに、美しい精神性が希薄になったような気もするんですよ。

特許は万能ではない

村上　最近、起業をする能力と大きな会社を運営していく能力は別だという意見をよく耳にしますが、どう思われますか。

稲盛　現在、業を起こす方々の例を見ても、すばらしい才覚をお持ちだと思います。昔のものづくりは、時間をかけてこつこつとやって成功していくものでした。今の、特にＩＴ関係などを見ていると、アイディアがあると一週間でソフトにしてネットに流すというようなことで成功している。だから知恵と才覚があれば企業は始められると思います。ただ最初は思いつきでうまくいっても、それを五年、十年と続けていこうとすると、忍耐力、地味なことを飽きないで続けていくことが必要になります。そういう意味ではまったく別の素養が要求されるのかもしれません。

よく中小企業の方が「私の会社は技術も何もない。しがないものづくりです」とおっしゃる。たとえば特許がないことを嘆いたりするのです。でも私はむしろ「特許なんていりません。誰でもできることだけれども、一番いいものを一番安くつくれて、かつ利益が出るということが、一番普遍性があって強いんですよ」と言うんです。マスコミに「特許があるから世界で強い」と威張っている経営者の方がおられるけど、特許は万能ではないんです。期限もあるし、対抗するものも出てくる。優位性を失った時、それでしかその会社が成り立っていなかったら、脆いものです。

村上　僕は京セラのことも、稲盛さんのことも誤解していました。ファインセラミックスという誰にも真似できない技術を持っていて、順風満帆で成長していったと思っていたんです。

稲盛　もちろん誰にもできないこともやってきましたが、誰でもつくれるもので、いいものをつくれないとダメなんです。

小池　京セラには稲盛さんの経営理念が詰まったフィロソフィ手帳というものがあるそうです。たとえば「土俵の真ん中で相撲をとる」というような言葉が書かれています。

村上　これが大事だということが書いてあって、六万人の社員の方が読んでいるんですね。

稲盛　もっと簡単に言うと、こういう考え方で人生を生きていきましょう、ということです。**現代の社会では、人はどういう考え方をしようと自由です。ですがこれが団体、企業となると、そこに所属する人が同じような考え方を持ってベクトルがそろうかどうかが、全体のパワーに影響します。**これを社員と共有したいと思ったのは、我々は二十八人が集まった零細企業で始まったのですが、とりたてて優れた技術があるわけではなかったし、資金があるわけでもない。頼りになるのは人の心だけでした。心が一つになればそれが力になる。ところが考え方を共有しようというと、それは普遍的で正しいことでないと難しいんですね。「それはえげつない」と思われたらもうダメです。

だから昔から正しいとされていること、親や学校の先生に教わったことを貫いていこうじゃないかということになったんです。利益を追求したらそれでいいというのではなくて、人間として正しいことを行なう。そういう共通の基盤として持つべきものをフィロソフィとして、夜遅く仕事をしている時などに思いついたことをノートの端に書き出したりました。それがだんだん膨らんでいったのです。

小池　ちなみに「土俵の真ん中で相撲をとる」というのはどういう意味なのでしょう。

稲盛　よく仕事で「三日徹夜したけどダメだった」と言うじゃないですか。ギリギリまでやったということでしょうけど、それは土俵際に追い込まれて初めてがんばったんですね。二週間前からやっていたらできたかもしれない。アメリカ人の社員なんかもよくこの言葉を使っています。

村上　「経営者からものの考え方を押しつけられるのは嫌いだ」と言う社員には、「それでも自分は言い続けるのだから、嫌だったらやめてくれ」とおっしゃるそうですね。すごいなと思いました。

稲盛　「キミの考え方を認めてくれる会社はあるはずだから、そこへ行け」と言うんですよ。嫌だというところにいなくてもいいだろう、ということです。

村上　最近、経営に関して、会社は株主のために利益を上げなければいけないという、株主優先の風潮があると思います。これについてはどう思われますか。

稲盛　確かに資本主義においては、企業の所有者が株主であることは私も認めます。けれども株主だから何をしてもいいというのは極論で、会社というのは経営陣、従業員、地域社会、お客さまと、いろいろなもので成り立っている。株主だから自分勝手なことをしてもいいというのはとんでもない話です。

村上　過度な株主優先の風潮に対しては、哲学や理念がカウンターになるということですね。

稲盛　ニューヨークでも上場していますが、私はアメリカの投資家の方たちにも、「京セラは従業員の物心両面での幸福を追求することを目的にしています。従業員が喜び、会社のために努力してくれれば、会社は発展し、株主のみなさんにもプラスになるはずです。あえて株主のため、とは言いません」と公然と言っていますが、誰も真正面から反論しません。

思いやりと利益追求は矛盾しない

小池　京セラで実践されているアメーバ経営ですが、なぜアメーバという名前をつけられたんですか。

稲盛　会社が大きくなると、それまでのように私が一人で製造や技術開発、営業に走り回ることはできなくなりました。私一人ではとても手が回らなくて、孫悟空のように毛を抜いて吹いたら分身できるようになればいいなと思ったものです。そのうちに、同じことができる人を育てればいいのだと思うようになったんです。ただそういう人はうちにあまりいない。そこで会社という組織を小さく分割すれば、部下でも見られるんじゃないかと考えたのです。

その部門については経営者として見る。損益計算書をわかりやすくして、電気を使えば電気代が発生するし、材料を使えば材料費が発生する。そういったものを全部引いて残ったのが利益だよということを教えて、任せたんです。その後、銀行から中途で入ってきた社員がそれを見て、常に変化する組織を「アメーバみたいですね」と言ったので、「なるほど」と思ってそんな名前になったのです。

村上　いい言葉だと思います。アメーバというのは本来、原始動物とか病原菌とか、あまりいいイメージではないですよね。たとえばこれを細胞とかセルと呼び換えてもいいのかもしれないけど、やはりちょっと違う。活発でダイナミックな感じがします。

以前、軍隊を例に出してこれからの組織論を語るテレビ番組を見たことがあるんです。これからの戦争は大草原で戦車同士がぶつかり合うようなものではなくなり、対テロ戦争や市街戦が主流になっていく。そうなるとこれまでのようなピラミッド型の組織で、参謀本部からの命令がトップダウンで降りてくるのではなく、小隊ごとにリーダーがいて、インターネットを使って横の連絡もとりながら、局面局面で判断を行なう、という形になっていくと言っていました。それと同じ組織づくりを、稲盛さんが半世紀も前からやっていたと聞いて、驚きました。

稲盛　そういう軍隊も通信技術の発達で可能になったのでしょう。我々も以前、モトローラと組んで、

地球上に六十六個の衛星を上げて、地球上のどこにいても情報を発信できるシステムをつくるというプロジェクトをやっていました。村上さんがおっしゃった組織と我々のアメーバは似ていると思います。アメーバという小さな部隊が自活して生きていくということですから。

そのために大事なのは、それが烏合の衆にならないことと、アメーバが自己主張をし、会社全体がチームとしてまとまらないようにしないことです。その小隊が強くても、軍全体として機能しなかったら意味がない。全体として機能させるためには、やはりお互いに哲学を共有することが大切です。そこで利他というものが出てくる。相手を思いやることと利益追求は、決して矛盾しないと思うんです。

小池　自己主張する人やズルをする人は出てきませんか。

稲盛　出てくるんですよ。アメーバのリーダーで会議をすると、やはり声の大きいのがみんなを引っ張ったりする。だからフィロソフィを確認しないといけない。部下は見てますよ。パートさんから「あの人はうちのフィロソフィに合わないじゃないですか」なんて言われています。

中小企業は国の宝

小池　アメーバ経営を真似するところが出てくるんじゃないですか。

稲盛　フィロソフィとアメーバはセットなんです。部門を小さく分けるでしょう。たとえばお豆腐屋さんがあって、旦那さんが豆腐をつくり、奥さんが売る。製造と販売です。大企業でも、営業部門は製造部門から安く買って、競争力のある価格で売りたい。安ければ安いほどいい。ところが製造部門はなるべく高く売りたい。奥さんは「あなたの豆腐は高いから売れない」と言い、旦那さんは「お前が安く売るから利益が出ない」と言う。もしフィロソフィがなかったら、喧嘩です。目的は豆腐屋さんを成功させることです。全体のためにある時は譲歩し、ある時は主張するために、フィロソフィが必要なんです。

小池　稲盛さんが後進を指導するためにつくられた盛和塾というのはどういう組織なのでしょう。

稲盛　全国に塾生が四千百人ほどいて、みなさん経営者です。フィロソフィを共有してるということで、心の波長が合うというか、胸襟を開いて話せるというか、誰と会うのも楽しいです。中でも一番嬉しいのが、会社がうまくいってると報告してくれた時です。実は日本は、中小企業が全体の九割以上を占めています。労働人口一つとっても、大企業よりはるかに多くの人を雇用している。中小企業が健全であるかどうかに、日本の社会の安定がかかっていると言ってもいいのです。

村上　そうやって経営モデルを伝えるというのは、これまで日本の社会にはあるようでなかった気がします。

稲盛　たとえば経済産業省には中小企業庁があって、中小企業対策を行なっているのですが、日本の企業の多くは赤字です。もちろん大企業にも赤字を出しているところはありますが、大半は中小企業です。同時に、会社が生まれていく中で十年経って存続しているのは五％しかない。それだけ産業界というのは厳しいんです。ベンチャー企業といっても生き残るのは難しいし、生き残っても多くの企業が赤字。そこで立派にやられている企業は国の宝ですよ。

村上　一九八〇年代はジャパン・アズ・ナンバーワンと言われて日本的な経営がもてはやされ、九〇年代になると逆にアメリカナイズされた考え方が主流になって、成果主義のようなものが導入される。結局、確固たる哲学に基づいた経営モデルというのはなかったのかもしれませんね。

稲盛　数年前、アメリカのエンロン、ワールドコムといった企業が粉飾決算で一瞬のうちに崩壊しました。こういった不祥事を防ぐためにいろいろなルールをつくって、チェック機能をつくるため、SOX法という法律もできて企業をがんじがらめにしました。これは日本の企業にも適用されるのですが、これを守るためには膨大な費用がかかります。

しかし、いくら法律をつくっても犯罪が減らないのだから、私はもっと経営者の倫理観のほうを正すべきだと思うんです。現代では学問の世界でも経済の世界でも、あまり精神性のようなことを強調するのは嫌がられるのですが、そこの部分をきちんと論じたほうがいいと思います。

村上　客観的な第三者機関をつくっても、今度はそれを監視する第三者機関が必要になる、なんてことが言われていますよね。

稲盛　そうなんです。いたちごっこなんです。

村上　日本経済全体のことをうかがいたいのですが、景気拡大はいざなぎ景気を超えたなどと言われていますす。日本経済の力強さはどの程度、本物なのでしょうか。

稲盛　マクロ経済のことはよくわからないのですが、日本の経済には強いものがあると思いますし、特にものづくりの世界では日本企業は強く、それは持続すると思います。ただ一つ危惧するところがあります。大学のあり方を検討する中で話が出るのですが、国立大学の工学部に入る生徒が減ってきていると言うんですね。「ほんと?」と言ってしまいました。文系に比べると、実験や宿題は多いし、数学もやらなければいけないし、役所や銀行に入っても出世が遅いからだと言うんです。だから今の学生が大人になるころには、日本のものづくりもダメになるのかなと思うと、大変さびしい思いがします。

村上　稲盛さんが充実感や達成感を感じたのはどんな時でしょう。

稲盛　ないかもしれませんね。答えになってないかもしれませんが、若いころ、オリンピックに出る選手はいいなと思ったんです。四年に一回でしょう。四年間、集中してハードトレーニングをして、いい成績をあげればものすごい達成感がある。それに比べて経営とか研究というのはエンドレスです。綿々と小さいことを積み重ねていかなければならない。心から「よかった」と思えることなんてめったにないですよ。企業経営も人生も同じではないでしょうか。

村上　たとえばKDDIをつくって、初めて電話がつながった時なんかはどうだったのでしょうか。

稲盛　それはありましたね。あの時は「無理だ」などと言われていましたから、なおさらでした。でもそういう経験は一生に一度か二度でしょう。

村上　悩みはありますか。

稲盛　いっぱいありますが、歳をとって横着になったのか、悩まないようになりました。みんな失敗はするんだから、済んだことをくよくよ悩むのなんて、百害あって一利なしです。「ごめんなさい」と謝ればいいんです。

RYU'S EYE

柔らかく強いオーラを持つ経営者

事前に稲盛氏の著作『アメーバ経営』（日本経済新聞出版社）を読んだ。わたしは京セラという会社や、創業者で名誉会長である稲盛氏のことを誤解していたと気づいた。ファインセラミックスという技術が非常に独創的なもので、京セラは他社が追随できない優位性を持ち、順風満帆で事業を拡大してきたのだと勝手にそう思っていた。もちろん事実はそうではなかった。ファインセラミックスという部品素材は京セラだけが独占していたわけではなかったし。事業規模の拡大過程においては「アメーバ経営」という画期的な方法が採られていたのだった。

アメーバ経営は、経営学や会計学には疎いわたしにも画期的なものだとわかった。会社組織を小さなユニットに分けて、独立採算制によってそれぞれに決定権と責任を持たせ、各ユニットの利害の対立を調和させるために「利他主義」を中心とする哲学を共有する、おおまかに言えばそういうものだ。それは二十世紀末に盛んに論議された「未来型の組織」そのものだと思った。

トップダウンで命令と指示が降りてくるピラミッド型の組織は、変化の少ない時代の画一的な事業には向いているが、変化のスピードが速くそれぞれの現場での対応が求められる時代には不向きだ。独自の資源と決定権を持った小ユニットが共通の理念に支えられ、ゆるやかなつながりの巨大組織を作る、という現代組織論の最先端を体現しているのは、非常に悪い例ではあるが、アル・カイーダではないだろうか。無数の反米イスラム武装小組織がユニットとして存在し、それぞれが独立して、共通の理念と目的を持ち、インターネットを利用して情報を共有し、国際社会最大の敵として西欧に対している。アメリカを中心とした西欧先進社会がなかなかアル・カイーダを潰すことができないのは、ピラミッド型の組織を持つ敵ではないからだ。

稲盛和夫という人物は、盛田昭夫、本田宗一郎、松下幸之助などの偉大な経営者に匹敵する実績を持ち、広く尊敬を集めている。当然わたしは緊張した。だが、収録前に控え室を訪ねて名刺を交換させていただいたとき、言葉にできない優しさに包まれて、余分な緊張が解けていくのがわかった。日本を代表する技術者・アントレプレナー・経営者である稲盛氏は、「緊張は必要ありませんよ」というような柔らかなオーラに包まれているかのようだった。

「ミクロの決死件」という視聴者からの質問には、「人は外見で判断されてしまうのでしょうか」という些細な悩みが寄せられたが、稲盛氏はそんな質問にも実にていねいに答えた。収録中わたしは、偉大なことを成し得た人物だけが発する柔らかで強いオーラに包まれていて、極めて得難い経験となった。

あとがき

「カンブリア宮殿」という実に奇妙な番組タイトルを考えついたのは村上龍さんである。多士済々の経済人が活躍する今の日本の状況が、一斉に多様な生物が誕生し、次の時代の進化につながった五億五千万年前のカンブリア紀に似ていると言うのだ。「さすが村上龍！　俺たちにない発想だ」スタッフの誰もが、その奇想天外なアイデアに舌を巻いた。

あれから一年……番組の総集編を収録していた時の出来事。パートナーの小池栄子さんが番組にとって最大のタブーともいえる質問（いつも小池さんは大胆不敵）を龍さんにぶつけた。

小池「龍さん、どうして視聴率が上がらないんですかね」

スタジオに緊張が走る。次の瞬間、

村上龍「番組タイトルが良くなかったのかなー。カンブリアって分かりづらいよねー。変えようか？」

……スタッフの三分の二が椅子からズリ落ちてしまった。

龍さんとの仕事は常にスリリングだ。メディアで働く私たちが、いかに古い文脈で仕事をしているかを思い知らされる事もある。時に、既存メディアの報道は紋切型になり「このニュースは、こう切るべきもの」「このニュースの重要度は、このくらい」という具合に過去の経験から、ひとつの方向に結論を導き出してしまう危険性をはらむ。作家は、そこを鋭く突いてくる。「その伝え方は、本当に正しいのか」と。さらに作家は曖昧な表現を許さない。特に「頑張れ」という言葉を嫌う。「頑張れ、という精神論でなく、具体的に、何をいつまでに、どうすればいいのかを明確に伝えるべきだ」と。

いつも、こんな丁々発止のやりとりなので打ち合わせは正直疲れる。しかし、作家はスタッフへの心遣いも忘れない。私が煮詰まっていると、あのシャイな笑顔で声をかけて来る。「一服しようよ」。気分転換に喫煙所に誘ってくれるのだ。お陰で、二年半続いた私の禁煙生活には終止符が打たれてしまった……。しかし、そんな苦難？の道を乗り越え、今、「カンブリア宮殿」は放送二年目に突入することができた。

最後になるが、番組が日頃お世話になっている方々に、この場を借りて御礼を申し上げたいと思う。取材アドバイザーの日本経済新聞社の皆さん、企画協力の電通、ＪＭＭの皆さん、そして番組を支えている制作スタッフの仲間たち……様々な優秀な才能が結集し、番組のために汗を流してくれている。そして何より、超多忙な中、御出演いただいたゲストの方々と各企業の広報担当の皆さんに多大なる感謝の気持ちを伝えたいと思う。

番組のスタート当初、企業に出演交渉の電話をすると「はぁ？　カンブリア宮殿？　うちの社長はバラエティーには出ません」と無下に断られたりしたものだが、最近は「あっ、見てますよ」という声が即座に返ってくるようになった。目に見えない所で、視聴率は上がっている。小池さん、ご心配なく。そして龍さん、これからも番組タイトルは変えずに行きましょう。

二〇〇七年五月

「日経スペシャル　カンブリア宮殿」プロデューサー　福田一平

「日経スペシャル カンブリア宮殿」スタッフ

メインインタビュアー
村上 龍

サブインタビュアー
小池栄子

統括プロデューサー
飯田謙二 福田一平

プロデューサー
中川尚嗣 清水昇 和田佳恵

スタジオ演出
桧山岳彦 和田圭介

ディレクター
四位雅文 江藤正行 大野智 徳光崇臣
宮城達也 武富英夫 馬場秀雄

美術監督
種田陽平

構成
鍋田郁郎 福住敬

企画
池上司 井口高志

企画協力
電通 村上龍事務所 JMM

制作協力
プロテックス 日経映像 トップシーン 才

協力
日本経済新聞社

製作著作
テレビ東京

村上 龍
むらかみ・りゅう
1952年長崎県生まれ。
76年、デビュー作『限りなく透明に近いブルー』で第75回芥川賞受賞。
『コインロッカー・ベイビーズ』『共生虫』『半島を出よ』『シールド(盾)』等、
多数の小説・エッセイのほか、経済学絵本『あの金で何が買えたか』、
仕事の百科全書『13歳のハローワーク』などの話題作を発表。
99年より金融経済をテーマとするメールマガジン「JMM」を発行、編集長を務める。

日経スペシャル
カンブリア宮殿
村上龍×経済人

2007年5月25日 1版1刷
2008年6月19日 16刷

著者
村上 龍

編者
テレビ東京報道局

発行者
羽土 力

発行所
日本経済新聞出版社
http://www.nikkeibook.com/
〒100-8066 東京都千代田区大手町1-9-5
電話番号 03-3270-0251

印刷・製本
凸版印刷

ISBN978-4-532-16592-5

読後のご感想をホームページにお寄せ下さい。
http://www.nikkeibook.com/bookdirect/kansou.html